21世纪高职高专连锁经营管理专业实用规划教材

连锁物流管理实务

王　爽　　主编

陈　彧　田青艳　副主编

清华大学出版社

北　京

内 容 简 介

本教材以我国连锁经营业发展中的物流管理人才需求为特点构建体系，内容包括连锁业物流活动的几大职能要素——连锁经营业采购管理与订单处理、物流配送管理、库存管理、流通加工、成本管理等，辅助各职能活动的物流设施设备、信息化管理及影响连锁经营业销售发展的重点、难点的逆向物流、冷链物流管理；将连锁物流理论与实践结合，知识与实际业务操作结合，本着简单、实用、够用的原则充实教材内容。

本教材既可作为连锁物流管理、零售物流管理专业学生的学习用书，也可作为相关从业人员的学习参考书。

图书在版编目(CIP)数据

连锁物流管理实务/王爽主编；陈彧，田青艳副主编. —北京：清华大学出版社，2012（2019.9重印）

(21 世纪高职高专连锁经营管理专业实用规划教材)

ISBN 978-7-302-28480-2

Ⅰ. ①连…　Ⅱ. ①王…　②陈…　③田…　Ⅲ. ①连锁商店—物流—物资管理—高等职业教育—教材　Ⅳ. ①F717.6

中国版本图书馆 CIP 数据核字(2012)第 064796 号

责任编辑：李春明
封面设计：杨玉兰
版式设计：北京东方人华科技有限公司
责任校对：李玉萍
责任印制：刘祎淼

出版发行：清华大学出版社
　　网　　址：http://www.tup.com.cn, http://www.wqbook.com
　　地　　址：北京清华大学学研大厦 A 座　　**邮　　编**：100084
　　社 总 机：010-62770175　　**邮　　购**：010-62786544
　　投稿与读者服务：010-62776969, c-service@tup.tsinghua.edu.cn
　　质量反馈：010-62772015, zhiliang@tup.tsinghua.edu.cn
　　课件下载：http://www.tup.com.cn, 010-62791865

印 装 者：北京九州迅驰传媒文化有限公司
经　　销：全国新华书店
开　　本：185mm×230mm　　**印　　张**：17　　**字　　数**：232 千字
版　　次：2012 年 5 月第 1 版　　**印　　次**：2019 年 9 月第 4 次印刷
定　　价：35.00 元

产品编号：045512-01

前　言

根据国家“十二五”教育发展规划纲要的要求，职业教育应重点从构建现代职业教育体系、改革职业教育人才培养模式、加强职业教育基础能力建设、增强职业教育吸引力四个方面着手，培养优秀的高端技能型人才。因此，我们的教材建设也应站在新的培养模式基础上，提高教材的职业性、实践性、技能性，并具有一定的前瞻性。

近10年来，我国连锁行业正经历着爆发式的成长，特别是随着外资连锁集团的进入和我国民营经济的发展，连锁经营的业态类型不断增加，消费者也将连锁经营企业视为品质标准化、经营规模化，既经济便利又有品质保证的消费场所，使消费市场迅速扩大。因此，连锁经营业无论从流通的总体规模还是企业规模方面都具有巨大潜力。连锁经营业作为一个高速发展同时也尚待探索和完善的产业，十几年来对拉动我国经济发展、推动基础工业的进步及整合资源、创造更多利润和价值等方面起到了重要作用。但随之也出现物流瓶颈和人才瓶颈，一方面，如何在连锁经营业流通规模日益扩大的情形下，加快物流周转，提高物流质量，扩大物流配送网络规模与快速反应能力，以增加企业效益，是连锁物流服务业的重点课题；另一方面，如何培养更多、更好的连锁物流经营专业人才和能够为连锁经营更好服务的物流专项人才，将先进的物流技术、物流设施设备应用于连锁物流业务，将物流联盟、物流配送中心等规模化的物流服务平台引入连锁经营，使连锁经营业在迅速发展的过程中如虎添翼，这将是连锁经营管理和物流管理两个领域复合人才培养的又一重要课题。作为连锁经营企业，理顺其物流的营运模式是创造企业核心竞争力的重要基础。

因此，面对新的人才培养需求和行业发展要求，物流服务人才的培养更需要进一步提升，以实现与产业的对接及创新能力的提高。我国社会经济与工业生产正不断转型与升级，作为密切服务于社会经济与工业生产的物流行业以及工业生产桥头堡的连锁经营业，其连锁物流运营的方法、策略、管理模式都面临着巨大的挑战。该挑战来自全球经济结构的转变，来自物流服务需求的提升，来自物流服务资源的整合，也来自物流行业的自我改善与创新。作为连锁经营业的物流专才，应更好地了解产业状况，分析连锁物流市场需求，转变服务观念和方式，善于运用物流管理的理念去分析问题、解决问题，不断提高连锁物流管理和操作的水平。

本教材筹划于物流被列入我国“十大产业振兴计划”之时，撰写和完善于《国家中长期人才发展规划纲要(2010—2020年)》出台之际。为了适应新时代连锁经营行业的发展和对新型物流人才培养的需求，培养出专业化程度高、综合能力强、实用型连锁物流专业人才，在本教材编写的过程中，立足高职高专物流专业教育的实际需求，准确定位职业院校的培养目标，密切结合我国连锁业物流活动的实际人才需求，认真分析了物流专业学习的逻辑线索、知识结构和能力结构，在创作思想、编著内容、文章结构等方面均有所创新。本教材从认知连锁经营行业和连锁经营业物流管理活动入手，以连锁业物流业务模块和各模块工作过程为线索，将连锁物流管理的基础知识与物流运营与操作活动紧密结合，主要表现出以下几个特色。

(1) 明确以我国连锁经营业发展中的物流管理人才需求特点构建体系，从供应链视角将连锁业物流职能活动及其辅助设施：设备与管理方法，以业务流程为主线、岗位技能需求为牵引，构建“理实结合”的知识体系。

(2) 教材知识体系符合教与学的客观规律要求，在阐述基本概念和相关理论的基础上，结合实际选择具有代表性的典型案例进行了深入浅出的分析与探讨；在注重理论的系统性、前瞻性的基础上，更注重与实际应用相结合。

(3) 每章节内容都以项目或任务驱动教学，以行动导向引导学生学习知识，基于工作过程和业务流程确定每章的编写框架，突出专业性、应用性和实践性，有利于学生动手动脑、固化知识、提高能力。

本教材的主要编写人员由具有多年高职高专物流专业教学经验、具有较高物流专业教育背景，同时又具有物流企业从业经验的“双师型”教师组成，可以从行业实践出发把握编写内容，以提高教材的实践性和应用性，力求将本书编写成为融合行业理论知识、实践技能和教育教学三位一体的高质量教材。

本教材共十章，由天津滨海职业学院王爽担任主编，拟定编写大纲，撰写第一章，并对全书进行审校和最终的统纂；陈彧担任副主编，编写第七章、第九章；田青艳担任副主编，对全书进行统稿和修订。参与本教材编写的还有李彬(第二章)、翟玲(第三章、第四章)、姚翠玲(第五章、第六章)、董建(第八章、第十章)。编写团队为本教材的撰稿和不断修改完善付出了巨大的努力，出版社科学、严谨的工作作风对提高本教材的编写质量起到了重要的促进作用，但由于作者水平与行业视野的局限，本教材中难免有纰漏和不足之处，敬请各位读者予以批评指正！

编　者

目　录

第一章　连锁物流管理概述 1

第一节　连锁经营概览 3

一、连锁经营的定义与特征 3

二、连锁经营的基本形式与连锁业的经营业态 4

三、物流管理在连锁经营中的地位 9

第二节　连锁物流概述 10

一、连锁物流的概念及特征 10

二、连锁物流的结构 11

三、连锁物流的形式与分类 14

第三节　连锁物流管理 15

一、连锁物流管理的含义与特点 15

二、连锁物流管理的环节 17

三、连锁物流管理的组织形式 18

第四节　连锁业物流管理认知实训 20

一、任务引入 20

二、知识认知——5S 管理 20

三、任务实施 22

四、技能拓展 22

本章小结 22

复习思考题 23

第二章　连锁业采购管理与订单处理 25

第一节　连锁业采购概述 27

一、连锁经营的定义与特征 27

二、连锁企业采购原则与采购方式 29

第二节　采购管理实务 32

一、连锁物流采购计划制订 32

二、连锁业供应商的选择 34

三、连锁业物流采购流程管理 37

四、连锁业采购成本核算与控制 40

第三节　连锁业订单处理 42

一、订单处理的含义与类型 42

二、连锁业订单处理流程 42

三、订单处理方式与解决方案 43

四、缺货与紧急订单的处理 45

第四节　连锁业采购物流与订单处理综合实训 47

一、连锁业采购物流管理实训 47

二、连锁业大客户订单处理实训 49

本章小结 51

复习思考题 51

第三章　连锁物流配送管理 53

第一节　连锁物流配送概述 54

一、物流配送的含义与功能要素 54

二、连锁物流配送模式的选择 56

三、连锁物流配送流程 60

第二节　连锁物流配送中心 64

一、连锁物流配送中心的功能与作用 64

二、连锁物流配送中心的类型 67

三、连锁物流配送中心的建设与管理 68

四、连锁物流配送中心的流程与作业管理 70

五、连锁物流配送的合理化 76

第三节　连锁物流联盟 76

一、物流联盟的含义与作用 76

二、连锁物流联盟的模式 78

三、连锁物流联盟的建设要点 80

第四节 连锁业物流配送综合案例与实训......81
一、任务引入......81
二、知识要点......82
三、任务实施......84
四、技能拓展......85
本章小结......85
复习思考题......86

第四章 连锁物流库存管理......89

第一节 连锁物流库存管理概述......91
一、库存管理的概念......91
二、连锁业库存的类型与管理要点......92
三、连锁物流库存管理的模式......94
第二节 连锁物流库存控制......95
一、连锁物流库存控制的目的与方法......95
二、安全库存与订货周期的确定......98
三、订货点与订货批量的确定......100
第三节 基于VMI的连锁业库存管理......101
一、VMI的思想与优势......101
二、连锁企业供应商与连锁商的合作方式......102
三、基于VMI的连锁企业库存管理系统的构建......103
四、基于VMI的连锁企业库存管理典型案例——苏果超市基于VMI的应用效果......105
第四节 连锁物流库存管理综合实训......107
一、连锁商店库存分类应用实训......107
二、连锁门店订货、补货应用实训......110
本章小结......111
复习思考题......111

第五章 连锁流通加工与物流设施设备......113

第一节 连锁流通加工概述......114
一、流通加工......114
二、连锁流通加工的类型及工艺......118
三、连锁流通加工合理化......121
第二节 连锁物流设施设备的应用与管理......123
一、连锁物流设施设备的分类......123
二、连锁物流设施设备的应用......125
三、连锁业装卸搬运作业与合理化......129
第三节 连锁流通加工管理综合实训......134
一、任务引入......134
二、任务分析......134
三、任务实施......134
四、技能拓展......135
本章小结......135
复习思考题......135

第六章 连锁物流外包......137

第一节 连锁物流外包概述......139
一、物流外包的相关概念......139
二、连锁物流外包的成因......140
三、连锁物流外包的实现条件......141
第二节 连锁物流外包运营模式......143
一、连锁物流外包运营模式概述......143
二、连锁物流外包的优势与风险......145
三、连锁物流外包的风险防范......147
第三节 连锁物流外包综合实训......149
一、中小型连锁企业物流外包方案设计......149
二、连锁物流外包风险案例与对策分析......151
本章小结......154

复习思考题......154

第七章　连锁物流信息化管理......157

第一节　连锁物流信息化概述......159
一、连锁物流信息化的必要性......159
二、连锁物流对信息技术的依赖性......160
三、连锁物流信息技术的内容......160
四、连锁物流信息技术的结构......164
五、连锁业物流信息设备概述......164
第二节　连锁物流信息系统管理......168
一、连锁业物流信息系统概述......168
二、连锁物流信息系统模块结构......170
三、连锁物流信息系统管理的优势......173
第三节　E连锁下的物流信息系统......174
一、任务引入......174
二、任务实施......174
第四节　连锁物流信息系统管理综合案例分析......179
一、沃尔玛物流信息系统管理案例......179
二、看不见的“苏宁”......181
本章小结......184
复习思考题......184

第八章　连锁业逆向物流管理......187

第一节　逆向物流......189
一、逆向物流的概念与特点......189
二、逆向物流的原则......190
三、逆向物流的重要性......192
第二节　连锁业的逆向物流......193
一、连锁业逆向物流的特点与价值......193
二、连锁业逆向物流的成因和意义......195
三、连锁业逆向物流的类型......195
四、连锁业逆向物流的管理方法......196
第三节　连锁业逆向物流管理综合实训......198
一、任务引入......198
二、知识要点......198
三、任务实施......199
四、技能拓展......200
本章小结......200
复习思考题......201

第九章　连锁业冷链物流管理......203

第一节　冷链物流概述......205
一、冷链物流的概念......205
二、冷链物流的特点......205
三、冷链物流的商品类别......206
四、冷链物流的装运设备......206
五、冷链物流的管理原则与方法......208
第二节　连锁业典型冷链商品物流管理......209
一、生鲜商品连锁物流......209
二、乳制品连锁物流......213
第三节　冷冻食品连锁物流......223
一、冷冻食品物流的基本情况......223
二、冷冻生鲜的配送......223
三、冷冻冷藏业冷链物流存在的问题......223
四、冷冻冷藏业冷链物流发展的建议......224
第四节　特殊商品连锁物流综合实训......225
一、蒙牛物流管理案例分析......225
二、荔枝冷链物流案例分析......228
本章小结......232
复习思考题......232

第十章　连锁物流成本管理 235

第一节　连锁企业物流成本 237

一、物流成本概述 237

二、连锁企业物流成本的构成 239

第二节　连锁业物流成本核算方法的选择 242

一、按流程步骤核算 242

二、按作业功能核算 242

第三节　连锁物流成本控制与管理 247

一、连锁物流成本管理原则 247

二、连锁物流成本控制方法 248

第四节　连锁物流成本管理综合实训 252

一、A 公司物流流程 252

二、任务实施 253

三、技能拓展——二律背反原则 258

本章小结 259

复习思考题 259

参考文献 261

第一章 连锁物流管理概述

【学习目标】

通过本章的学习，主要了解连锁经营的定义与特征；掌握连锁经营的基本形式与经营业态；理解物流管理在连锁经营中的地位和作用，并能够了解连锁经营行业的管理活动。

【本章导读】

1991年，沃尔玛(Wal-Mart)年销售额突破400亿美元，跃居世界500强企业中的第一位。1996年8月，全球头号连锁品牌沃尔玛进入中国市场，在深圳掀起购物旋风，使传统百货连锁业目瞪口呆。沃尔玛的成功秘密是什么？沃尔玛凭什么建立起称雄世界的连锁王国？

首先，沃尔玛向顾客提供超一流服务的享受。其次，沃尔玛推行“一站式”购物的概念。最重要的是，沃尔玛提出了“帮顾客节省每一分钱”的宗旨，而且实现了价格最低的承诺。要实现这一点，只通过与供应商合作或谈判以降低采购价格是不够的，这其中相当一部分是物流成本。

沃尔玛的连锁物流管理模式可以概括为以下几点。

1. 严谨的采购态度、完善的发货系统和先进的存货管理是促成沃尔玛做到成本最低、价格最便宜的关键因素。沃尔玛一般是直接从工厂以最低的进货价采购商品。一旦交易达成，总部便会通知厂商把货品直接发送到沃尔玛发货中心。沃尔玛在美国拥有16个发货中心，都设在离网点不到一天路程的地方。它拥有6000多辆货车，平均每天发货19万箱。

2. 沃尔玛采用仓储式经营，在商品销售成本上充分体现出规模效益。例如，山姆会员店内装修简洁，尽量利用所有的货架空间储存、陈设商品。

以上的物流管理方法辅之以良好的营销策略，成就了沃尔玛世界连锁大王、世界企业之冠的成绩。

(资料来源：彭剑锋，孟泽元. 从乡村小店到世界零售巨头：全方位剖析沃尔玛成功历程[M]. 北京：机械工业出版社，2010)

在连锁经营中，授权人与被授权人之间是合同关系，授权人与被授权人之间不存在有形资产关系。授权是指包括知识产权在内的无形资产的有偿使用权(或利用)。现代连锁经营业把分散的经营主体组织起来，具有规模优势，实现统一化(如统一店名、店貌，统一广告、信息，统一进货，统一核算，统一库存和统一管理)。以上案例表明，连锁经营企业的物流管理一般采用建立统一配送中心的方式，与生产企业或副食品生产基地直接挂钩，以节省流通费用，这样与同类商店相比可降低2%～5%的成本。

本章在介绍连锁经营的定义与特征、基本形式与经营业态、物流管理在连锁经营中的地位和作用等基本知识的基础上，重点介绍连锁物流的作用、管理环节、组织形式及连锁物流的管理活动等。

第一节　连锁经营概览

一、连锁经营的定义与特征

连锁经营是一种商业组织形式和经营模式，是指经营同类商品或服务的若干个企业，以一定的形式组成一个联合体，在整体规划下进行专业化分工，并在分工的基础上实施集中化管理，把独立的经营活动组合成整体的规模经营，从而实现规模效益。由于连锁经营的各家店面是统一管理，统一进货渠道，直接定向供应的管理模式，消费者在商品质量上可以得到保证。因其独特的经营模式，连锁经营也容易产生定向消费信任或依赖。

(一)连锁经营的特征

现代连锁经营业的特征主要表现在以下几点。

1. 合同关系

在连锁经营中，授权人与被授权人之间是合同关系，也就是说，授权人与被授权人的关系是依赖于双方合同而存在和维系的。

2. 关系人是独立的法律主体

在连锁经营中，授权人与被授权人之间不存在有形资产关系，而是相互独立的法律主体，由各自独立承担对外的法律责任。

3. 关系人的权利不同

授权人对双方合同涉及的授权事项拥有所有权及(或)专用权，而被授权人通过合同获得使用权(或利用权)及基于该使用权的收益权。

4. 无形资产的授权

连锁经营中的授权是指包括知识产权在内的无形资产使用权(或利用)，而非有形资产或其使用权。

5. 有偿使用

被授权人有根据双方合同向授权人缴纳费用的义务。

6. 统一化

被授权人应维护授权人在合同中所要求的统一性。

(二)连锁经营在全球的发展

连锁经营最早出现在美国。第一家颇具规模的连锁商店是1859年乔治·F.吉尔曼和乔治·H.哈特福特在纽约创办的大美国茶叶公司。六年时间，该公司发展到26家正规店，全部经销茶叶。1869年，该公司更名为“大西洋和太平洋茶叶公司”，到1880年时已经发展到100多家分店的规模了。在同一时期，另一家通过连锁经营取得成功的公司是“胜家缝纫机公司”，它于1865年开始采用“特许经营”分销网络的方式进行产品销售，迅速打开产品销路，成为该行业的领导者。经过一百多年的发展，这一经营形式在世界各地得到迅速推广。

20世纪50年代，麦当劳、肯德基引入连锁经营体系，使公司得到迅速发展同时完善了连锁经营业态。20世纪60年代到70年代，连锁经营以其特有的生命力，冲破贸易保护主义的篱笆，从美国向世界各地蔓延。

1963年，日本成立了第一家连锁经营性质的连锁店——“不二家”西式糕点咖啡店，开始抛弃传统的直营式连锁经营业态。20世纪70年代以后，日本的连锁经营以零售业和饮食业为中心迅速发展起来，并形成了自己的连锁经营体系。

从20世纪80年代起，全球连锁经营飞速发展，美国几乎每6.5分钟就有一家连锁店开业；在马来西亚、新加坡等国家，连锁经营已上升为这些国家的国策。尤其是日本的连锁店发展速度更为惊人，以7-Eleven为例，1974年5月，日本的7-Eleven第一家本土便利商店在东京都江东区开业，到了2003年，7-Eleven的本土商店的总店数达到10 000家，2005年5月，它在广东省开出中国内地的第200家店。

在中国，连锁经营起步于皮尔·卡丹专卖店，他于1984年落户北京。随后，连锁经营作为一种企业组织形式在我国迅猛发展，尤其以食品、零售、餐饮业等行业最具代表性，如上海的“荣华鸡”、“华联”；北京的“福兰德”、“家家福”；济南的“百亩园”、“统一银座”等。

在连锁经营形式进入中国的短短二十几年间，中国连锁经营业的平均年店铺增长率和年销售增长率均以两位数的速度增长。以2006年为例，全国前30家连锁经营企业半年销售额达2751亿元，比2005年同期增长25%；店铺总数为15 563个，比2005年同期增长17.1%。目前，连锁经营已遍布整个第三产业的几乎所有行业，特别是被广泛地应用于服务业领域。连锁经营正迅速成为中国最具获利能力的投资方式和创业途径。中国发展连锁经营的时机正在成熟，并将成为世界上最大、最富有潜力的连锁经营市场。

二、连锁经营的基本形式与连锁业的经营业态

(一)连锁经营的基本形式

根据不同的分类标准，连锁经营可以分为不同的类别，当前最常见的一种分类方法是

根据所有权和经营管理权的集中程度来划分。这样可以将连锁经营划分为三种形式：直营连锁、特许经营和自由连锁。

1. 直营连锁

直营连锁是指总公司直接经营的连锁店，即由公司本部直接经营投资管理各个零售点的经营形态。此连锁经营形式并无加盟店的存在。总部采取纵深式的管理方式，直接下令掌管所有的零售点，零售点也毫无疑问地必须完全接受总部的指挥。直营连锁的主要任务在“渠道经营”，意思是指通过经营渠道的拓展从消费者手中获取利润。因此直营连锁实际上是一种“管理产业”。

2. 特许经营

由拥有技术和管理经验的总部，指导、传授加盟店各项经营的技术经验，并收取一定比例的权利金及指导费，此种契约关系即为特许经营。特许经营总部必须拥有一套完整、有效的运作技术优势，从而转移指导，让加盟店能很快运作，同时从中获取利益，加盟网络才能日益壮大。因此，经营技术如何传承，则是特许经营的关键所在。

3. 自由连锁

自由连锁是指自愿加入连锁体系的商店。由于这种商店原已存在，而非由连锁总公司辅导创立，所以在名称上与加盟店有所区别。自由连锁体系中，商品所有权是属于连锁店所有，而运作技术及商店品牌则归总部持有。所以自愿加盟体系的运作虽维系在各个加盟店对“命运共同体”认同所产生的团结力量上，但同时也兼顾“生命共同体”合作发展的前提，另一方面还要保持对加盟店自主性的运作。所以，自愿加盟实际上可称为“思想的产业”，意义即着重于二者间的沟通，以达到观念一致为首要合作目标。

(二)连锁业的经营业态

连锁业的经营业态是指连锁企业为满足不同的消费需求而形成的不同的经营形态。

根据国家颁布的最新零售连锁业分类标准，连锁经营业态包括两类 17 种，其中有店铺经营的有 12 种，无店铺经营的有 5 种。

1. 有店铺零售连锁业态的分类和基本特点

此种业态是指拥有固定的进行商品陈列和销售所需要的场所和空间，并且消费者的购买行为主要在这一场所内完成的零售连锁业态。

业态 1：食杂店

食杂店是以香烟、酒、饮料、休闲食品为主，独立的、传统的、无明显品牌形象的零售连锁业态。其特点如下。

选址	位于居民区内或传统商业区内
商圈与目标客户	辐射半径 0.3 千米，目标客户以相对固定的居民为主
规模	营业面积一般在 100 平方米以内

业态 2：便利店

便利店是以满足顾客便利性需求为主要目的的零售连锁业态。其特点如下。

选址	商业中心区、交通要道，以及车站、医院、学校、娱乐场所、办公楼、加油站等公共活动区
商圈与目标客户	商圈范围小，顾客步行五分钟内到达，目标顾客主要为单身者、年轻人，顾客多为有目的的购买
规模	营业面积在 100 平方米左右，利用率高

业态 3：折扣店

折扣店是店铺装修简单，提供有限服务，商品价格低廉的一种小型超市业态。拥有不到 2000 个品种，经营一定数量的自有品牌商品。其特点如下。

选址	居民区、交通要道等租金相对便宜的地区
商圈与目标客户	辐射半径为两千米左右，目标顾客主要为商圈内的居民
规模	营业面积在 300～500 平方米

业态 4：超市

超市是开架售货、集中收款，满足社区消费者日常生活需要的零售连锁业态，根据商品结构的不同，可以分为食品超市和综合超市。其特点如下。

选址	市、区商业中心，居住区
商圈与目标客户	辐射半径为两千米左右，目标顾客以居民为主
规模	营业面积在 6000 平方米以下

业态 5：大型超市

实际营业面积在 6000 平方米以上，品种齐全，满足顾客一次性购齐的连锁业态，根据商品结构，可以分为以经营食品为主的大型超市和以经营日用品为主的大型超市。其特点如下。

选址	市、区商业中心，城郊结合部，交通要道及大型居住区
商圈与目标客户	辐射半径为两千米左右，目标顾客以居民、流动顾客为主
规模	营业面积在 6000 平方米以上

业态 6：仓储会员店

仓储会员店是以会员制为基础，实行储销一体、批零兼营，以提供有限服务和低价格商品为主要特征的零售连锁业态。其特点如下。

选址	城郊结合部的交通要道
商圈与目标客户	辐射半径为五千米以上，目标顾客以中小连锁店、餐饮店、集团购买和流动顾客为主
规模	营业面积在 6000 平方米以下

业态 7：百货店

百货店是指在一个建筑物内，经营若干大类商品，实行统一管理、分区销售、满足顾客对时尚商品多样化选择需求的零售连锁业态。其特点如下。

选址	市、区级商业中心，历史形成的商业聚集地
商圈与目标客户	目标顾客以追求时尚和品位的流动顾客为主
规模	营业面积在 6000～20 000 平方米

业态 8：专业店

专业店是以专门经营某一大类商品为主的连锁业态。例如，办公用品专业店(office supply)、玩具专业店(toy stores)、家电专业店(home appliance)、药品专业店(drug store)、服饰店(apparel shop)等。其特点如下。

选址	市、区级商业中心以外，百货店、购物中心内
商圈与目标客户	目标顾客以有目的选购某类商品的流动顾客为主
规模	根据商品特点而定

业态 9：专卖店

专卖店是以专门经营或被授权经营某一主要品牌商品为主的零售连锁业态。其特点如下。

选址	市、区级商业中心以外，专业街及百货店，购物中心内
商圈与目标客户	目标顾客以中、高档消费者和追求时尚的年轻人为主
规模	根据商品特点而定

业态 10：家居建材商店

家居建材商店是以专门销售建材、装饰、家居用品为主的连锁业态。其特点如下。

选址	城乡结合部、交通要道或消费者自有房产比例高的地区
商圈与目标客户	目标顾客以拥有自有房产的顾客为主
规模	营业面积在 6000 平方米以上

业态 11：购物中心

购物中心是多种连锁店铺、服务设施集中在由企业有计划地开发、管理、运营的一种建筑物内或一个区域内，向消费者提供综合性服务的商业集合体。

(1) 社区购物中心(community shopping center)：是在城市或区域商业中心建立的，面积在 5 万平方米以内的购物中心。

(2) 市区购物中心(regional shopping center)：是在城市的商业中心建立的，面积在 10 万平方米以内的购物中心。

(3) 城郊购物中心(super-regional shopping center)：是在城市的郊区建立的，面积在 10 万平方米以上的购物中心。

购物中心分为以上三类，其特点如下。

	社区购物中心	市区购物中心	城郊购物中心
选址	市、区级商业中心	市级商业中心	城郊结合部的交通要道
商圈与目标客户	商圈半径为 5～10 千米	商圈半径为 10～20 千米	商圈半径为 30～50 千米
规模	建筑面积在 5 万平方米以内	建筑面积在 10 万平方米以内	建筑面积在 10 万平方米以上

业态 12：厂家直销中心

厂家直销中心是由生产商直接设立或委托独立经营者设立，专门经营本企业品牌商品，并且多个企业品牌的营业场所集中在一个区域的连锁业态。其特点如下。

选址	一般远离市区
商圈与目标客户	目标顾客为重视品牌的、有目的的购买
规模	单位建筑面积在 100～200 平方米

2. 无店铺零售连锁业态的分类和基本特点

无店铺零售连锁业态是指不通过店铺销售，由厂家或商家直接将商品递送给消费者的零售连锁业态。

业态 1：电视购物

电视购物是以电视作为向消费者进行商品推介展示的渠道，并取得订单的零售连锁业态。其特点如下。

目标客户	以电视观众为主
商品(经营)结构	商品具有某种特点，与市场上同类商品相比，同质性不强

业态 2：邮购

邮购是以邮寄商品目录为主向消费者进行商品推介展示的渠道，并通过邮寄方式将商

品送达消费者的零售连锁业态。其特点如下。

目标客户	以地理上相隔较远的消费者为主
商品(经营)结构	商品包装具有规则性，适宜储存和运输

业态 3：网上商店

网上商店是通过互联网进行买卖活动的零售连锁业态。其特点如下。

目标客户	有上网能力、追求快捷性的消费者
商品(经营)结构	与市场上同类商品相比，同质性强

业态 4：自动售货亭

自动售货亭是通过售货机进行商品售卖活动的零售连锁业态。其特点如下。

目标客户	以流动顾客为主
商品(经营)结构	以香烟和碳酸饮料为主，商品品种在 30 种以内

业态 5：电话购物

电话购物主要是通过电话完成销售或购买活动的一种零售连锁业态。其特点如下。

目标客户	根据不同的产品特点，目标顾客不同
商品(经营)结构	商品单一，以某类品种为主

三、物流管理在连锁经营中的地位

一般来说，连锁经营企业的物流成本在其总成本的构成中，所占比例高达 20%以上。因此，物流战略的正确制定和有效执行，是连锁企业在市场竞争中胜出的一个决定性因素。全球著名的连锁企业，如沃尔玛(Wal-Mart)、麦德龙(Metro)，无一例外地借助于卓越的物流管理，取得了令人瞩目的市场地位。

(一)物流管理活动贯穿连锁行业的始终，管理内容十分复杂

从连锁企业采购销售的商品开始便涉及物流管理活动，之后的运输、储存、库存控制直到配送给终端用户，以及退、换货的回收，都是物流管理的活动内容，物流管理活动贯穿着连锁行业的始终。

同时，由于连锁行业出售的商品多种多样、千差万别，如大型超市，动辄涉及上万种商品的物流管理活动，其中不乏食品、鲜活产品、冷冻产品等，它们的保质期各不相同，这就给物流管理带来重重困难，管理内容十分复杂，因此高效、准确的物流管理对于连锁企业来讲是十分重要的。

(二)优秀的物流管理可以有效降低连锁企业的经营成本

在激烈的市场竞争中，连锁企业必须严格控制运营成本，这就要求连锁企业要拥有一流的物流管理体系，使货物能及时而经济地到达最终消费者手中。正所谓物流是“第三利润源”，优秀的物流管理通过对采购、运输、仓储、库存等要素的有效管理实现正常销售下的最低采购量、最低库存成本从而降低连锁企业的运营成本。

(三)完善的物流信息系统可以大大提高连锁企业的经营效率

以沃尔玛(Wal-Mart)为例，它和卡马特(Kmart)经销的商品结构颇为相近，但沃尔玛的运行成本比卡马特低25%。如此大的差别从何而来？其中一个重要的原因就是沃尔玛得益于其先进的物流信息系统，使它能快速判别消费者的购买喜好。物流效率提高了，企业经营效率也随之提高，从而使商品的整体成本一减再减。据测算，沃尔玛的经营效率竟然是卡马特的两倍。

(四)高效、准确的物流服务可以赢得客户的忠诚度

试想，如果客户从某电器城订购了一台液晶电视，一个月后才得到商品，而商品的型号被搞错了，不得不换货，又过一个月才得到安装和售后服务，这样的物流服务能否赢得客户的忠诚度呢？如果配送时间缩短到8小时以内，售后服务24小时完成，这样高效的物流服务势必会提升客户的忠诚度。

第二节　连锁物流概述

一、连锁物流的概念及特征

(一)现代物流与连锁物流的概念

我国国家标准《物流术语》对物流的定义是：“物品从供应地到接收地的实体流动过程，根据实际需要，将运输、储存、装卸、搬运、包装、流通加工、配送、信息处理等基本功能实施有机结合。”

在国际上，通常将物流理解为：“物流是为满足客户需要，对商品、服务及相关信息在源头与消费点之间的高效(高效率、高效益)正向及反向流动与储存所进行的计划、实施与控制的过程。”

因此，可以将连锁物流定义为：为满足客户的需要，对连锁企业所经营的商品进行采购、储存、运输、配送、包装、流通加工、退换货处理等正向或反向流动所进行的计划、执行与控制的过程。连锁业的物流活动是伴随着资金流的运作和信息流的传递而进行并相

互作用的。

(二)连锁物流的主要特征

连锁物流的主要特征体现在以下几个方面。

1. 信息化特征

连锁物流信息化表现为物流信息的商品化、物流信息搜集的数据库化和代码化、物流信息处理的电子化和计算机化、物流信息传递的标准化和实时化，因此，条码技术(Bar Code)、数据库技术、电子订货系统(EOS)、电子数据交换(EDI)、销售时点技术(POS)、无线射频(RF)技术等在连锁企业中得到普遍应用。有些连锁企业开辟了实体商店信息系统化管理与网上虚拟商店的即时销售相结合的运作模式，这使得传统的连锁企业发生了实质性的革命。

2. 网络化特征

网络化表现为两个方面，一是连锁企业的物流实体网络，通过内部的组织网络和外部的配送网络实现物资的有效物流配送；二是物流系统的计算机通信网络，打造物流信息化平台，实现物流信息的采集、传递、分析、运用的快速反应，网络是物流的神经系统。实体网络与虚拟网络的“无缝链接”是连锁物流的发展方向。许多跨国连锁集团都是通过网络化管理实现全球范围内的企业经营与物流运作。

3. 复杂性特征

现代连锁企业依托于繁荣发展的工业生产和多样化的消费需求，所经营的品种多，而且物流的批次多、批量小、需求变化大，很多商品还有很强的季节性或在保管中有很高的要求。从订购、进货、运输、储存、保养到流通加工、配送等物流环节，受到多种因素的影响，这就会使连锁企业物流管理的复杂性增加。

4. 柔性化特征

这是一种“以顾客为中心”理念的体现，即根据消费者需求的变化来调节、安排连锁企业的物流活动。连锁企业需要随时根据消费者的类别、层次及消费倾向调整所售商品的类别，同时，也需根据商品类别的调整，按照商品的特性制定相应的物流方案。因此，连锁企业的物流应具有较高的柔性。

二、连锁物流的结构

(一)现代物流的结构

从供应链的角度分析，一条完整的供应链包括供应商(原材料供应商和零配件供应商)、制造商(加工厂或装配厂)、分销商(代理商或批发商)、第三方物流公司(储运公司或配送中心)、连锁企业(百货商场、超市、专卖店、便利店和杂货店等)及消费者。任何一个企业都必然处于某条供应链当中，如图 1-1 所示。

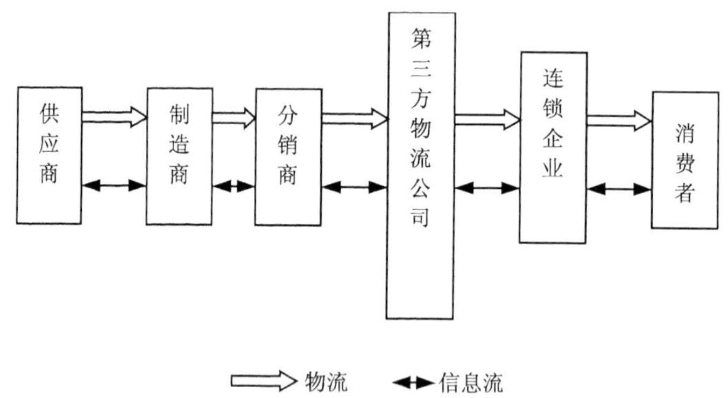

图 1-1　现代物流供应链示意

一般地，供应链是一个包含多层次、相互作用的网状结构，如图 1-2 所示。

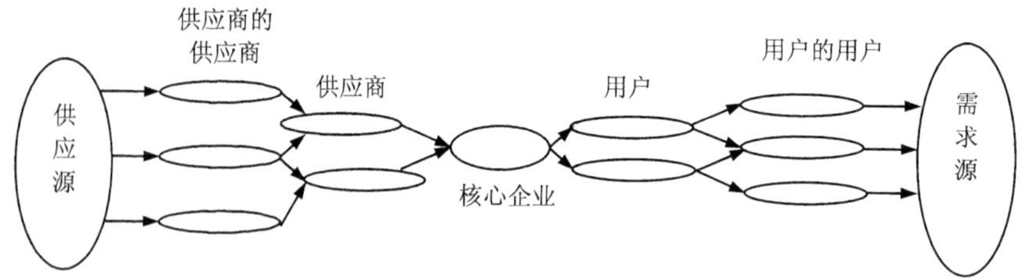

图 1-2　供应链的网状结构

在这个网状供应链上体现了四种功能的物流活动，分别为供应物流、生产物流、销售物流与逆向物流，如图 1-3 所示。

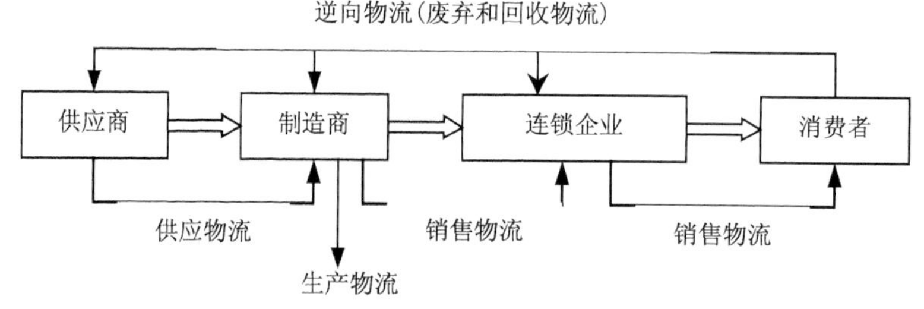

图 1-3　物流活动示意

1. 供应物流

生产企业、流通企业或消费者购入原材料、零部件或商品的物流过程称为供应物流。

对于生产企业而言，是指生产活动所需要的原材料、备品备件等物资的采购、供应活动所产生的物流；对于流通企业而言，是指交易活动中从买方角度出发的交易行为所产生的物流。供应物流的严格管理对企业的成本有重要影响。

2. 生产物流

生产物流是指生产过程中，原材料、在制品、半成品、产成品等在企业内部的实体流动。生产物流和生产流程同步，是从原材料购进开始直到产成品发送为止的全过程的物流活动。原材料、半成品等按照工艺流程在各个加工点之间不停地移动，形成了生产物流。生产物流的合理化对工厂的生产秩序和生产成本有很大影响。

3. 销售物流

销售物流是指生产企业、流通企业出售商品时，物品在供方与需方之间的实体流动。通过销售物流，企业得以回收资金，进行再生产活动。销售物流的成本是销售商品价格的一部分，其成本高低关系到企业的存在价值是否被社会承认。因此，为增强企业的竞争力，必须重视销售物流的合理化。

4. 逆向物流

逆向物流狭义上也称为废弃和回收物流，即不合格物品的返修、退货及周转使用的包装容器从需方返回到供方所形成的物品实体流动。回收某些资材可以再用或加工后再使用，有利于物资的节约和充分利用。废弃物流没有经济效益，但具有不可忽视的社会效益。为了减少资金消耗，更好地保护生态环境，废弃物流的研究很有必要。

(二)连锁物流的功能结构

从现代物流的供应链示意图中可见，连锁物流是现代物流供应链上的一个环节，制造商或中间的分销商是连锁企业的供应源，客户是连锁企业的需求源，连锁商品的品类繁多决定了供应商的数量众多和消费客户的层次多样。因此连锁物流也将是一个复杂的网状结构，如图 1-4 所示。

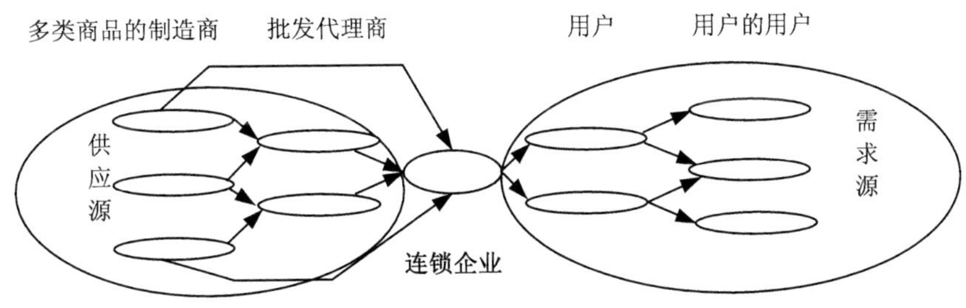

图 1-4 连锁物流的网状结构

如图 1-4 所示，在连锁物流的网状结构中，连锁企业需要将下游诸多客户不同层次的需求与上游众多的甚至不同级别的供应商进行纵向整合，在这样的整合中，多品种、小批次的配送与库存管理是较大的难点。一般的连锁企业通常采用自建配送中心的形式或在物流联盟的基础上以物流中心配送的形式来处理供给物流和逆向物流等活动。因此，连锁物流的功能结构如图 1-5 所示。

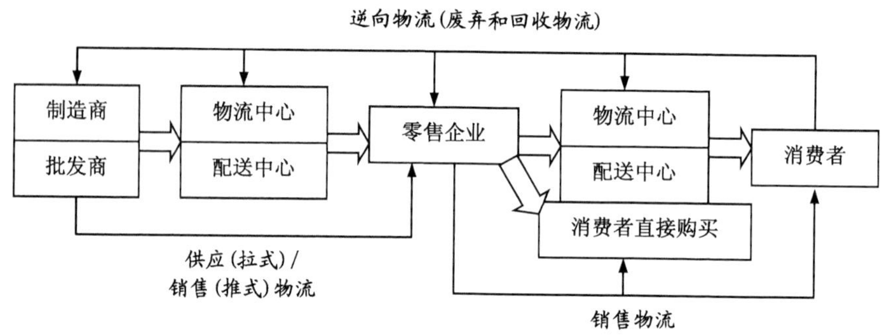

图 1-5　连锁物流功能示意

如图 1-5 所示，连锁企业作为连锁系统的核心，一方面可以根据消费者的需求拉动采购决策的做出与供应物流的开展；另一方面可以通过物流中心或配送中心的物流外包服务，完成商品从供应商到最终消费者的物流活动。

三、连锁物流的形式与分类

从物流的职能角度讲，连锁物流活动可以分为以下几类。

(一)采购

采购是指连锁企业依照市场需求向多个供应商获得所售商品的物流过程。这里包括采购决策和订单处理。其中，采购决策是依据市场需求分析而做出的，这个决策结果是会不断调整和变动的；而对供应商订单处理能力的评估是连锁企业选择供应商时的重要参考。

(二)运输

运输是指商品从供应商向连锁企业流动的过程，或者是商品从连锁企业向消费者流动的过程。很多连锁企业都会采取将运输活动外包给专业物流运输企业的方式，如冷冻商品的运输、鲜活水产品的运输等。通过专业的运输企业进行运输会节约连锁企业的物流装备成本，也会提高连锁企业的质量与效率。

(三)储存

储存是指商品在配送中心存储，或在连锁企业的仓库进行存储的物流活动。由于连锁企业的经营业态有很大差别，所以储存环节的做法也不尽相同。有些仓储式连锁企业，储存环节会完全发生在连锁企业，但这需要连锁企业有空间较大又成本低廉的仓库。而很多连锁型大超市，一般只在店面后方设较小的仓库以满足每日所需，大部分商品都通过物流中心或配送中心进行储存，在卖场缺货时，由配送中心进行即时补货。

(四)配送

很多连锁企业需要为自己所销售的大件商品提供配送服务。连锁企业的配送活动有自营，也有外包进行的。准确、高效的配送服务无疑是连锁企业竞争力的重要体现。

(五)包装与流通加工

为了方便连锁企业的销售活动，提高销售效率，大多数连锁企业都会对商品进行一些包装与流通加工活动。例如，对商品进行运输包装向销售包装的更换、贴标签或条码，有些卖场有现场加工的食品或制品，也需在连锁企业进行包装和贴标签活动，促销商品、大包销售等也将涉及包装与流通加工活动。

(六)退、换货处理

这是连锁企业逆向物流的一部分。很多连锁企业为了提高竞争力，争取更多的客户，会承诺销售后的某个时间段内为退换货期；而连锁企业销售的很多商品还有着保质期、有效期的限制，超过保质期或有效期就需要做退换货处理；在物流过程中或销售过程中会产生物品的损失或损耗，如果影响了商品的质量也需做退货或换货处理；季节性产品或更新换代比较快的商品在错过销售期后也会存在逆向物流活动等，这就要求连锁企业要有较强的逆向物流运作能力。

第三节　连锁物流管理

一、连锁物流管理的含义与特点

与通常意义上的物流管理活动不同，连锁物流管理活动更有针对性，它要面向连锁经营企业的物流活动进行综合的计划、协调与管理。

(一)连锁物流管理的含义

连锁物流管理是指连锁企业在经营过程中，根据商品实体的运动规律，运用物流管理的基本原理和科学方法，对物流过程进行计划、组织、协调和控制，使物流活动实现最佳的协调与配合，以降低物流成本、提高物流效率和经济效益的经济活动。这个定义需从以下三个方面进行理解。

第一，连锁企业物流管理是一个包括计划、组织、控制和实施在内的全过程。

第二，连锁企业物流管理要协调配置各项资源，实现物流运营成本最低和效率最大化。

第三，连锁企业要实现最优的物流管理，就要遵循物流的客观规律，以科学、高效和可循环发展的管理方法来完成既定目标。

(二)连锁物流管理的目标与特点

现代物流管理追求的目标可以概括为“7R”：将适当数量(right quantity)的适当产品(right product)，在适当的时间(right time)和适当的地点(right place)，以适当的条件(right condition)、适当的质量(right quality)和适当的成本(right cost)交付给客户。具体来讲，通过加强物流系统管理可以实现物流服务的“7S”目标，即服务(service)目标、快捷(speed)目标、节约(space saving)目标、规模优化(scale optimization)目标、库存(stock control)目标、安全性(safe)目标和总成本(sum cost minimum)目标。

那么，连锁企业的物流管理也应以追求实现“7R”和“7S”的管理为目标。其主要特点表现为以下几点。

1. 连锁物流管理的增值性

连锁企业的物流活动不仅能够支持连锁店铺的正常营业和销售，而且还能够创造出物流活动的新增价值。因此，连锁物流管理活动应具有明显的增值性。

2. 连锁物流管理的复杂性

连锁企业的经营，点多、面广、规模大，面对众多客户，经营着成千上万种商品，涉及订购、进货、运输、储存、保养、加工和配送等物流环节，受到多种因素的影响，因而增加了连锁企业物流管理的复杂性。

3. 连锁物流管理的系统性

连锁企业的物流大多是以总部为中心开展采购、运输、保管、包装和配送等物流活动的。连锁企业的总部与分部、物流过程与生产和销售过程、各功能要素之间存在着相辅相成的有机联系，任何一个环节出现问题，都会影响整个系统的运行。因此，必须树立系统观念，运用系统方法来进行物流管理。

4. 以配送管理为中心

近年来，连锁经营在商品流通领域发展最快，所占比重也最大，这一特点非常显著。连锁企业的经营特点是品种多、批量小、交易频繁和需求变化大，这就要求物流系统能根据消费需求把商品及时配送到各销售点，以满足消费者的需要。因此，连锁企业的物流管理是以配送管理为中心来进行的。

二、连锁物流管理的环节

按照连锁物流管理的实施过程，连锁企业物流管理可以分为采购物流管理、配送管理、店铺后方的库存管理、店铺场所内的流通加工管理、面向消费者的销售物流管理及必要的配送管理、逆向物流管理，如图 1-6 所示。

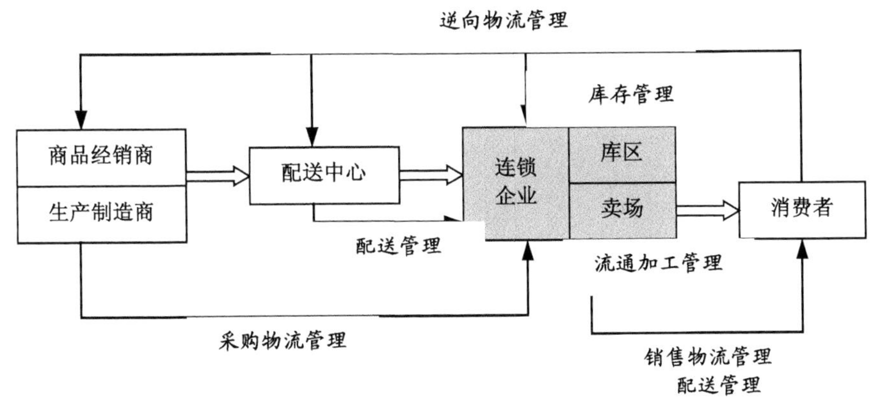

图 1-6　连锁物流管理环节示意

除此之外，涉及连锁企业经营管理的物流管理环节还有连锁物流信息管理、连锁物流成本管理、连锁物流外包与管理等。这三个物流管理环节不仅对企业物流管理有非常重要的作用，对于连锁企业的经营管理同样起着至关重要的作用。因为，物流信息的畅通与否决定着各个部门间能否有效沟通、连锁业务能否顺利进行甚至管理决策能否切实有效；物流成本的管理和控制，决定了物流管理环节能否为企业带来“第三利润源”，提高物流企业的经营效益。据统计，物流成本是连锁企业除采购成本和人力成本以外的第三大成本。连锁物流外包是近些年来，大规模连锁集团所采用的物流经营模式，它们将物流业务剥离，请专业的第三方甚至第四方物流企业承揽连锁企业的物流配送业务、回收和废弃物流的处理业务乃至订单处理业务，大大提高了连锁企业的经营效益。

三、连锁物流管理的组织形式

(一)一般组织形式

1. 供应商自理物流

供应商自理物流是指连锁企业的供应商自己建立物流分销系统，为连锁企业提供供应物流。在我国的大型生产企业中，有许多都建立了自己的分销体系，将分销渠道直接介入到连锁企业中，由供应商直接将商品配送到店铺，如海尔物流配送中心、大型电器厂家等。这种由供应商直接配送的优点在于大大降低了连锁企业成本和运作的复杂性，因此一般来说，中小型连锁企业主要依赖供应商提供商品配送。但这样的配送对店铺的响应速度受到供应商物流水平的限制，同时也依赖于店铺和供应商信息交流的效率。根据中国仓储协会2004年对中国物流市场所做的调查，我国商业企业的物流配送，有75%是由供应商完成的。生产企业一般是根据商品的属性、运输距离、自己的运输能力及季节等条件安排有关物流的活动。

2. 批发商代理物流

批发商包括某一厂家的总代理商、地区代理商和一般代理商等，为连锁企业送货一直是批发企业的经营习惯。批发商在进行商品交易的同时，基本上承担了送货的业务，有些批发商建立了自己的配送渠道，甚至还投资建立了大型的配送中心，提供物流服务是批发商生存和发展的重要契机。在我国的物流企业当中，有一部分是由原来的批发企业转型发展起来的。但覆盖全国的批发企业在我国还不多见，批发企业的物流配送也局限于一个城市或一个地区。

3. 连锁企业自建物流

我国部分大型连锁企业有自己的物流配送中心，其主要原因是我国有相当数量的连锁企业都是在传统的副食品公司、蔬菜公司、粮店及其他配套网点的基础上建立起来的。这些传统企业，都有很丰富的场地、设施设备、人员等建立配送中心的基础。根据中国连锁经营协会的最新统计，国内连锁百强企业当中有80%的企业拥有自己的配送中心，配送中心的平均面积超过1万平方米。

4. 第三方物流企业

随着全社会专业物流企业的兴起和成熟，将商品的配送工作甚至全部的配送工作交给专业物流企业，也已成为连锁企业的一种选择。还有一些原属于连锁企业流通部门的运输和仓储部门，从整体业务中剥离出来独立经营，从事专业的物流服务。2002年，北京物美

与和黄天百签署协议，由后者承担前者的商品配送服务。物美在北京有便利店和便利超市300 多家，和黄天百是一家专业的第三方物流公司，在欧洲占有较大的市场份额。物美与和黄天百合作，让其为所属的 300 多家便利店进行配送。这一做法改变了国内连锁企业普遍采取的配送自营的方法，是一个有益的尝试。

(二)连锁企业物流管理组织模式的选择

由于连锁企业的发展阶段不同，各有特点，所以对于物流管理组织的需求能力与要求就各有不同。采用何种物流管理组织模式应根据企业的实际情况做出选择。

1．大型连锁企业配送模式应以自营配送为主

大型连锁企业规模大，物流管理组织量巨大，对物流控制的能力强，又具备开展物流管理组织所需要的人才、管理和庞大资金，应采用自营配送模式，将配送中心作为物流管理组织系统的核心，既能较好地管理和监控企业的核心业务，又能巩固其在供应链上的主导地位。对于大型综合超市等形态的连锁企业而言，也可以发挥供应商配送模式的优势，或与供应商一起开展共同配送。目前我国许多大型生产企业都建立了自己的分销体系，能够将商品直接运送到连锁企业的配送中心或连锁分店。所以，连锁企业若能够加强与大型供应商的战略联盟关系，将有助于提高企业物流系统的运作绩效，并获得相关的学习机会。如果选择与供应商共同配送，还可以解决物流设施严重浪费这一问题，也是完全符合“互利”这条商业原则的。

2．大卖场和综合性的连锁企业应考虑供应商配送模式

由供应商直接进行商品配送的配送方式主要适用于店铺规模大、采购规模大的连锁企业。由总部确定统一的供应商，店铺向供应商订货，由供应商直接将商品配送到门店或按照销售票单，直接对终端消费者配送到门。这种由供应商直接配送的优点在于大大降低了连锁企业的成本和运作的复杂性。目前，在我国大部分连锁企业没有完善的物流体系的条件下，为不断加强其核心竞争力和核心业务、较快地圈地扩大店面数量和企业规模，大部分都采用这种配送模式。

3．中小型连锁企业以第三方物流管理组织为主

我国众多中小型连锁企业仍处于发展阶段，由于资金、人才、经验等方面的限制，在物流管理组织中心和配送系统的建立上无法实现稳定的投入，如果能够借助第三方物流实现本企业的配送活动，那么企业既可以减少在固定设施上的投资，降低经营风险，并把有限的资源投入到增强其核心竞争力上，壮大企业规模，又可以带动第三方物流企业市场规模的扩大、物流平均成本的降低、实现双方经济效益的同时增长。此外，还可以将分散的各中小型连锁企业甚至供应商的物流设施设备集中起来进行共同配送，或者利用大型连锁

企业先进的物流管理组织系统，来发展共同配送。物流管理组织作为连锁经营实现利润来源的主要手段，连锁企业的竞争实际上也就成为配送能力之间的竞争。选择配送模式，要综合考虑很多因素，如企业的配送能力、配送成本、发展战略与阶段、资金实力与企业规模、门店的选址与数量及配送商品的特点等，应该根据实际情况选择适合自己的配送模式。

第四节 连锁业物流管理认知实训

一、任务引入

请在任课教师的指导下，分别成立项目小组，以项目小组为单位，到就近的连锁企业进行参观和调研，并撰写调研结果讲演报告，以演讲的形式说明连锁企业的物流业务内容、管理环节、物流管理岗位工作内容与工作职责，并模仿设计相关的业务表格。

二、知识认知——5S 管理

5S 管理起源于日本，是指在生产现场中对人员、机器、材料、方法等生产要素进行有效的管理，这是日本企业一种独特的管理办法。“5S”是整理(seiri)、整顿(seiton)、清扫(seiso)、清洁(seikeetsu)和素养(shit- suke)这五个词的缩写。因为这五个词日语中罗马拼音的第一个字母都是“S”，所以简称为“5S”。开展以整理、整顿、清扫、清洁和素养为内容的活动，称为“5S”活动。通常“5S”管理包括市场 5S 管理、客户 5S 管理、产品 5S 管理、营销代表 5S 管理。与连锁物流相关的“5S”管理是产品“5S”管理。近年来，随着人们对这一活动认识的不断深入，有人又添加了“安全(safety)、速度(speed)、节约(save)”等内容，分别称为 6S、7S、8S。

(一)整理

整理即把要与不要的人、事、物分开，再将不需要的人、事、物加以处理，这是改善现场管理的第一步。其要点首先对现场摆放和停滞的各种物品进行分类，区分什么是现场需要的，什么是现场不需要的；其次，对于现场不需要的物品，诸如用剩的材料、多余的半成品、切下的料头、切屑、垃圾、废品、多余的工具、报废的设备、工人的个人生活用品等，要坚决清理出现场。这项工作的重点在于坚决把现场不需要的东西清理掉。

整理的目的是：①改善和增加作业面积；②现场无杂物，行道通畅，提高工作效率；③减少磕碰的机会，保障安全，提高质量；④消除管理上的混放、混料等差错事故；⑤有利于减少库存量，节约资金；⑥改变作风，提高工作情绪。

(二)整顿

整顿即把需要的人、事、物加以定量、定位。通过前一步整理后，对生产现场需要留下的物品进行科学合理的布置和摆放，以便用最快的速度取得所需之物，在最有效的规章、制度和最简捷的流程下完成作业。

整顿活动的要点是：①用品摆放要有固定的地点和区域，以便于寻找，消除因混放而造成的差错；②物品摆放地点要科学、合理。例如，根据物品使用的频率，经常使用的东西应放得近些，偶尔使用或不常使用的东西则应放得远些；③物品摆放目视化，使定量装载的物品做到过目知数，摆放不同物品的区域采用不同的色彩和标记加以区别。

(三)清扫

清扫即把工作场所打扫干净，设备异常时马上修理，使之恢复正常。现场在作业过程中会产生灰尘、油污、垃圾等，从而使现场变脏。脏的现场会使设备精度降低，故障多发，使安全事故防不胜防；脏的现场更会影响人们的工作情绪，使人不愿久留。因此，必须通过清扫活动来清除那些脏物，创建一个明快、舒畅的工作环境。

清扫活动的要点是：①自己使用的物品，如设备、工具等，要自己清扫，不要依赖他人，不增加专门的清扫工；②对设备的清扫，着眼于对设备的维护保养。清扫设备要同设备的点检结合起来，清扫即点检；清扫设备要同时做设备的润滑工作，清扫也是保养；③清扫也是为了改善。当清扫地面发现有飞屑和油水泄漏时，要查明原因，并采取措施加以改进。

(四)清洁

整理、整顿、清扫之后要认真维护，使现场保持完美和最佳状态。清洁是对前三项活动的坚持与深入，从而消除发生安全事故的根源。创造一个良好的工作环境，使员工能愉快地工作。

清洁活动的要点是：①作业环境不仅要整齐，而且要做到清洁卫生，保证员工身体健康，提高员工劳动热情；②不仅物品要清洁，而且员工本身也要做到清洁，如工作服要清洁，仪表要整洁，及时理发、刮须、修指甲、洗澡等；③员工不仅要做到形体上的清洁，而且要做到精神上的“清洁”，待人要讲礼貌、要尊重别人；④要使环境不受污染，进一步消除混浊的空气、粉尘、噪声和污染源，消灭职业病。

(五)素养

素养即努力提高人员的修身，养成严格遵守规章制度的习惯和作风，这是“5S”活动的核心。没有人员素质的提高，各项活动就不能顺利开展，开展了也坚持不了。所以，抓

"5S"活动，要始终着眼于提高人的素养。

三、任务实施

连锁企业名称：
连锁企业经营业态类型：
连锁企业经营范围：

物流业务调研结果				
物流业务内容				
物流管理环节				
物流管理岗位				
物流管理岗位对应工作职责				

物流管理表格如下。

① 入库通知单。

② 出库单。

③ 库存商品明细表。

④ 库存商品盘点报告。

四、技能拓展

对本小组所调研的连锁企业各项数据和资料进行分析，对照连锁物流管理的组织形式进行对号入座，并尝试画出该连锁企业的物流管理整体流程，流程中应涉及物流管理的各个要素与要素执行的相关当事人。

本 章 小 结

连锁经营最早出现在美国，从 20 世纪 80 年代起进入中国，并在中国迅速发展，形成了直营连锁、特许经营及自由连锁等多种形式，并分为有店铺经营和无店铺经营等 17 种业态。我国连锁经营企业的物流成本在其总成本的构成中，占高达 20%以上的比例，成为制约我国连锁业发展的瓶颈。因此，物流战略的正确制定和有效执行，是我国连锁企业在市

场竞争中胜出的一个决定性因素。因此，掌握连锁物流的特征、功能结构、形式和分类是对连锁物流进行管理的基础。

本章通过对连锁物流管理环节的分析，发现连锁物流因产品品种多、批量小、交易频繁和需求变化大等特点。相对于现代物流管理，连锁物流管理更复杂，管理难度更大，但连锁企业的物流管理也应以追求实现“7R”和“7S”的管理为目标。

连锁物流包括供应商自理物流、批发商代理物流、连锁企业自建与第三方物流等组织形式，由于连锁企业发展的阶段不同，各有特点，所以对于物流管理组织的需求能力与要求就各有不同。采用何种物流管理组织模式应根据企业的实际情况做出选择。

复习思考题

一、简答题

1. 简述连锁业的定义与产业特点。
2. 简述连锁业的基本业态类型。
3. 简述连锁物流的主要特征。
4. 简述连锁物流的形式与分类。
5. 简述物流管理的“7S”和“7R”目标。
6. 简述连锁物流管理的一般组织形式。
7. 如何进行连锁企业物流管理组织模式的选择？

二、案例分析题

下面给出几个实战案例，要求以小组为单位进行讨论，并提出解决方案，每个小组派出一名代表，讲演本组的解决方案，并接受教师与其他同学的提问。

1. 某学校的教师食堂里，教师排成一队取饭就餐，基本顺序是教师把饭票和钢制的餐盘递给窗口里面的1号服务员，1号服务员接过餐盘后盛上米饭，然后把餐盘递给2号服务员盛第一个菜，接下来3号服务员盛第二个菜，按照接力的形式直到第五个菜。教师从另一个窗口把饭取出。因为速度太慢，队伍排得很长，学校领导看到后，要求承包食堂的老板再开一个窗口。老板说，那需要增加一倍的人手，就会出现亏损。学校领导说，再开一个窗口，人员不但不增加，甚至可以减少一半，工作效率会大大提高，但需按照合理物流的原则重新进行流程设计。你能帮助食堂老板解决这个问题吗？

2. 现有九个车站，如图1-7所示，只用四条相接的直线公路(每条直线公路必须相连，而且不能相互重叠)，有一辆汽车要经过这些公路，分别到达这九个车站，每个车站只能到达一次，请进行公路的连接设计并分析哪些习惯性的观点影响了你的设计？

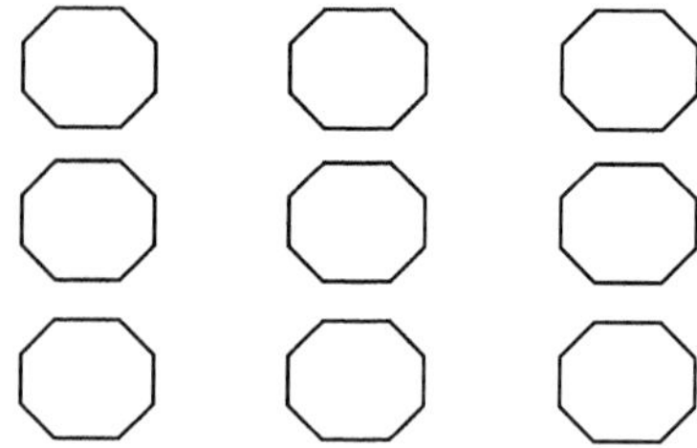

图 1-7　实战案例 2 示意

第二章 连锁业采购管理与订单处理

【学习目标】

通过本章的学习，主要了解采购的含义，采购的方式；掌握采购供应商的选择和成本核算；能够进行采购订单的处理；能够按照教学小组的模式，学会社会调查，写出市场调查报告；能够制订采购计划、操作采购订单。

【本章导读】

20世纪90年代，沃尔玛提出了新的零售业配送理论，开创了零售业工业化运作的新阶段，即通过集中管理配送中心向各商店提供货源。其独特的配送体系，不仅大大降低了成本，而且加速了存货周转，形成了沃尔玛的核心竞争力。

如今，沃尔玛在美国本土已建立了62个配送中心，整个公司销售商品的85%由这些配送中心供应，而其竞争对手只有约50%～65%的商品集中配送。沃尔玛完整的物流系统号称"第二方物流"，相对独立运作，不仅包括配送中心，还有更为复杂的输入采购系统、自动补货系统等。其配送中心的平均面积约为10万平方米，相当于23个足球场，全部自动化作业，现场作业场面就像大型工厂一样蔚为壮观。

沃尔玛公司有六种形式的配送中心：一是"干货"配送中心；二是食品中心(相当于国内的"生鲜")；三是山姆会员店配送中心；四是服装配送中心；五是进口商品配送中心；六是退货配送中心(其收益主要来自出售包装箱的收入和供应商支付的手续费)。

其配送中心的基本流程是：供应商将商品送到配送中心后，经过核对采购计划、进行商品检验等程序，分别送到货架的不同位置存放。门店提出要货计划后，计算机系统将所需商品的存放位置查出，并打印有商店代号的标签。整包装的商品直接在货架上送往传送带，零散的商品由工作人员取出后也送到传送带上，一般情况下，商店要货的当天就可以将商品送出。

沃尔玛要求所购买的商品必须带有UPC条形码，从工厂运货回来，卡车可以停在配送中心收货处的数十个门口处，把货箱放在高速运转的传送带上，在传送过程中经过一系列的激光扫描，读取货箱上的条形码信息。而门店需求的商品被传送到配送中心的另一端，那里有几十辆货车在等着送货。其十多千米长的传送带作业就这样完成了复杂的商品组合，高效的计算机控制系统，使整个配送中心用人极少。数据的收集、存储和处理系统成为沃尔玛控制商品及其物流的强大武器。

为了满足美国国内3000多家连锁店的配送需要，沃尔玛公司在国内配备近3万个大型集装箱挂车，5000辆大型货车卡车，24小时昼夜不停地工作。每年的运输总量达到77.5亿箱，总行程达6.5亿千米。合理调度如此大规模的商品采购、库存、物流和销售管理，当然离不开高科技的手段，为此，沃尔玛公司建立了专门的计算机管理系统、卫星定位系统和电视高度系统。

沃尔玛全球4000多家店铺的销售、订货、库存情况可以随时调出查询，5000辆运输卡车，全部装备了卫星定位系统，每辆车在什么位置、装载什么货物、目的地是什么地方，总部一目了然。这样就可以合理安排运量和路程，最大限度地发挥运输潜力、避免浪费，降低成本，提高效率。

沃尔玛正是通过信息流对物流、资金流的整合、优化和及时处理，实现了有效的物流成本控制。从采购原材料开始到制成最终产品，最后由销售网络将产品送到消费者手中的

过程都变得高效有序，实现商业活动的标准化、专业化、统一化、单纯化，从而达到实现规模效益的目的。

(资料来源：彭剑锋，孟泽元. 从乡村小店到世界零售巨头：全方位剖析沃尔玛成功历程[M]. 北京：机械工业出版社，2010)

由以上案例分析可知，有效的采购管理是采购顺利实施的保证，采购管理主要对采购管理组织、需求分析、资源市场分析、采购计划制订、实施采购计划、采购评估、采购监控、采购基础工作等进行统一管理。

本章在介绍采购管理的内容、采购原则、采购方式、采购管理流程和订单处理基本知识的基础上，重点介绍连锁物流采购计划制订，连锁业供应商选择，连锁业物流采购流程管理，采购成本核算与控制，订单处理流程，方式与解决方案，缺货与紧急订单的处理技巧和方法。

第一节 连锁业采购概述

一、连锁经营的定义与特征

(一)采购含义

在现代社会中，人们所消耗的物品都需要进行采购活动，一般认为，采购是指单位或者个人基于生产、生活、销售等目的，购买商品或者劳务的交易行为，根据人们取得商品的方式和途径不同，采购可以分为狭义采购和广义采购。

狭义采购是指限于购买的方式，由买方支付对等的代价，向卖方换取物品的行为过程，这种以货币换取物品的方式，就是最普通的采购途径。个人也好，企业也好，为了满足其生产或者消费的需求，80%～90%会采取购买的方式，因此势必存在着需求方和供应方之间的联系。

广义采购是指除了以购买的方式获取物品外，还可以通过租赁、借贷、交换等方式满足目的。

(二)采购管理内容

采购是为了保证企业或者个人正常的生产、生活需求，创造更好的环境，赚取更多的利润，采购应该是合理采购、有效采购，以创造更大的经济价值，因此，要对采购进行有效管理。

所谓采购管理，是指为保证企业物资供应而对企业采购进货活动进行计划、组织、指挥、协调和控制的管理活动。

采购管理是一项复杂的工作，其主要工作内容包括采购管理组织、需求分析、资源市场分析、采购计划制订、实施采购计划、采购评估、采购监控、采购基础工作等。

采购管理组织是采购管理最基础的组成部分，为了搞好企业复杂、繁多的采购管理工作，需要合理的管理机制和精干的管理组织，要有能干的管理人员和操作人员。

需求分析就是要分析企业需要什么产品、需求数量、需求时间等问题，从而很好地制订需求计划和采购计划，做到合理采购、节约采购。

资源市场分析就是根据企业所需求的物资品种，分析供应市场的资源情况、供应商情况、品种情况，以及价格情况和交通运输情况等，为采购做准备。

采购计划制订是指根据供应市场和企业需求情况，制订切实可行的采购订货计划，包括订什么、什么时间订、订多少、向谁订、怎么订、如何进货、如何支付等具体问题。

实施采购计划是根据上面制订的采购计划分配工作，具体实施的过程，主要包括联系供应商、商务谈判、签订合同、运输进货、检验入库、支付货款等问题。

采购评估是指对上一次采购活动进行总体评价，或者按照规定在月末、季末、年末等进行定期评估，总结效果、发现问题，总结教训、提出改进方案等。

采购监控是指对采购活动进行监控活动，保证采购资金和采购活动的公开透明性。

采购基础工作是指为建立科学、有效的采购系统，需要建立的一些基础建设工作，包括管理基础工作、软件基础工作和硬件基础工作。

采购管理的各项工作如图 2-1 所示。

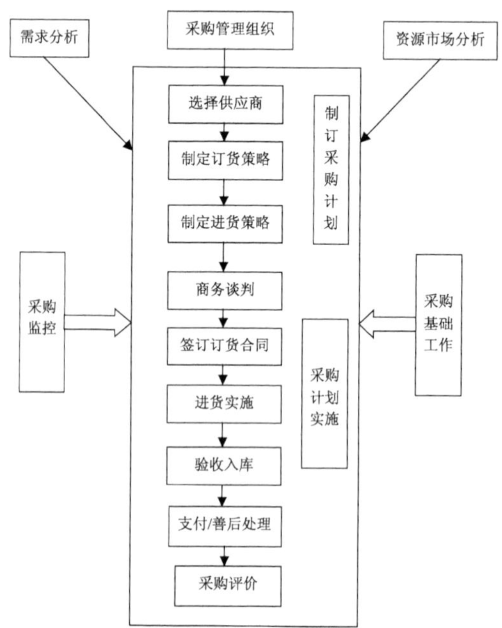

图 2-1　采购工作流程

二、连锁企业采购原则与采购方式

(一)连锁企业采购原则

1. 适宜的价格

作为采购商都希望获得便宜的价格，可是“便宜没好货”，特别是在专业店，这种现象尤其严重，因此，首先应该把“便宜”的词义弄清楚。便宜有三层含义。

(1) 同样的商品，价格比其他商店便宜。它又区分为三种情况：①商品的品牌、品号和品目相同；②商品品质相同；③仅名称相同。第三条很明显品质不同，而且被含在后面阐述的第二种含义当中。第一条和第二条一般按零折扣销售，在美国的连锁业中被命名为“cheap price”。它是以不同于商品流通阶段一般业界习惯的交易方式或条件进行采购的。

(2) 折扣(discount price)，这个在日本易于和折扣价相混淆。美语的原意是，在生产加工阶段使用与以前不同的方法生产而便宜下来的价格。这一点，同便宜在对象、对策上完全不同。作为采购商研究问题时，有必要比便宜的商品花费更长的研究时间。在美国连锁商店的经营上，便宜商品的采购充分实现后，作为下一个能力阶段就是以折扣商品为对象，可以将前面列出的适销商品用更优惠的价格采购，潜在商品用折扣价采购。或者换一个角度讲，便宜价是对采购渠道和交易条件的挑战，折扣价是对产品开发的挑战。

(3) 具有顾客容易支付的价格特性。无论商品具有多么突出的功能，其价格应为大多数消费者所能接受。这在日本表现为适宜价格，在美国表现为大众化价格(popuiar price)。

2. 信赖性和持续性

一般来讲，信赖性包含售价、品质(功能)、日后也能销售这三层意义。售价的信用是讲任何时候的销售价格对于顾客都处于同一水平，这时，顾客不用看价签或菜单就会决定购买。在考察美国连锁业的时候，日本人最吃惊的就是这一点，顾客不看价签就决定购买；在日本，若不是富有的客户，这是无法想象的。对商品品质、功能也一样，不加认真核实就冲动地购买，这是因为消费者对美国连锁商店经营的商品具有绝对信任感的缘故。

“只要某某连锁店经营，价格和品质就可以信赖”，这种来自消费者的信赖正是业内经营者的自豪。正因为如此，当收到顾客对经营商品的投诉时，他们常通过真诚的、最大限度的道歉来进行事后处理，并对业内有关责任人进行处罚。美国的连锁商店早在20世纪初期就提出了“退货还款，交换自由”及“保证满意”等口号。在美国，顾客对零售连锁店、食品服务连锁店的信任超过了对名牌产品的信任，因此，厂家或产地对消费者进行的大众宣传很少，在连锁商店的广告中，许多却加进了厂家名称和商标。

3. 大众化和实用化

大众品(everybody goods)并不是百分之百的人使用的意思，正确地讲，应该是多数人

(most people)使用的意思。那是在收入、趣味、性格、学历、职业等没有区别，约有八成的人经常购买的商品。如有可能，在性别和年龄上也一样。这是将客户层扩大的考虑方法。日本商界一般考虑的是另一面，即狭隘的客户层。在日本的商工会议所的推销员资格考试或通产省的中小企业诊断师考试中，都把“追求狭隘的客户层”作为正确答案。但这些是以单体店经营为前提的。大众品、实用品的含义是多数人希望购买而且可以轻松购买的商品。并非所有人对店内所有商品都如此，而是多数人对多数商品。一件商品，如本质不是流行，则没有进行连锁销售的意义。

连锁商店把生活用品作为主力商品向消费者提供，同时要谋求满足超过一半的购买力。这样一来，经营的商品必须是大部分人使用或食用的商品。例如，为了把青年人喜爱的设计使用在青年人以外的少年和中年人身上，应该努力改变其型号和性能以扩大客户群体。在这一点上，独立店经营和连锁店经营的努力方向完全不同。其次，实用品是一日当中或一周内一次又一次使用，而且在很长一段时间里使用频率较高的商品。

4. 产品不古老

所谓商品不古老，不是商品必须新的意思，而是指商品质量在由每个品种决定的库存年龄的限制范围。在超级市场业态上，使用着公示日期(open dating)的方法。在日本，通过“品质表示法”来标志生产日期，这同公示日期的含义不同。把商品的价值完全确保的期限在一个个商品上表示出来才称为公示日期。为了以不古老的形态筹措商品，储存商品时限的披露制度很必要。在企业效益不高，市场不景气时，最深刻的问题是商品的库存量过大，商品的周转率过低，相应资金运行恶化，周转差额资金缩小，而最根本的原因就在于没有实行储存时限披露制度。

(二)连锁企业采购方式

所谓采购方式，是指企业在采购过程中运用的方法和形式的总和，可依据不同的标准对采购进行不同的分类。

1. 按采购的范围分类

1) 国内采购

国内采购主要是指在国内市场采购，并不是指采购的物资都是国内生产的，也可以是向国外企业设在国内的代理商采购所需物资，只是以本国货币支付货款，不需要以外币结算。国内采购又分为本地采购和外地市场采购，通常情况下，采购人员首先考虑本地采购，这样可以节省采购成本、节约时间，同时保证供应；在本地市场不能满足供应时，考虑外地采购。

2) 国外采购

国外采购是指国内采购企业直接向国外厂商采购所需物资的一种行为。这种采购方式

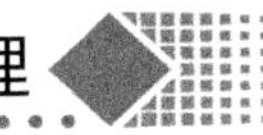

一般通过直接向国外厂商咨询，或者向国外厂商设在国内的代理商咨询，主要采购对象为成套设备、生产线等。其主要优点是质量有保证，影响国内价格可利用汇率变化获利，但也存在不足，如交易过程复杂，采购成本较高，纠纷追索困难，无法满足急需。

2. 按采购时间分类

1)　长期合作采购

长期合作采购是指采购方和供应方通过合同，稳定双方交易关系的一种方法，合同期一般以一年为限。长期合作采购的优势是：有利于增强双方的信任和理解，建立稳定的供需关系；有利于降低双方洽谈价格的费用；有明确的法律保证，维护双方各自的利益。但是，这种方式也存在不足：价格调整困难，合同数量固定，采购方形成了对供应商的依赖。

2)　短期合作采购

短期合作采购是指采购方和供应方通过合同，实现一次交易，以满足生产经营活动需要。短期采购双方之间的关系不稳定，采购产品的数量、品种随时变化，对采购方而言有较大的灵活性，能够依据变化的市场环境，调整供应方。短期采购适用的情况有：非经常消耗品；为弥补长期合作采购的供货中断；价格波动较大的产品采购，质量不稳定的产品等。

3. 按采购的实践分类

1)　招标采购

所谓招标采购，是指通过公开招标的方式进行物资和服务采购的一种行为。招标采购是政府和企业采购的基本方式之一。在招标采购中，其最大的特征是“公开性”，凡是符合资质的供应商都有权参加投标。

2)　议价采购

议价采购是指由买卖双方直接讨价还价实现交易的一种采购行为。议价采购一般不公开进行，仅向固定的供应商直接采购。优点是：节省采购费；节省采购时间；灵活性大；可依据环境等的变化调整采购数量、采购价格等。缺点是：缺乏公开性；信息不对称；容易形成不公平的采购。

3)　比价采购

比价采购是指在买方市场条件下，在选定两家以上供应商的基础上，由供应商公开报价，最后选择报价最低的供应商的一种方式。比价采购实际上是在供应商限定条件下的招标采购，弥补了招标采购和议价采购的不足。

4. 按采购权限分类

1)　集中采购

集中采购是指企业在核心管理层建立专门的采购机构，统一组织实施企业所需物品的采购业务。

2) 分散采购

分散采购是指将企业或企业集团的采购权限分散到下属各需求单位，各需求单位根据自身生产经营的需要自行组织实施采购的采购方式。它是集中采购的完善和补充，有利于采购环节与存货、供料等环节的协调配合。

第二节 采购管理实务

一、连锁物流采购计划制订

计划是管理的首要职能，任何组织都不能没有计划。所谓计划，就是根据组织内部、外部的实际情况，权衡客观需求和主观可能，通过科学预测，提出在未来一定时期内所要达成的目标及实现目标的方法。采购计划是连锁企业在计划期安排和组织商品市场采购的计划，是采购决策的落实和具体化。

(一)采购计划的类型

采购计划的编制是确定从企业外部采购哪些产品和服务能够最好地满足企业经营需求的过程，需要考虑的事项包括是否采购、怎么采购、采购什么、采购多少、何时采购及哪里采购。其主要分析的是采购发生的成本，通过比较，决定从单一的供应商还是从多个供应商采购所需要的全部或部分物料。

按照计划的时间节点，采购计划可以分为年度计划、季度计划和月计划等。

按照采购的模式，采购计划可以分为集中采购计划和分散采购计划。

采购计划是企业内部掌握的计划，所以企业会根据自己的需求，设计自己的采购计划表(见表 2-1)和请购单(见表 2-2)等。

表 2-1 ××××年×季度采购计划表

<table>
<tr><th rowspan="3">序号</th><th rowspan="3">商品名称</th><th rowspan="3">规格</th><th rowspan="3">单位</th><th rowspan="3">单价</th><th rowspan="3">订购量</th><th rowspan="3">总价</th><th colspan="6">订购安排</th><th rowspan="3">供应单位</th></tr>
<tr><th colspan="2">月份</th><th colspan="2">月份</th><th colspan="2">月份</th></tr>
<tr><th>数量</th><th>订购单号</th><th>数量</th><th>订购单号</th><th>数量</th><th>订购单号</th></tr>
<tr><td></td><td></td><td></td><td></td><td></td><td></td><td></td><td></td><td></td><td></td><td></td><td></td><td></td><td></td></tr>
<tr><td></td><td></td><td></td><td></td><td></td><td></td><td></td><td></td><td></td><td></td><td></td><td></td><td></td><td></td></tr>
<tr><td></td><td></td><td></td><td></td><td></td><td></td><td></td><td></td><td></td><td></td><td></td><td></td><td></td><td></td></tr>
<tr><td></td><td></td><td></td><td></td><td></td><td></td><td></td><td></td><td></td><td></td><td></td><td></td><td></td><td></td></tr>
<tr><td></td><td></td><td></td><td></td><td></td><td></td><td></td><td></td><td></td><td></td><td></td><td></td><td></td><td></td></tr>
</table>

表 2-2　请购单

公司名称				
			申请编号：	
客户代码				
日期	要求送达日期	离岸价格	部门或位置	条款
用途			预计成本	
			所需批准	
建议供应商			发货指示	
项目编号	数量	零部件号码	货名	价格要求
送达事项			检查事项	
采购单副本至				

(二)采购计划的制订

在制订采购计划的过程中，企业要确定采购的四个基本问题：采购何种商品、采购多少商品、何时采购商品、在何地采购商品。

1. 采购何种商品

以销售连锁业为例进行分析，如果属于起步阶段的企业，销售商首先要决定经营何种商品，是高端商品还是低端商品，从而确定采购计划，因此要制订商品的品质计划。制订商品品质计划要考虑如下因素：目标市场、竞争、供应商形象、商店位置、盈利性、制造商品牌形象、消费者服务、人员、可感知的商品价值等约束性条件。如果属于步入正轨的连锁销售型企业，则应根据长期的销售情况确定不同的销售品种。

2. 采购多少商品

一旦连锁企业确定了采购物品的种类，则应该进一步决定每一种货品的采购数量，因此商品的宽度和深度需要进一步计划。品种的宽度是指企业经营的不同商品和服务的大类的数量。品种的深度是指零售商经营的任何一大类商品的多角化程度，产品品种的范围从宽—深(百货商店)到窄—浅(售货亭)不等，如表 2-3 所示。

表 2-3　品种组合的优缺点

战　略	优　点	缺　点
宽一深(产品的种类繁多，每一大类的品种众多)	广阔的市场 全面的存货 高客流量 顾客忠诚度高 一站式购物 没有失望的顾客	高存货投资 大众形象 许多品种流转速度低 有一些过时的商品
宽一浅(产品的种类繁多，但每一大类的品种有限)	广阔的市场 高客流量 强调方便顾客 成本比宽一深低 一站式购物	产品线的多样性差 有一些失望的顾客 较差的形象 许多品种流转速度低 较低的顾客忠诚度
窄一深(产品的种类较少，每一大类的品种众多)	专家形象 同一类商品中顾客选择性强 专业的员工 顾客忠诚度高 没有失望的顾客 成本比宽一深低	过分强调某一大类 不能一站式购物 对周期更敏感 需要更加努力扩大商圈的规模 很少有互补的商品
窄一浅(产品的种类较少，每一大类的品种有限)	目标在于方便顾客 成本最低 很大的商品流转量	很小的宽度和深度 不能一站式购物 形象交叉 有限的顾客忠诚度 很小的商圈 很少经营相关的商品

3. 何时采购商品

企业根据订货和计划不同，例行订货只涉及库存常用品和销售的商品，货物按周或者月有规律的收到，因此涉及计划问题较少；特殊商品涉及不规则订货，这种订货要求大量的计划工作及零售商与供应商的密切合作，特殊的送货日期常常是需要特意安排，因此库存的流转率对订货频率影响较大。

4. 在何地采购商品

采购的地点涉及供应商的选择和采购后货品的储存，会影响到库存成本。

二、连锁业供应商的选择

选择好的供应商不仅对企业的正常生产起到决定性作用，而且对企业的发展也非常重要。应该确定符合公司战略的供应商特征，对所有供应商进行评估，可以将供应商分成交

易型、战略型和大额型。一般来讲，交易型供应商是指为数众多，但交易金额较小的供应商；战略型供应商是指公司战略发展所必需的少数几家供应商；大额型供应商是指交易数额巨大，战略意义一般的供应商。

采购商选择供应商时，建立战略伙伴关系、控制双方关系风险和制定动态的供应商评价体系是普遍关心的几个问题。随着采购额占销售收入比例的不断增长，采购逐渐成为决定制造商成败的关键因素。供应商的评估与选择作为供应链正常运行的基础和前提条件，正成为企业间最热门的话题。

选择供应商的标准有许多，根据时间的长短进行划分，可分为短期标准和长期标准。在确定选择供应商的标准时，一定要考虑短期标准和长期标准，把两者结合起来，才能使所选择的标准更全面，进而利用标准对供应商进行评价，最终寻找到理想的供应商。

(一)选择供应商的标准

1. 短期标准

选择供应商的短期标准主要有商品质量合适、价格水平低、交货及时和整体服务水平高。

1)　合适的商品质量

采购商品的质量合乎采购单位的要求是采购单位进行商品采购时首先要考虑的条件。对于质量差、价格偏低的商品，虽然采购成本低，但会导致企业的总成本增加。因为质量不合格的产品在企业投入使用的过程中，往往会影响生产的连续性和产成品的质量，这些最终都会反映到总成本中去。相反，质量过高并不意味着采购物品就适合企业生产所用，如果质量过高，远远超过生产要求的质量，对于企业而言也是一种浪费。因此，采购中对于质量的要求是符合企业生产所需，要求过高或过低都是错误的。

2)　较低的成本

成本不仅包括采购价格，而且包括原料或零部件使用过程中所发生的一切支出。采购价格低是选择供应商的一个重要条件。但是价格最低的供应商不一定就是最合适的，因为如果在产品质量、交货时间上达不到要求，或者由于地理位置过远而使运输费用增加，都会使总成本增加，因此总成本最低才是选择供应商时考虑的重要因素。

3)　及时交货

供应商能否按约定的交货期限和交货条件组织供货，直接影响企业生产的连续性，因此交货时间也是选择供应商时要考虑的因素之一。

企业在考虑交货时间时需要注意两个方面的问题：一是要降低生产所用的原材料或零部件的库存数量，进而降低库存占压资金，以及与库存相关的其他各项费用；二是要降低断料停工的风险，保证生产的连续性。结合这两个方面的内容，对交货及时性的要求应该是这样——用户什么时候需要，就什么时候送货，不晚送，也不早送，非常准时。

4)　整体服务水平高

供应商的整体服务水平是指供应商内部各作业环节能够配合购买者的能力与态度。如果采购者对如何使用所采购的物品不甚了解，供应商就有责任向采购者培训所卖产品的使用知识。供应商对产品卖前和卖后的培训工作情况，也会大大影响采购方对供应商的选择。评价供应商整体服务水平的主要指标有以下几个方面。

安装服务：通过安装服务，采购商可以缩短设备的投产时间或投入运行所需要的时间。

维修服务：免费维修是对买方利益的保护，同时也对供应商提供的产品提出了更高的质量要求。这样，供应商就会想方设法提高产品质量，避免或减少免费维修情况的出现。

技术支持服务：如果供应商向采购者提供相应的技术支持，就可以在替采购者解决难题的同时销售自己的产品。例如，信息时代的产品更新换代非常快，供应商提供免费或者有偿的升级服务等技术支持对采购者有很大的吸引力，也是供应商竞争力的体现。

2. 长期标准

选择供应商的长期标准主要在于评估供应商是否能保证长期而稳定的供应，其生产能力是否能配合公司的成长而相对扩展，其产品未来的发展方向能否符合公司的需求，以及是否具有长期合作的意愿等。选择供应商的长期标准除了考虑短期的因素外，还要考虑下列四个方面。

1)　供应商内部组织是否完善

供应商内部组织与管理关系到供应商的供货效率和服务质量。如果供应商组织机构设置混乱，采购的效率与质量就会因此下降，甚至会由于供应商部门之间的互相扯皮而导致供应活动不能及时地、高质量地完成。

2)　供应商质量管理体系是否健全

采购商在评价供应商是否符合要求时，其中重要的一个环节是看供应商是否采用相应的质量体系，如是否通过 ISO9000 质量体系认证，内部的工作人员是否按照该质量体系不折不扣地完成各项工作，其质量水平是否达到国际公认的 ISO9000 所规定的要求。

供应商内部机器设备是否先进及保养情况如何。从供应商机器设备的新旧程度和保养情况可以看出管理者对生产机器、产品质量的重视程度，以及内部管理的好坏。如果车间机器设备陈旧，机器上面布满灰尘油污，很难想象该企业能生产出合格的产品。

供应商的财务状况是否稳定。供应商的财务状况直接影响其交货和履约的绩效，如果供应商的财务出现问题，周转不灵，就会影响供货进而影响企业生产，甚至出现停工的严重危机。

(二)供应商选择的步骤

不同的企业在选择供应商时，所采用的步骤会有差别，但基本的步骤应包含下列几个方面。

1. 建立评价小组

企业必须建立一个小组以控制和实施供应商评价。组员来自采购、生产、财务、技术、市场等部门，组员必须具有团队合作精神及一定的专业技能。评价小组必须同时得到制造商企业和供应商企业最高领导层的支持。

2. 确定全部的供应商名单

通过供应商信息数据库，以及采购人员、销售人员或行业杂志、网站等媒介渠道了解市场上能提供所需物品的供应商。

3. 列出评估指标并确定权重

以上已对选择供应商的标准进行详细论述，在短期标准与长期标准中，每个评估指标的重要性对不同的企业是不一样的。因此，对于不同的企业，在进行评估指标权重设计时也应不同。评价供应商的一个主要工作是调查、收集有关供应商的生产运作等各个方面的信息。在收集供应商信息的基础上，就可以利用一定的工具和技术方法进行。

4. 逐项评估每个供应商

目前，我国许多企业的管理制度不完善，缺乏科学的选择供应商的方法，致使大多数项目在选择供应商时，更多的是参考供应商本身提供的各类书面文字材料和自我介绍，以及在市场上的口碑，或凭个人主观臆想，选择供应商参与竞标，因而在选择供应商时，人为因素比较大。另外，在选择供应商的标准方面，目前企业的选择标准多集中在供应商的产品质量、价格、柔性、交货准时性、提前期和批量等方面，没有形成一个全面的供应商综合评价指标体系，不能对供应商做出全面、具体、客观的评价。

5. 综合评分并确定最终的供应商

应避免选择独家供应商。许多企业对某些重要材料过于依赖一家供应商，这种情况导致供应商常常能左右采购价格，对采购方施加极大的压力。这时采购方已落入供应商垄断供货的控制之中，企业只有唯一的一家供应商，采购方处在进退两难的境地，因为更换供应商的转换成本太高。对于采购商而言，要尽可能避免这种情况的发生。这就要求采购商在采购同种商品时，尽可能多选择几家供应商，建议最好选择两三家。

三、连锁业物流采购流程管理

(一)发现问题

此阶段由使用部门提出需求。只有具体的使用者知道他们的需求是什么，而不是决策者。这是工业品销售的基层环节。

(二)项目可行性研究

这个阶段使用者已经将发现的问题向上层汇报，客户内部在酝酿要不要采购计划、考虑预算等问题。

(三)项目立项

这一阶段一般会组建由使用部门、技术部门、财务部门、决策部门等人员共同组成的项目采购小组。

(四)确定采购的技术标准

这一阶段是客户关于采购标准的制定阶段。通常由客户使用部门和技术部门分析需求，再把需求转化成采购标准。

(五)采购计划的制订

采购计划在前面已经论述过，这里不再赘述。

(六)招标或议价谈判

1. 招标

采购标准制定好以后，客户将以标书的形式发布出来，准备投标的厂家拿到标书就可以制定方案了。此时，不管销售人员如何推荐本产品的优点，客户一般不会改动采购方案，除非发现了致命的缺陷。因为对他们来说，采购方案的改动是“牵一发而动全身”的，成本很高。

2. 议价

采购部门组成询价小组。询价小组由采购人的代表和有关专家共三人以上单数组成，其中专家人数不得少于成员总数的三分之二，以随机方式确定。询价小组名单在成交结果确定前应当保密。询价小组对供应商报价进行分析，确定合理的供应商报价。

(七)项目评标

客户一般会与两家以上的销售厂家进行洽谈，以便进行评估和比较，得到更好的商业条件。这个阶段会确立首选供应商。

(八)合同审核

这一阶段客户会通过商务谈判，努力争取一些附加价值。产品的技术标准和规格、数量以及付款方式等都是合同审核的内容。

(九)签订协议

本阶段是签订合同，交付产品，实施安装。合同的签订并不意味着交易的结束，真正的销售在这个时候才真正开始。销售人员要按合同认真履行承诺，准时交货，按进度完成。

(十)实物入库

收货员收货之前需确认供应商的送货单是否具备以下信息：供应商名称、订单号、存货编码、数量；如订单上的信息与采购订单不符，征求采购员意见是否可以收下。

(十一)单据入库

采购员根据检验合格单，将检验合格单上的数据输入到系统中，便于以后对账。

(十二)付款对账

1. 月结表

每个月月初，各供应商将上月月结表送至连锁企业，采购员根据连锁企业收货员签字的送货单、入库单据和单价表核对月结表。

2. 增值税发票

校对发票上的以下信息：公司的全称、账号、税号，材料名称、数量、金额。

采购作业流程具体如图 2-2 所示。

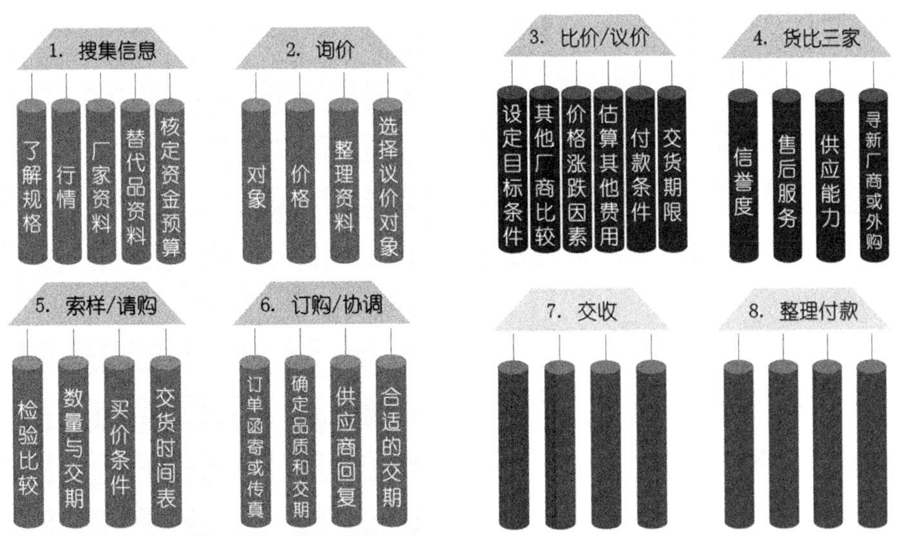

图 2-2　采购作业流程

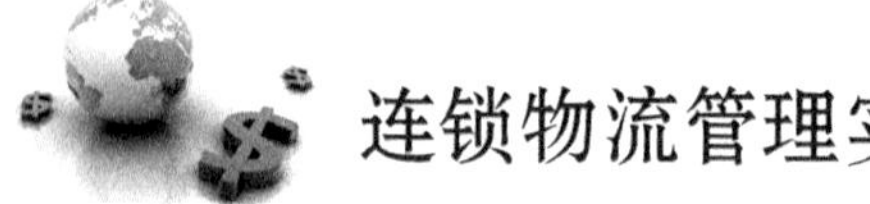

四、连锁业采购成本核算与控制

(一)采购成本构成

在采购活动中，采购成本主要包括购入成本、订货成本、储存成本、管理成本、缺货成本等。

1. 购入成本

购入成本是双方通过协商谈判确定的成本，其中包括物料成本和运费。

2. 订货成本

订货成本是指企业向外部供应商发出采购订单的成本，是企业实现一次购买活动所支出的各种费用。其中一部分包括常设采购机构的基本开支，称为采购固定成本，该成本与采购次数无关。另一部分包括采购的差旅费用、通信费等，称为采购变动成本。

3. 储存成本

储存成本通常被称为持有成本，是指企业为储存物料所花费的成本，主要包括资金成本、税金、保险、搬运、储存、损耗、陈旧和变质等费用。

4. 管理成本

管理成本是指企业管理过程中分摊到采购环节的基本管理费用。

5. 缺货成本

缺货成本是指因没有及时采购物料或者供应不及时导致的物料短缺，所造成的成本，如停工待料、迟延交货所造成的客户流失等隐性损失。缺货成本是成本核算中最具危害性的成本。

1) 延期交货

延期交货有两种形式，一是缺货可以在下次规划订货中得到补充；二是紧急订货延期交货。

2) 失销成本

由于缺货而没有及时向客户交货时，尽管一些客户可以允许延期交货，但仍会有一些客户转向其他企业订货，这种情况将导致失销。

(二)采购成本控制

随着国际间竞争的日益激烈，产品生产周期逐渐缩短，产品技术层次不断提升，消费者的产品需求呈现多样化，企业开源节流就成为有效的方法，降低采购价格也成为采购人

员提高企业附加值最直接的方式。

1. 集中采购——采购规模优势最大化

集中采购有利于控制采购成本，产生规模效应。例如，海尔集团通过对钢板、化工物料、电子零部件等大宗原材料实行集中采购，为公司节省成本达到20%～30%。海尔集团提出了“四大”集中采购策略，即“大订单、大客户、大市场和大资源”。

2. 联合采购——中小企业联合抵御风险

中小企业如果在原材料采购上联合起来，就可以增加防范风险的能力。一来多家企业联合采购，集小订单成大订单，增强集体的谈判实力，获取采购规模优势，争得和大企业一样的“江湖地位”；二来联合采购的对象是原材料生产企业，这样就可以摆脱代理商的转手成本，通过直接与制造商交易，减少中间层次，大大降低流通成本和保障产品质量。

3. 第三方采购——中国企业尚未接受

第三方采购是企业将产品或服务采购外包给第三方公司。国外的经验表明，与企业自己进行采购相比，第三方采购往往可以提供更多的价值和购买经验，可以帮助企业更专注核心竞争力，但是采购发包双方的信任很难建立。

4. 与供应商结成战略联盟——着眼全局、面向未来

连锁企业如果与供应商结成战略联盟，两者之间的关系就不再是简单的采购关系，而是一种长期合作的互惠互利的战略伙伴关系，双方不需要在一次交易中就急于收回成本，而是通过长期的交易来实现权利和义务的平衡。在这种合作关系下的采购，供应商不会因为批量太小或其他短期市场原因而不生产或要求很高的价格。

5. 在线采购——利用电子商务平台进行

现代信息技术和网络技术为企业价值链管理提供了科学的工具，从而使得供应链管理得以实施。近几年，随着计算机网络和信息技术的发展，通过 Internet 的 B2B 在线采购已经成为一个快速减少采购成本的解决办法。目前远洋船舶供应企业对部分商品的采购尝试通过这种方法进行。

6. 阳光采购——信息公开、资源共享

所谓阳光采购，就是把商品采购的各个环节按一定的制度和程序运行，它能有效避免人员的腐败，从而降低采购成本，其做法如下。

(1) 决策透明化。透明的核心是将“隐蔽的权利公开化，集中的权力分散化”。

(2) 信息公开化。商品采购来源内部公开化。

(3) 监控程序化。由不同的部门分别审核采购计划、审核价格、审核票据及检查质量。

(4) 奖励严明化。

(5) 对“暗箱操作”人员给予严惩，对阳光采购人员予以重赏。

第三节 连锁业订单处理

一、订单处理的含义与类型

由接到客户订货开始至着手准备之间的作业阶段，称为订单处理，包括有关客户、订单的资料确认、存货查询、单据处理乃至出货配发等。

订单处理可以由人工或资料处理设备来完成。其中，人工处理较具有弹性，但只适合少量的订单，一旦订单数量稍多，处理将变得缓慢且容易出错。计算机化处理速度快且成本低，适合大量的订单。

二、连锁业订单处理流程

(一)原始订单确认过程

通常客户根据商务谈判的结果，从价格、质量、交货及时率等方面签订采购协议来规范整个采购过程。在此基础上，采购方参考供货商产品目录下单到供货商。通常订单通过传真、电子邮件或网络数据库送到供货商，其中网络数据库是将来的一种趋势。

订单通常包含以下信息。

客户信息：客户公司徽标、客户公司名称、客户公司地址、客户公司联系电话等。

订单号码及下单日期。

供货商信息：供货商名称、供货商地址、供货商联系人。

收货人信息：收货公司名称、收货人地址、收货公司联系人。

产品信息：数量、型号、描述、单价、全价。

交货期。

特殊要求。

订单联系人及联系方式。

供货商收到订单后第一时间审单，确认是否存在价格、技术、交货期等问题。最短时间内回复客户直到相关问题解决，发正式的发票给客户签字。这个阶段最容易影响及时交货和产生后期市场投诉，所以在整个订单确认和沟通过程中，每项沟通最多不能超过 24 小时，以确保订单在最短的时间内完成确认。在订单确认过程中，发运指引也需要及时提供和确认。发运指引包含到货港、到货地点、签收人、船公司和运费付款方式等重要信息，这是后期发运的主要指引资料。

(二)订单跟进过程

通常商业谈判完成后，下单很快会进入正常流程，很多订单会不断地从市场下到供货商。为了对订单进行有效管理，确保不丢单和订单及时生产和发运，供货商必须及时更新订单状态报表并通过邮件每周或者在更短的时间内发报表给客户，以便让客户第一时间了解到订单的状况。其目标是：当客户看到订单状态报告时，可以清楚地知道截止这一刻，每份订单处于什么状态，要是有延迟可以知道是什么原因导致延迟，以便共同协调解决。同时客户可在第一时间将订单状况特别是延迟的信息反馈给终端客户。为了确保有足够的信息提供给客户，通常订单状态报告包含以下信息：订单号；下单日期；产品型号/数量；收到发货指引日期；要求发运日期；生产计划日期；实际完成日期；验货日期；发运日期；装柜日期；预计到港日期；提单号/发票号。

在订单跟进过程中，另外一项任务必须及时完成，那就是大船舱位需求预报，也就是要提前三周提供仓位需求预报，每周滚动提供更新信息。这是拿到大船舱位的有利保证，特别是在相关航线舱位紧张时期。当一份订单已经交给供应商，供应商要对订单进行评估，通常需要评估物料是否到齐，生产是否紧张，是否同类产品有大的生产异常，生产计划部门的信息等。相反要是这份订单可以保证及时完成，供货商计划在生产完成一周前开始向船公司订舱，以确保有足够的时间来获得舱位，这样一旦生产完成可以第一时间发货。

三、订单处理方式与解决方案

(一)订单处理方式

根据订单种类的不同，订单的处理方式和解决方案也不尽相同。

1. 一般订单

接单后，将订单信息输入订单处理系统，按正常的订单处理程序处理，数据处理完后进行拣货、出货、配送、定期进行收款结账等作业。

2. 现销式订单

订单资料输入后，由于物品已经交付给客户，所以不需再进行拣货、出货、配送等作业，只需记录交易资料，以便收取应收款项；或现场将货款结清，返回物流中心后进行入账处理。此种方式对出入库货品的检查、核对非常重要。

3. 间接订单

接单后，将客户的出货资料传给供应商，由供应商负责按订单出货。其中需要注意的是，客户的送货单是自行制作或委托供应商制作的，物流中心的管理信息系统要记录所有相关单据的信息，以保证市场进行预测时所依据的数据的准确性。

4. 合约式订单

到约定的送货日时，将该笔业务的资料输入系统处理以便出货配送；或在最初便输入合约内容的订货资料，并设定各批次的送货时间，以便在约定日期系统自动产生需要送货的订单资料。

5. 寄存式订单

当客户要求配送寄存物品时，系统应核实客户是否有此项物品寄存，若有，则进行此项物品的出库作业，并且相应地减去该物品的寄存量。物品的交易价格是依据客户当初订购时所定的单价来计算的。

6. 兑换券订单

将客户兑换券所兑换的商品配送给客户时，系统应核查客户是否确实有此兑换券，若有，依据兑换券兑换的商品及兑换条件予以出货，并应扣除客户的兑换券。

(二)订单解决方案

1. 订单品项、数量及日期确认

配送中心对门店的订单资料进行检查，发现要求送货时间有问题或出货有时间延迟时，需要与门店再次确认订单内容或更正要求的送货时间。

2. 订货价格确认

核对送货单的价格与采购单的价格是否相符。若价格不符，系统加以锁定，以便主管审核。

3. 包装确认

对订购的商品是否有特殊的包装、分装或贴标等要求，或是有关赠品的包装等资料都应详加确认和记录，并将出货要求在订单上注明。

4. 订单号码

每一份订单必须有唯一的订单号码，可以根据经营合同或成本单位来确定，便于计算成本、采购结算、配送等整个商品流转过程，所有工作说明及进度报告均以此订单号码作为标准号码。

5. 建立和维护客户文档

更新客户的详细记录，包括供方名称、代号、等级，负责本企业产品供应的业务员、车辆形态、送货地点、配送要求等。

6. 存货查询及库存单分配

1) 存货查询

确认有效库存能否满足门店需求。库存商品资料包括品项名称、SKU(单品)号码、产品描述、库存量、已分配存货、有效存货及顾客要求的送货时间。输入门店订货商品名称/代号时，系统应查对存档的相关资料，看此商品是否缺货。若缺货，则生成相应的采购订单，以便于门店协调采购替代品或允许延迟交货，以提高接单率和接单处理效率。

2) 库存分配

订单资料输入系统，确认无误后，最重要的处理作业是如何有效汇总分类，调拨库存，以便后续的各项作业能有效进行。

(1) 单一订单分配

即时分配。输入订单资料时，将存货分配给该订单。

(2) 批次分配

按接单时序分配，按订单时间先后分批次，把一天分成几个时段；按配送区域或路径分配；按车辆需求分配(针对车辆有特殊要求的如低温、冷库分配)。

7. 分配存货不足的异动处理

若现有存货数量无法满足门店要求，且无替代品时，依据门店意愿与公司政策决定对应方式。

8. 订单排定出货日程及拣选顺序

对已分配存货的订单，通常根据门店要求，拣取标准时间及内部工作负荷来确定出货时间和拣选顺序，经过以上处理后，即打印出货单据。

1) 拣选单(出库单)

提供商品出库指示，作为拣货的依据。若拣货单打印时考虑商品储位顺序，可以减少人员行走距离。

2) 送货单

交货时交送货单给门店清点签收，作为收货凭证。要确保送货单上的资料与实际送货相符。

3) 缺货资料

库存分配后，对于缺货的商品或缺货的订单信息，系统提供查询或报表功能，以便及时处理。对于缺货商品，应提醒采购人员紧急采购。

四、缺货与紧急订单的处理

掌握订单状态的变化并详细记录各阶段相关的档案资料后，对于订单处理过程中发生的异常情况便能采取更加及时、合理的措施。只要了解了订单发生异常时所处的状态，再对相关档案进行修正处理，系统就可以对该订单改变原作业流程，正确处理突发状况。下面以几种发生异常情况的订单为例，说明应该如何处理。

(一)客户取消订单

客户取消订单，常常会造成许多损失。因此在业务处理上需要与客户就此问题进行协商。但就订单系统内部来看，如何处理此笔取消交易的订单？该订单目前处于何种作业状态？在系统哪个档案里？掌握了这些信息，处理起来相对就轻松多了。由此也可以看出掌握订单状态的重要性。

若目前订单处于已分配未出库状态，则应从已分配未出库销售资料里找出此订单，将其删除，并恢复相关品项的库存资料(库存量/出库量)；若此订单处于已拣货状态，则应从已拣货未出库销售资料里找出此笔订单，将其删除，并恢复相关品项的库存资料(库存量/出库量)，且将已拣取的物品按拣货的相反顺序放回拣货区。

(二)客户增订

如果客户在出货前临时打电话来增订某物品项目，则涉及以下几个问题：是否可以增订？时间是否允许？如果可以，如何将此增订项目加入原订单？那么，作业人员要先查询客户的订单目前处于何种状态，是否还未出货，是否还有时间再去拣货。如果接受增订，则应追加此笔增订资料。若客户订单处于已分配状态，则应修改已分配未出库销售资料里这笔订单的资料，并更改物品库存档案资料(库存量/出库量)。一般在小型物流中心，订单状态的确认是由订单处理人员直接与仓储管理人员进行沟通，然后做出决定。大型的物流中心订单的状态由信息系统反映，或有时间严格约定，订单处理人员依此做出回应。

(三)拣货时发生缺货

拣货时发现仓库缺货，则应从已拣货未出库销售资料里找出这笔缺货订单的资料，加以修改。若此时出货单据已打印，就必须重新打印。

(四)配送前发生缺货

当配送前装车清点时才发现缺货，则应从已拣货未出库销售的资料里找出此笔缺货订单的资料，加以修改。若此时出货单据已打印，就必须重新打印。

(五)送货时客户拒收/短缺

配送人员送货时，若客户对送货品项、数目有异议予以拒收，或是发生少送或多送等情况，则回库时应从在途销售资料里找出此客户的订单资料，加以修改，以反映实际出货资料。

第四节 连锁业采购物流与订单处理综合实训

一、连锁业采购物流管理实训

(一)任务引入

北京世纪联华公司采购部门收到各部门 E-mail，要求对以下商品进行采购(见表 2-4)，公司在北京东四环处有专门的配送中心，作为采购部门，要求：

首先，做出采购计划和采购预算；

其次，做出采购流程图；

最后，明确设计商品采购运输、配送、仓储流程。

表 2-4 世纪联华采购

客户：世纪联华	货品名称	数量/箱	明细/袋
指令号：0903051002	订书器	15	12×15
紧急程度：一般	文件夹	60	6×60
采购方式：集中采购	硬皮笔记本	50	20×50
	铅笔	100	20×100

(二)知识认知

第一，配送中心的工作流程(参照本章理论部分内容)；

第二，采购计划与采购预算(参照本章理论部分内容)；

第三，采购环节的物流管理(参照本章理论部分内容)。

(三)任务实施

第一，要求学生按照物流各个要素的组成把运输、仓储、配送各环节分析透彻；

第二，写出小组的采购流程。

(四)技能拓展

目前，门店的需求由“大批量、少批次、长周期”转变为“小批量，多批次，短周期”，为适应这一重大变化，将对物流中心的工作采取“统采、统配”。所谓的“统采、统配”就是指“统一采购，统一配送”。

1. 统一采购的主要目的

减少交易手续和费用，提高经营效率；减少流通环节，产生采购规模效益。

通过降低库存水平，可以减少库存商品占用的流动资金，减少为这部分占压资金支付的利息和机会损失，降低商品滞销压库的风险。

2. 统一配送的主要目的

减少分店的库存量，加快资金周转流动，优化整体库存水平，提高送货车辆的实载率，从而降低送货发生的费用。

配送中心的作业流程设计要便于实现两个目标：降低企业的物流总成本；缩短补货时间，提供更好的服务。

配送中心业务总流程如图 2-3 所示。

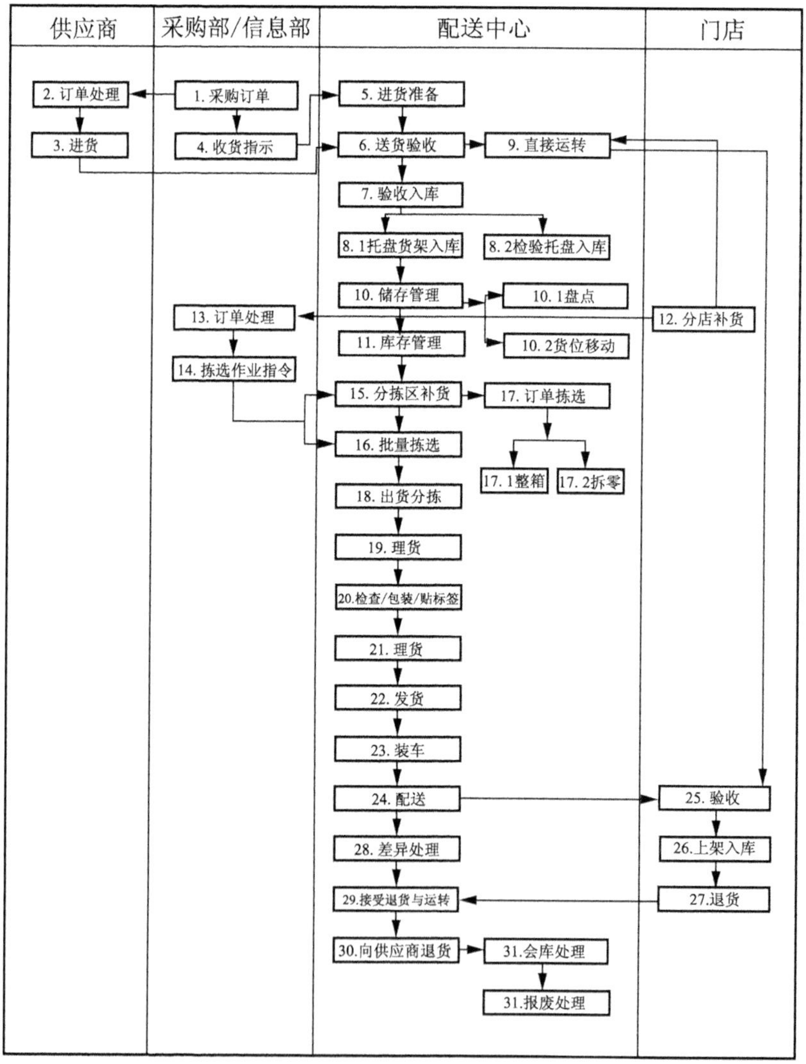

供应商	采购部/信息部	配送中心	门店
2. 订单处理 3. 进货	1. 采购订单 4. 收货指示 13. 订单处理 14. 拣选作业指令	5. 进货准备 6. 送货验收 9. 直接运转 7. 验收入库 8. 1托盘货架入库 8. 2检验托盘入库 10. 储存管理 10. 1盘点 10. 2货位移动 11. 库存管理 15. 分拣区补货 17. 订单拣选 17. 1整箱 17. 2拆零 16. 批量拣选 18. 出货分拣 19. 理货 20.检查/包装/贴标签 21. 理货 22. 发货 23. 装车 24. 配送 28. 差异处理 29.接受退货与运转 30.向供应商退货 31.会库处理 31.报废处理	12. 分店补货 25. 验收 26.上架入库 27.退货

图 2-3　配送中心业务总流程

二、连锁业大客户订单处理实训

(一)任务引入

沃尔玛全球采购业务的秘密何在

在2002年2月1日之前，沃尔玛并没有自己从海外直接采购商品，所有海外商品都由代理商代为采购。沃尔玛要求刚刚加盟的沃尔玛全球副总裁兼全球采购办公室总裁崔仁辅利用半年时间做好准备，在2月1日这一天接过支撑2000亿美元营业额的全球采购业务。结果，他不但在紧张的时间里在全世界成立20多个负责采购的分公司，如期完成了全世界同步作业的任务，而且使全球采购业务在一年之后增长了20%，超过了整个沃尔玛营业额12%的增长率。

举个例子，沃尔玛在中国的店铺从中国供应商进货，是沃尔玛中国公司的采购部门工作，这是本地采购；沃尔玛在其他国家的店铺从中国供应商采购货品，就要通过崔仁辅领导的全球采购网络进行，这才是全球采购。区域事业部制有助于公司充分利用该区域的经济、文化、法制、市场等外部环境的机会，不利之处在于各业务在同一区域要实现深耕细作需要付出很大的成本，而业务事业部的利弊则刚好相反。崔仁辅的全球采购网络首先由大中华及北亚区、东南亚及印度次大陆区、美洲区、欧洲中东及非洲区等四个区域所组成。其次在每个区域内按照不同国家设立国别分公司，其下再设立卫星分公司。国别分公司是具体采购操作的中坚单位，拥有工厂认证、质量检验、商品采集、运输及人事、行政管理等关系采购业务的全面功能。卫星分公司则根据商品采集量的多少来决定拥有其中哪一项或几项功能。

在沃尔玛的全球采购流程中，其全球采购网络就像是一个独立的公司，在沃尔玛的全球店铺买家和全球供应商之间架起买卖之间的桥梁。“我们的全球采购办公室并不买任何东西。”崔仁辅解释说，全球采购网络相当于一个“内部服务公司”，为沃尔玛在各个零售市场上的店铺买家服务——只要买家提出对商品的需求，全球采购网络就尽可能在全球范围搜索到最好的供应商和最适当的商品。全球采购网络为店铺买家服务还体现在主动向买家推荐新商品。沃尔玛全球采购的流程分为重复采购和新产品采购两种。所谓新产品，就是买家没有进口过的产品。对于这类产品，沃尔玛没有现成的供应商，就需要全球采购网络的业务人员通过参加展会、介绍等途径找到新的供应商和产品。由于沃尔玛的知名度很高，许多厂商也会毛遂自荐，把他们的新产品提供给全球采购网络。然后，全球采购网络就会把这些信息提供给买家。全球采购网络不仅要服务好国外的买家，还要在供应商的选择和建立伙伴关系上投入。“不管是哪个国家的厂商，我们挑选供应商的标准都是一样的。”崔仁辅介绍说，第一个标准是物美价廉，产品价格要有竞争力，质量要好，要能够准时交货。第二个标准是供应商要遵纪守法。“沃尔玛非常重视社会责任，所以我们希望供应商能够像我们一样守法，我们要确定他们按照法律的要求向员工提供加班费、福利等应有的保障。”

还有一点就是供应商要达到一定规模。“我们有一个原则，就是我们的采购不要超过任何一个供应商 50%的生意。”崔仁辅解释说，虽然从同一个供应商采购的量越大，关于价格的谈判能力就越强，但是供应商对采购商过分信赖也不完全是好事。如果供应商能够持续管理和经营，那还可以；如果供应商在管理和经营上出现波动，那就不仅仅是采购商货源短缺的问题。一旦采购商终止向该供应商采购，该供应商就会面临倒闭的危险，由此也会产生较大的社会问题。“这是我们不愿意看到的。”

本案例给了我们哪些启示？

(二)知识要点

全球采购是指某个国家的沃尔玛店铺通过全球采购网络从其他国家的供应商进口商品，而从该国供应商进货则由该国沃尔玛公司的采购部门负责采购。这样的全球采购要求在组织形式上做出了与之相适应的安排。企业活动的全球布局，当今比较成熟的组织形式有两种：一是按地理布局，二是按业务类别布局。

经济全球化的趋势和跨国公司发展迅速，全球采购业务发展速度迅猛。1950—2005 年我国出口商品总额与全球产品量度对比如图 2-4 所示。

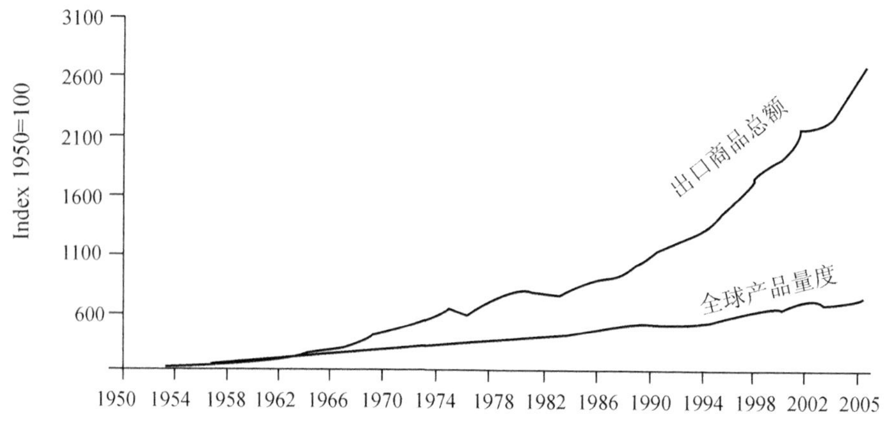

图 2-4 出口商品总额与全球产品量度对比

(三)任务实施

第一，采购是独立部门，对于跨国企业来讲，全球采购是锻炼采购部门的有利手段。

第二，采购部门发挥信息优势，除了被动接受服务请求，也主动提供采购建议。

第三，新产品开发和采购信息管理是全球采购部门的工作之一。

第四，在全球采购中占据主动，控制产品单一采购的比例。

(四)技能拓展

试举例开展全球采购业务的公司，并搜集资料，分析对比不同公司的全球采购业务的各自优势？

本 章 小 结

采购统一管理过程主要包括制订采购计划、确定采购方式、供应商选择、采购成本控制及采购订单处理几个主要环节。在制订采购计划的过程中，企业要确定其采购的四个基本问题：采购何种商品、采购多少商品、何时采购商品、在何地采购商品。本章详细介绍了采购过程中的考虑因素，不仅包括商品的价格，同时还要考虑质量、新鲜度、大众化程度和实用性等。本章还介绍了招标、议价、比价等不同的采购方式，并依据不同的标准对采购方式进行不同的分类。

选择好的供应商不仅对企业的正常生产起着决定性的作用，而且对企业的发展也非常重要。供应商的评估与选择作为供应链正常运行的基础和前提条件，正成为企业间最热门的话题。因此掌握供应商选择的标准及供应商选择的步骤对连锁企业采购具有重要的意义。

在采购活动中，采购成本主要包括购入成本、订货成本、储存成本、管理成本、缺货成本等。随着竞争的加剧，企业开源节流就成为提高利润空间有效的方法。集中采购、联合采购、第三方采购、与供应商结成战略联盟、利用电子商务平台采购及避免暗箱操作的阳光采购等方式可以为企业开源节流。

订单处理包括有关客户订单的资料确认、存货查询、单据处理乃至出货配发等。订单处理可以由人工或资料处理设备来完成。其中，人工处理较具有弹性，但只适合少量的订单，一旦订单数量稍多，处理将变得缓慢且容易出错。计算机化处理速度快且成本低，适合大量的订单。订单处理过程是保证订单有效执行及保证采购的前提。

复习思考题

一、简答题

1. 解释采购的含义及采购的方式。
2. 简述采购供应商选择的步骤。
3. 简述连锁企业的采购流程。
4. 简述能够有效降低采购成本的方法。
5. 简述连锁企业订单处理的过程。

6. 简述缺货或紧急订单的处理方法。

二、综合实训题

1. 能够按照教学小组的模式，选定身边的连锁零售卖场，制作连锁企业采购调查表，进行社会调查，并写出调查报告。

2. 根据采购要求，模拟采购场景，制订采购计划，制作采购订单。

第三章 连锁物流配送管理

【学习目标】

通过本章的学习，主要了解连锁物流配送模式；理解物流配送功能；理解连锁企业物流联盟的模式。并通过理论知识学习和实训的练习，能够为特定连锁企业制定配送模式和配送方法。

【本章导读】

日本7-11是有着日本最先进物流系统的连锁便利店集团(后面简称“7-11”)。在其刚刚起步时，遇到的一个很大问题就是商品的供应和配送问题，区区100平方米的店铺销售3000多个品种，而且还必须诉求高顾客服务性和购物的便捷性，这在没有有效商品供应和配送体系的条件下，显然是无法实现的。

7-11的配送模式经历了三个阶段的变革。第一个阶段是供应商配送阶段；第二个阶段是共同配送阶段，也被7-11称为供应商汇总配送阶段；第三个阶段是一体化配送阶段。在不断改进的过程中，7-11没有自建的配送中心，而是凭自己的经营实力，利用其他物流企业的配送中心，最终实现小批量、多批次、高频度、高效率的物流配送原则，并创建了连锁企业物流的成功模式。该模式主要是采用在特定区域高密度开店，然后采用集中配送的物流配送策略，进而实现自己的连锁化经营战略。7-11的集中建店的优势，一是向一个地区内的商店集中配送，能够提高配送的效率；二是地区内连锁店数量的增加，能缩短配送的距离和时间；三是能提高在建店地区的知名度，有效地开展广告宣传，并加强总部对加盟店的指导。根据业务经营及发展的需要，7-11公司建立了一套高效完善的综合信息网络，实现了业务处理的自动化，提高了工作效率，通过该信息网络实现了连锁经营的整体系统化。

(资料来源：陈卫. 7-11零售圣经:7-11便利店零售制胜的68个细节[M]. 北京：企业管理出版社，2006)

物流配送是物流中一种特殊的、综合的活动形式。它把商流与物流紧密结合起来，其中包含了物流中若干功能要素的一种物流活动。它不是消极的送货式的发货过程，而在总成本最优的前提下把“配”和“送”有机地结合起来。以上案例说明了完善高效的配送体系是零售业实现连锁经营的基础条件。7-11在连锁经营中把地区集中建店和信息灵活应用作为发展的基本政策，在配送体系的建设上7-11利用其他企业的配送中心，同时采取汇总配送和共同配送的方式，实现自己的连锁化经营战略。因此，了解配送中心的功能与作用，在企业发展的不同阶段，采用不同的配送决策，选择不同的配送中心类型，在此基础上完善配送作业流程，并对其进行合理化评价是决定企业物流成本，提高服务水平的关键。

本章在介绍连锁企业配送中心功能、模式、配送流程基本知识的基础上，重点介绍连锁物流配送中心的流程与作业管理、连锁物流配送合理化及连锁物流联盟等内容。

第一节　连锁物流配送概述

一、物流配送的含义与功能要素

(一)物流配送的含义

我国的国家标准《物流术语》将物流配送定义为：“在经济合理区域范围内，根据用户

要求，对物品进行拣选、加工、包装、分割、组配等作业，并按时送达指定地点的物流活动。”

物流配送不是消极的送货式的发货过程，而是把“配”和“送”有机地结合起来，按用户对商品种类、规格、品种搭配、数量、时间、送货地点等各项要求，在物流据点有效地利用分拣、配货、集装、合装整车、车辆调度、路线优化等一系列工作，使送货达到一定的规模，以利用规模优势取得较低的成本的过程。

(二)物流配送的功能要素

物流配送是根据客户的订货要求，在配送中心或物流节点进行货物的集结和组配，以最适合的方式将货物送达客户的全过程。物流配送功能要素主要包括如下几个方面。

1. 集货

集货是将分散的或小批量的物品集中起来，以便进行运输、配送作业。集货是配送活动的准备工作或基础性工作，主要完成制订进货计划、组织货源、储存保管等基本业务。

2. 分拣

分拣是将物品按品名、规格、出入库先后顺序分门别类进行作业。分拣不同于配送过程中的其他功能，是一项支持性工作，具有完善与提升配送水平的作用。

3. 配货

配货是指使用各种拣选设备和传输装置，将存放的物品按客户的要求分拣出来，配备齐全并进行必要的组合和集合，送入指定发货区。配货与分拣作业不可分割，二者一起构成了一项完整的作业。

4. 配装

配装是在单个客户配送数量不能达到有效运载负荷时，存在如何集中不同客户的配送货物，进行搭配装载以便充分利用运能、运力的问题。配装大大提高了送货水平，降低了送货成本，减少了运输次数，缓解了交通压力并降低了空气污染，所以它是配送系统中具有现代功能特色的要素。

5. 配送运输

配送运输属于运输中的末端运输、支线运输，它是较短距离、较高频度的运输形式，一般使用中小型汽车作为运输工具。

6. 送达服务

送达服务不仅是指将配好的货物运输到客户，还要圆满实现运到之后的货物移交，并有效地、方便地处理相关手续，完成结算的整个过程。

7. 配送加工

配送加工是流通加工的一种类型，是按照客户的要求所进行的流通加工。配送加工主要是完成用户要求的简单组装、分装、贴标、包装等加工活动，有时是为了提高配送效率而进行的加工。

二、连锁物流配送模式的选择

物流配送是实现连锁经营优势的关键环节。配送成本具有经济性，要使配送服务满足企业经营的需要，连锁企业必须正确地选择配送的模式。所谓配送模式就是配送业务的运作方式，是在不同的国家和不同的经营者之间，是以不同的方式组织和开展起来的配送模式。我们首先来看物流配送的组织模式。

(一)商流、物流一体化的配送模式

在我国的一些理论著作中，有人把这种配送模式称为销售配送模式(后面统称“销售配送模式”)。该模式的配送主体是销售企业或生产企业，配送作为促销的一种手段与商流融合在一起。实际上，在国内外，有很多从事物流配送活动的经济组织本身恰恰又是经销各类商品的企业；也有不少的物流配送组织是附属于生产企业的，称为自有型仓库或合作型仓库。以上提到的经营实体，虽然从现象上看，也在独立地从事货物的储存、保管、分拣和运送等物流活动，但这些活动是作为产品销售活动的延伸而开展起来的。因而，物流配送活动实为企业的“营销手段”或“营销策略”。以主体的行为活动而言，在流通实践中，他们既参与商品交易活动，同时又向用户转让其产品所有权，还承担着向购买者提供诸如货物分拣、加工、配货和运送等系列化的物流服务。

这种集商流、物流为一体的配送，是销售和配送相结合的表现形式，主要是围绕着产品销售和提高市场占有率这个根本目的而组织起来的。从经营学的角度看，这种销售配送模式是企业实施营销策略的行为模式。在流通实践中，销售配送模式随处可见。

销售配送模式，对于行为主体来说，由于可以直接组织到货源及拥有产品所有权和支配权，因而在配送活动中能够形成一定的优势。据此，采用这种配送模式有利于行为主体扩大其业务范围和服务对象。与此同时，销售配送模式也便于配送主体为用户提供特殊的物流服务(如配套供应物资)。可以说，销售配送模式是一种能全面发挥流通企业功能的物流配送模式。

但是，按照上述模式开展配送活动，由于行为主体既要参与商品交易活动，又要组织物流活动，因此该模式不但投入的资金和人力、设备等比较多，而且资金、人力很分散，

如果没有一定的经济实力，则无法形成一定的规模。另外，销售配送模式是围绕着销售而展开的，会常常受到后者的制约。与此同时，在现代化大生产条件下，生产企业大都按照专业化原则进行大批量、单品种生产，采取销售配送模式直接配送自己的产品，因为受投资制约，在物流方面不一定能取得优势。所以，对于生产企业来说，销售配送模式不是配送的主要模式。

(二)商流、物流相分离的配送模式

在物流领域中，有很多从事配送活动并命名为配送中心的专业组织，其本身并不购销商品(不直接参与商品交易活动)，而是专门为客户提供诸如货物的保管、分拣、加工、运送等系列化服务。这些配送组织的职能通常都是从工厂或转运站接收货物(所有权属于用户的货物)，然后代客户储存、保管货物，并按照客户提出的要求分拣、运送货物至指定的接货点。显然，上述职能组织所从事的配送活动是纯粹的物流活动，其业务属于代理物流服务业。从组织形式上看，上述配送活动是与商流活动相分离的，也称为“代理配送”。

实际上，这种形式的配送活动是仓储运输业物流服务项目的增加与扩充，其宗旨是为生产和市场提供全面的物流保障。

目前，欧美等国家的运输业配送中心、仓储业配送中心和物流服务业配送中心所开展的配送活动均属于商流、物流分离型的配送。例如，德国的 DEXTRA 集配中心所开展的业务活动就属于商流、物流相分离的配送模式。该集配中心是拥有自动化仓库和自动分拣设备的物流公司，其职能就是把收到的货物进行分拣，然后送到用户指定的货位。宗旨是“以最少的劳动和最短的路线运输商品”。除此以外，不再从事其他的经营活动。再如，中国物资储运总公司唐家港仓库所开展的物资配送活动也是商流、物流分离型的物流活动。其具体做法和运作程序是：用户(天津通讯广播器材公司)把从日本进口的电视机元器件直接运送到唐家港仓库，公司派驻到仓库的驻库员负责确定分货、配货计划和每日的配送数量，仓库工作人员负责搬运、装车等工作。元器件装车后直接送到生产厂的流水线(每天配送 20 车次)。在配送元件的同时，仓库又将产成品(电视机)运回仓库，由仓库负责保管并代理发运。在整个运作中，配送企业只是向用户提供代存、代送物资的物流服务，而不直接经销商品。显然，从事配送活动的仓库本身是不拥有货物所有权的。

上述配送模式的特点是：①配送企业的业务活动比较单纯，也比较单一。相对而言，占压的资金比较少。②配送活动属于代理性质的活动，配送企业的收益主要来自服务费，其经营风险比较小。③因占压的资金较少，容易扩大其服务范围和经营规模。这种配送模式的不足在于，配送企业不直接掌握货源，因此，在开展配送活动的过程中，行为主体的调度和调节能力比较差。

(三)独立配送模式与共同配送模式

1. 独立配送模式

独立配送是指配送企业依靠自己建立起来的组织体系和经营网络独自开展配送活动的运作形式。独立配送的运作方法是：各个行为主体通过各种渠道分头与客户建立业务关系，各自单独地组织配送活动。在流通实践中，独立配送有时表现为不同的配送主体各自配送多种货物，从而呈现出“综合配送”形态；有时又常常表现为众多的配送组织分别独自配送某一个品种或某一种类的货物，呈现出“专业配送”形态(如金属材料配送、服装配送、油品配送等)。从事独立配送活动，配送主体必须根据配送规律和特点分别建立配套的组织体系和配备专用的设施和设备等。

独立配送模式有利于配送主体根据自身条件和能力灵活地选择用户和开展业务活动。同时，也便于在配送活动中培育出竞争机制。但是，独立配送又是一种分散性的物流运动，倘若缺少调控机制或调控措施不利，会形成过度竞争局面，降低流通的社会效益。

2. 共同配送模式

共同配送模式最早产生于日本等发达国家，它是以提高经济效益为目标，由多个企业联合起来，集小量为大量，共同利用统一配送设施或配送车辆组织实施的配送方式。按照日本工业标准(JIT)的解释，共同配送是“为提高物流效率，对许多企业一起进行配送”。其运作的具体形式有两种：①由一个配送企业对多家用户进行配送，即由一个配送企业综合某一地区内多个用户的要求，统筹安排配送时间、次数、路线和货物数量，全面进行配送。②在送货环节上将多家用户待运送的货物混载于同一辆车上，然后按照用户的要求分别将货物运送到各个接货点，或者运到多家用户联合设立的配送货物接收点上。

共同配送模式不但可以满足不同用户的基本要求，更大的优势是有利于节省运力和提高运输车辆的货物实载率。除了以上说明的共同配送形式以外，在现实生活中还存在着另外一种共同配送模式，即若干个配送企业开展协作、联合进行配送的形式。其标准的运作模式是：在核心企业的统筹安排和统一调度下，各个配送企业分工协作、联合行动，共同对某一地区或某些用户进行配送。各个配送企业可建造共同仓库，也可以共同利用业内已建成的配送中心及其他企业的配送设施和设备。

共同配送模式是相对于独立配送而言的一种货物配送形式。从形态上看，它是各个配送组织协同作业的模式。实践证明，按照上述的配送模式运作，不但可以做到利用距离用户最近的配送中心开展配送活动，从而大大降低物流成本，而且也有利于发挥配送企业的整体优势及缓解交通拥挤的问题。

由于共同配送涉及面较广，涉及单位较多，因此组织工作难度较大。在选择并实施这种配送模式时，不但必须建立庞大的信息网络，而且需要建立层次性的管理系统。显然只有大型的专业流通组织才有能力、有条件组织这类活动。

对连锁企业的配送而言，当本企业配送的数量较小，车辆不能满载或难以确定最佳的送货路线时，就可以与其他企业联合起来，开展共同配送。在货源上相互补充，捎脚运输，可以提高配送设施设备的利用率，降低配送成本。从国外的情况来看，连锁企业必然走向共同配送的道路。一方面是由于连锁经营的发展导致各种业态的流通企业竞争加剧，企业联合符合互利的商业原则，同时企业可以借势增强自身的竞争力。另一方面，无论是连锁企业自身的配送中心还是专业性社会化的配送中心都面临着设施设备的利用问题，更为直接的一个原因是大量的配送车辆集中在城市商业区，会导致严重的交通阻塞。因此，各国的城市交通管理部门要多采取措施以减少城市商业交通流量，这些措施也迫使连锁企业、配送中心重新构造其送货系统，规划配送方案，而共同配送则成为解决以上诸多问题的有效途径。实践证明，开展共同配送的效果十分显著。例如，由于推广共同配送，日本的7-11连锁店在十几年间将送货卡车由原来的72辆减至12辆，交通流量减少了83%，其通过共同配送系统配送的商品占所有商品的85%。目前日本的共同配送业务已广泛开展。

共同配送是配送企业之间开展横向经济联合的一种形式，实施共同配送需要对各参与企业与企业原有的流通渠道，尤其是物流渠道(环节)进行重新设计，将本企业的渠道与参与企业的渠道合并或集中。因此在共同配送中，要加强各参与企业之间的协调与配合，并注意解决好各企业之间成本的合理分摊和收益的合理分配问题。如果企业之间缺乏信任，不能相互协调，在经济利益的分配上不合理或共同配送系统的设计与管理不当，都会影响共同配送的效果。

(四)集团配送模式

随着生产规模的扩大和生产集约化程度的不断提高，企业的组织结构和组织形式发生了新的变化，企业集团相继形成。在这样的条件下，形成了一种新的配送模式——集团配送模式。集团配送模式不是指系统内部或集团内部物资供应公司对所属各需求单位所开展的配送，而是以一定方式聚合专业流通企业，组成流通企业集团，集中对大中型生产企业定点、定时供货的配送形式和以商贸集团及其所属大型加工中心的商流为载体对生产企业集团之间的供货活动。

在集团配送模式下，有关企业或企业集团分别承担着供货、储存、加工和运送等任务。集团配送是一种典型的规模经营活动，其服务对象是大中型生产企业。在集团配送模式下，通常都是采用定时、定量方式和即时配送等方式来满足用户的生产需要。集团配送是一种高水平的配送形式，按照这种模式运作，不但要有良好的经济条件和经济环境，而且需要建立高效的指挥系统，这说明集团配送不仅层次和水平较高，而且组织、协调工作的难度也比一般性的配送大。显然，没有强大的经济实力和完善、先进的管理体系是很难组织起这类物流活动的。

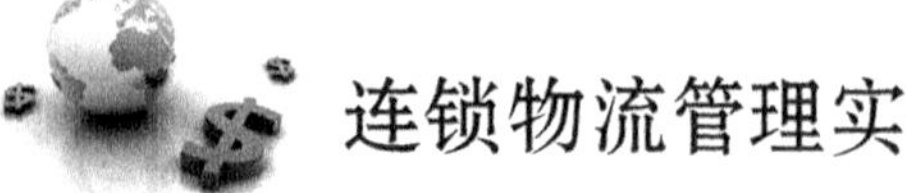

三、连锁物流配送流程

对于连锁企业配送部门来说，门店和购物的顾客均为客户。因此，配送业务流程根据配送对象进行分类，可以分为对连锁门店配送业务和针对购物顾客配送业务。

(一)对连锁门店配送业务流程

连锁企业配送部门的主要作用是执行企业配送业务，确保门店销售活动的顺利进行。因此，对门店的商品配送是连锁企业配送部门(特别是独立设置的连锁配送中心)的主要业务活动。由于各连锁企业配送部门的规模、类型和提供的服务均有不同，这些配送作业的流程也有所不同。这里介绍几种常见的连锁门店的配送流程。

1. 对门店配送的一般作业流程

对门店配送的一般作业流程包括连锁企业中配送业务的所有相关工作，如图 3-1 所示。

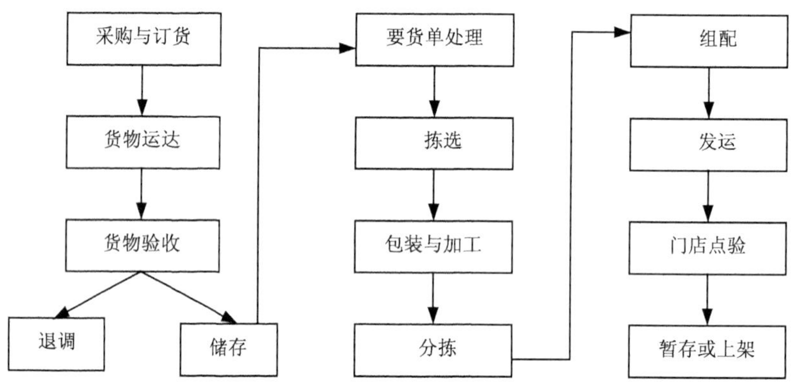

图 3-1　对门店配送的一般流程

2. 直接配送至门店业务流程

根据商品的品种或门店要货情况，对供应商送达配送中心的货物不进行入库操作，而直接由配送中心验货后配送至门店。这种配送业务的流程如图 3-2 所示。

3. 越库配送

越库配送是指在连锁企业配送部门的统一组织和协调下，由供应商直接将货物送达连锁门店的配送作业流程。这种配送流程如图 3-3 所示。

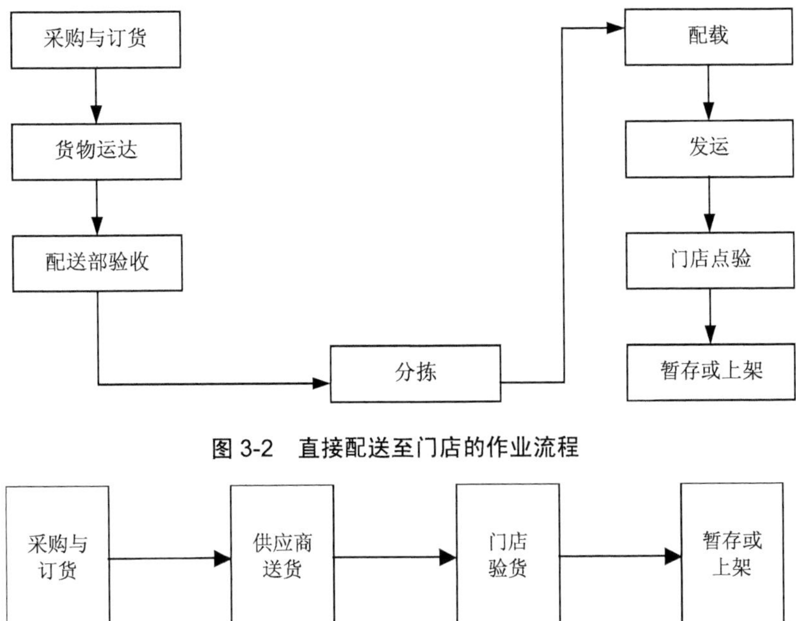

图 3-2　直接配送至门店的作业流程

图 3-3　越库配送的作业流程

4. 门店间调剂配送

由于各门店地域位置的差异，门店对某一类商品的销售进度存在较大差异。也就是说，当门店 A 已售完某种商品时，而另一个门店 B 的该种商品仍然处于滞销状态，在这种情况下，如果门店 A 提出补货要求时，可以考虑将门店 B 的存货调剂过去，而不是重新向供应商订货。这种配送作业活动流程如图 3-4 所示。

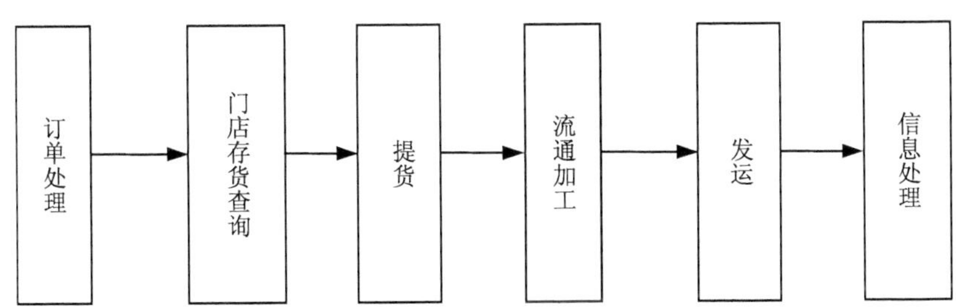

图 3-4　门店间存货调剂的作业流程

(二)针对购物顾客配送业务流程

随着市场竞争的日益加剧，连锁门店企业对配送服务质量方面的要求不断提高。为了满足顾客在直接配送业务方面出现的个性化需求，连锁企业配送业务经历了功能逐步多样化、细致化的发展过程。尽管如此，多数情况下配送业务仍然是由顾客自己完成，但是大

宗商品(特别是大而笨重的商品)，往往需要门店配送。这一任务一般是由连锁企业的配送部门来完成。

由于连锁企业的门店数量、经营的商品种类和实际的销售情况等均存在差异，所以要求连锁企业配送部门必须在不影响商品配送效果的情况下采取多种简化方式，将商品直接配送至顾客。这种业务流程通常表现为简化了某些业务环节的流程。这里介绍几种直接针对顾客的配送业务流程。

1. 针对零散顾客的配送业务流程

顾客在门店购买了需要提供配送服务的商品之后，由门店的相关柜组将需要配送的商品及顾客的有关信息反馈至连锁企业配送部门。连锁企业配送部门将多个顾客的配送信息汇总后，按照既经济又高效的原则拟定配送计划，并按计划将商品配送至顾客指定的地方。如果连锁企业自建了配送中心，这项业务通常由配送中心按照对门店配送的相同程序，将商品配送给顾客。这种配送业务的基本流程如图 3-5 所示。

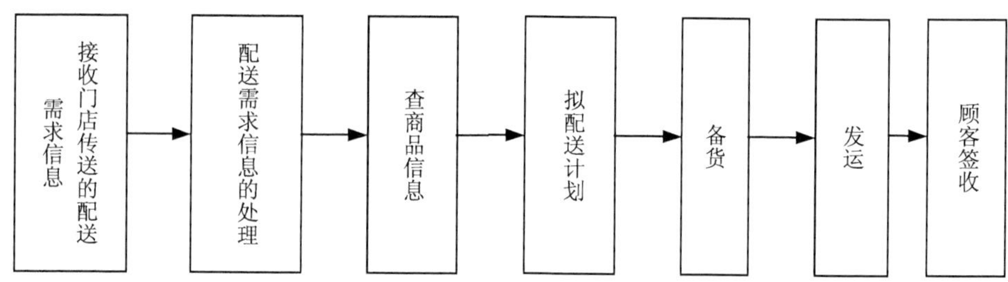

图 3-5　针对零散顾客的配送业务流程

2. 由供应商负责对零散顾客配送的业务流程

在实际经营过程中，通常会出现顾客购买了商品但是门店货架、暂存库甚至配送仓库都出现缺货的情况。此时则需要求助于供应商，由供应商将需要的商品送至配送部门或者直接送达顾客。这种配送业务的基本流程如图 3-6 所示。

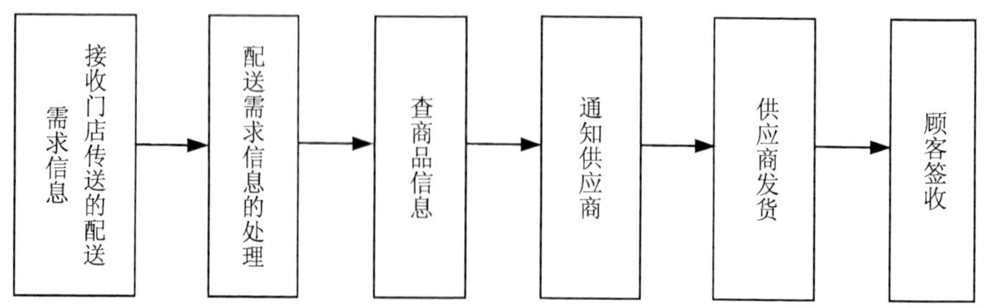

图 3-6　由供应商负责对零散顾客配送的业务流程

3. 集团采购的集中配送作业流程

连锁企业通常会遇到以单位名义进行的集团采购，有些连锁门店为了方便处理这类业务，还成立了专门的服务部门。这类采购活动的主要特点是提前订货、品类相对集中、统一支付、预约配送。也就是说，在连锁企业门店内的相关服务部门接到集团采购订单后，不通过门店柜组，而是直接将订单处理交给配送部门，由配送部门将所需要的商品备齐后，按照顾客的要求进行配送。

对于中小型连锁企业来说，这种针对集团采购的集中配送作业，通常会遇到以下三种情况。

第一种情况：连锁企业配送部门有足够的商品，能够满足订单需求，这时只需要将商品拣出，进行必要的加工和包装处理，即可进行配送。这种配送业务的基本流程如图 3-7 所示。

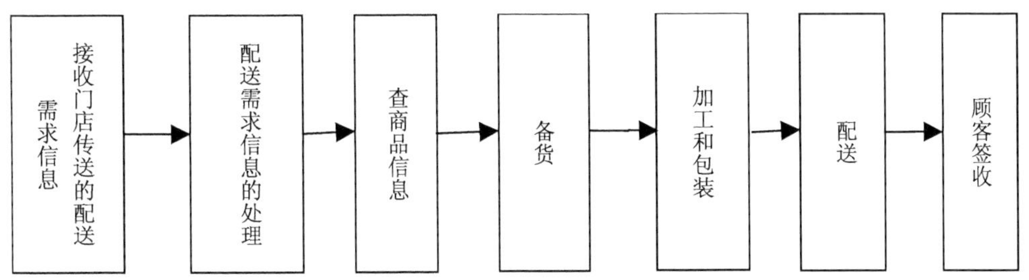

图 3-7 商品充足情况下的集中配送作业流程

第二种情况：连锁企业配送部门和门店无货或现有的商品只能够部分满足订单需求，还需要补充其余商品。这时，应尽快通知供应商，将商品送达配送部门，由配送部门将送达的商品和现有商品统一进行必要的加工和包装处理后进行配送。这种配送业务的基本流程如图 3-8 所示。

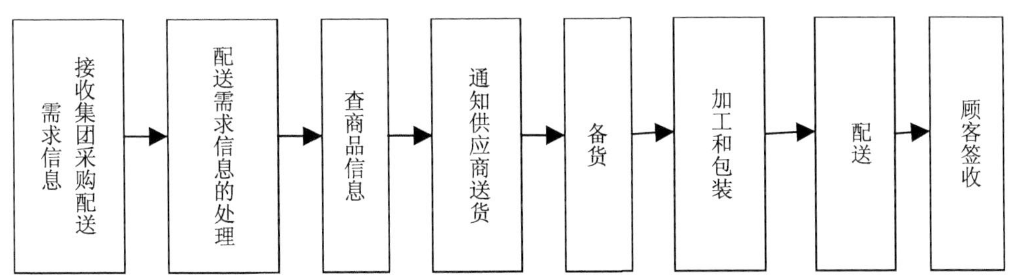

图 3-8 商品部分满足订单需求情况下的集中配送作业流程

第三种情况：顾客采购的商品比较单一，而且连锁企业配送部门和门店现货不足，可考虑尽快通知供应商，并由供应商按要求进行必要加工和包装后直接配送给顾客。这种配送业务的基本流程如图 3-9 所示。

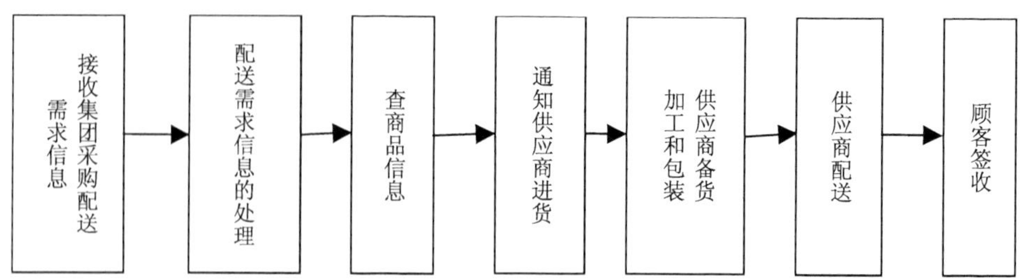

图 3-9 顾客需求商品单一情况下的供应商集中配送作业流程

4. 紧急情况下的配送作业流程

面对顾客需求紧急的订单，门店由于存货量和人手不足的限制一时难以处理。在出现这种紧急情况时，门店应迅速将顾客需要的商品，以订单方式反馈给连锁企业配送部门，由配送部门根据事先拟定的紧急情况配送作业的有关规则要求，以最大限度简化作业的流程将商品及时向顾客配送。这样的做法可以提高配送效率，满足销售需求，提升顾客满意度。这种配送业务的基本流程如图 3-10 所示。

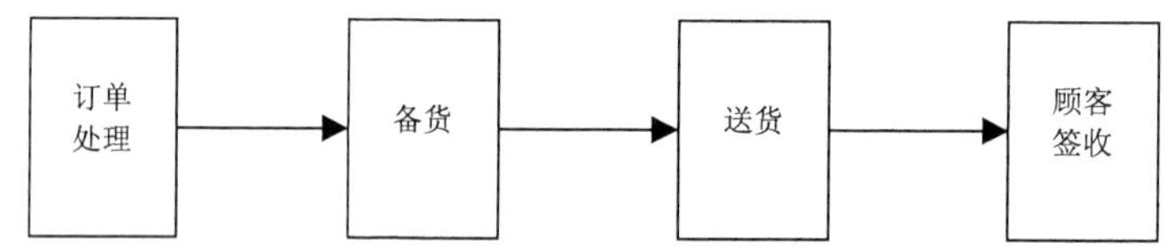

图 3-10 紧急情况下的配送作业流程

这种配送业务流程，通常也可用于某些紧急情况下对门店的配送，而这种配送活动一般也是应对顾客的紧急需要进行的。

总之，配送作业流程在其发展过程中出现过许多变化的形态，在实际作业过程中也需要对配送作业流程进行必要的改进和优化，以满足企业经营和顾客消费的需求。但是，不管怎样变化，都需要把握一个基本原则——满足需求，经济高效。

第二节 连锁物流配送中心

一、连锁物流配送中心的功能与作用

连锁物流配送中心的主要职责是为连锁企业内部门店提供及时、准确、齐备和经济的商品配送服务。在实际经营业务中，连锁物流配送中心以其完善的功能和优质的资源组合，在企业经营与发展中发挥着十分重要的作用。

(一)配送中心的作用

连锁物流配送中心的主要作用表现在以下几个方面。

1. 减少了连锁企业在采购中的交易次数和作业环节

连锁物流配送中心的主要作用，就是在商品流通中作为供需双方接触的平台，大大减少双方的交易次数。在没有建立配送中心的情况下，每个门店都承担着向每种商品的供应商进行交易谈判和采购的职能。在建立配送中心之后，各个门店可以从配送中心订到所有需要的商品，而不必再向各类商品的供应商订货。同时，各类商品的供应商都可以将其商品通过提供给配送中心而达到在每个门店销售的目的。

2. 充分发挥企业经营的规模优势

发挥企业经营的规模优势，具体表现在三个方面。

(1) 在建立了配送中心的情况下，可以改变传统的小批量、多批次的订货方式。然而采用大批量的统一采购和全方位的代理功能，可以通过在较大范围内选择最有利的货源，获得最大限度的采购折扣、折让等优惠，体现整体的价格优势。

(2) 采用规模化运输和合理的配送作业，可以大大降低商品物流成本，实现整体的物流作业优势。

(3) 借助于完善的计算机网络管理系统，实现采购、配送订单处理的一体化、自动化作业，可以大大提高订货的准确性、配送的高效性和信息交流的通畅性，体现连锁企业的规模经营优势。

3. 实现专业化经营，优化连锁企业资源配置

连锁物流配送中心实现专业化经营，优化连锁企业资源配置主要表现在以下几个方面。

1) 发挥专业化物流作业的优势

配送中心充分发挥专业化物流作业的优势，可以解除各门店在库存调节、商品储存与养护、流通加工与配送等非零售业务上的负担，这样连锁企业能够专注于门店促销，进而提高门店的零售专业化水平。

2) 运用专业的管理和运营技术

配送中心在运输方面可以运用专业的管理和运营技术，减少运输环节，合理规划运输路线，扩大运输批量，减少运输次数，提高车辆利用效率。

3) 实施集中统一的库存管理

配送中心在储存和保管方面实施集中统一的库存管理，一方面在确保供应的前提下减少了各门店的库存保持量，全面降低库存总量；另一方面提高了储存商品的质量保障水平，降低了储存环节的损失、损耗，同时，充分利用储存空间，提高仓容利用率，降低保管成本和储存费用。

4) 简化规模化作业和交易环节

配送中心的规模化作业和交易环节的简化，使装卸搬运次数减少，进而减少了人力成本和装卸搬运环节的损失、损耗，同时，通过实行集装单元化、成组作业，提高了作业

效率。

4. 有效控制商品质量，及时反馈销售信息

配送中心与多个供应商建立业务联系，对购进商品的质量信息的反馈极为迅速和有效。同时，由于配送中心是各类商品和相关服务的集散场所，可以集中较全面的商品流通信息，准确掌握各供应商及其商品的相关信息，及时与各门店进行销售信息的沟通，达到存优汰劣的目的。

5. 对连锁企业的统一经营和管理提供组织保障

配送中心通过统一采购、统一配送，对连锁企业内部各个经营环节进行整合。另外，大多数配送中心设立的采购部门，实际上是代替总部接受各门店订单并行使向供应商采购商品、确定经营商品的种类和商品价格等权力。因此，从一定意义上说，配送中心是连锁企业的核心。

(二)连锁物流配送中心的主要功能

虽然在定义上连锁物流配送中心是“从事配送业务”的场所或组织，但是围绕配送业务的开展，配送中心需要配置多种物流功能。因此，可以把连锁物流配送中心视为各种物流功能的组合体。其主要功能可以分为两类：一类是基本功能，即从实体形态上能够看到的功能，主要包括接货、理货、储存、加工、拣选、分拣和配送功能。另一类是辅助功能，为基本功能提供保障或可选择配置的功能，主要包括信息处理、采购、中转运输和展示功能。

下面对连锁企业配送中心部分功能进行简要介绍。

1. 接收与入库

为了满足各门店销售活动对于多品种、小批量订货的需要，配送中心必须从众多的商品供应商那里接收多品种、大批量的商品。配送中心的接收与入库作业，与分散的门店的作业方式和内容基本一致，都要经过对送达商品的接收、验收、整理、交接和入库堆码或上货架等作业环节。接收与入库是连锁物流配送中心后续作业的基础，是决定连锁企业效益的一个重要因素。

2. 储存与养护

虽然连锁物流配送中心并不是以储存商品为目的的，但是为了保证各连锁门店正常销售活动的需要，必须保持一定的库存。通过配送中心的这种储存功能，可以有效地分配货源，解决商品生产与消费、连锁门店进货与销售之间的时间差异问题。在配送中心的商品储存作业中，既有在理货场所进行少量备货的暂存形态，也有堆码进储存区域进行大量、多品种、时间相对较长的储存形态。后者往往需要辅助增加经常性、专业化的保管与养护作业。

3. 拣选与分拣

拣选是根据各连锁门店的订单，将所需要的各种规格、品类的商品，按照要求的数量，从储存区域提取出来，并放置在相应的地点。分拣是将拣选出的商品按照各个连锁门店订单要求的品种、数量、规格进行分类组配，集中为不同的送货单元。由于消费需求的日益多样化，各门店对配送商品的品种、规格的要求日趋细致，在配送批次方面要求更零星，而要货时间的弹性更小，使得配送作业日益复杂化。这时，准确、及时地进行分拣和组配，成为提高配送效率的决定性因素。

4. 流通加工

连锁物流配送中心从供应商处购进的商品不可能完全符合各连锁门店直接向消费者销售的需要，为了减轻各连锁门店的作业量，就必须在连锁企业配送中心进行适当的加工处理。例如，根据各连锁门店的订货要求，拆包分装、组配拼装、刷标识、贴商品代码或条形码等。作为提高商品附加值，实现商品差异化的重要环节，流通加工在商品流通领域的作用越来越大。

5. 配载与送货

为了使装载商品尽可能达到运输车辆的载重量和装满车辆的车　容积，有效利用运力，通常需要根据即将配送商品的外部形状、重量和其他物理特性，对商品进行合理配载。特别是单个连锁门店的配送商品数量和重量达不到运输车辆的载重量或不满车　的有效容积时，可以将送往不同连锁门店的、不同种类的商品进行组配装载。进行合理配载后，运输车辆就可以按照事先确定的运送线路和商品送达的先后次序，将商品送交订货门店，完成配送的最后一个环节。

6. 信息处理

连锁物流配送中心作为物流功能的集合体和连锁企业运营的核心，必须建立完善、高效、灵活的信息处理系统。这对于连锁物流配送中心内部来说，是为了更有效地对整个配送过程进行决策、组织、控制和运作。对于各连锁门店和供应商来说，是为了建立直接的信息交流，及时获得相关销售和货源信息，以指导连锁门店销售和供应商的商品生产与经营活动。从这些方面说，连锁物流配送中心又是整个连锁企业商品流转过程的信息传输和信息交换核心。

二、连锁物流配送中心的类型

对连锁物流配送中心的适当划分，是进一步深化和细化认识连锁企业配送中心的必然要求。

(一)零售供货配送中心

零售供货配送中心是以销售经营为目的、以配送为手段，专门为某个集团企业组织供货的配送中心。零售企业发展到一定的规模后，就会从增强企业的核心竞争力的高度去研究建设配送中心的问题。例如，华联、联华、华润万家等大型连锁超市企业自建的配送中心就是这种类型。

(二)专业配送中心

专业配送中心多见于制造业的销售配送系统，用以降低流通费用、提高售后服务质量和及时地将预先配齐的成组元器件运送到规定的加工和装配工位，如海尔物流配送中心。

(三)共同配送中心

共同配送中心是以城市范围为配送圈的配送中心，近几年营运情况良好的厂商联合的配送中心就属此类。众多厂商通过配送中心的共同配送，向众多的连锁门店配送商品。它的特点是运距短、反应速度快、反应能力强，能从事多品种、少批量、多用户的配送。例如，中国台　日　物流公司的家电共同配送中心、日本关西物流中心(对电线产品的共同配送)、日本南王运送　式会社的有明综合物流中心(对百货的共同配送)等。

(四)区域配送中心

区域配送中心是以较强的辐射能力和库存能力，向周边范围的配送据点或用户拣选配送的大型配送中心。这种配送中心的规模较大，用户也较多，配送批量也较大，而且往往是给下一级配送据点(如前端性配送中心)或营业所、批发商、商场等配送，在国外相当普遍。例如，日本　食公司在整个日本的配送体系就是由 9 个区域性配送中心和 55 个前端性配送中心组成。

当然，如果按功能来分类，还有储存型配送中心、中转型配送中心(货物集散中心)、加工型配送中心等。

三、连锁物流配送中心的建设与管理

随着我国连锁企业进入扩张阶段，连锁物流配送中心的建设问题日益突出。由于我国连锁企业的建立，是在原有流通体制和格局重组之中进行的，因此，不存在为连锁企业配套服务的社会化配送中心，从而加大了各连锁企业初期的营运投入，连锁物流配送中心的营运成本几乎占到管理成本的 80%以上。当连锁门店的规模还不足以消化这一管理成本时就会发生亏损。同时，由于我国连锁经营在业态上大都选择了超市，而且是规模不大的第

一代食品超市，由供货商对门店直接送货，简单的组合为配送系统，常出现配送不到位、缺货断档、时间难以衔接等一系列问题，从而制约了连锁企业的发展，如何突破连锁物流配送中心瓶颈的制约，成为我国深入探索的问题。

纵观世界上连锁企业成功的经验，只有结合我国具体国情，根据不同企业的特殊情况，合理地选择建设配送中心的途径，才能使我国的连锁企业健康发展。连锁物流配送中心的建设有以下途径。

(一)连锁企业自建配送中心

一些规模大、资金雄厚的连锁企业集团，可以建立自己的配送中心，为整个连锁集团服务。当然根据自身能力还可以服务其他的公司，不仅能够取得更大的经济效益，同时能取得更大的社会效益，这种途径有利于协调总部与各连锁门店之间的关系，保持经营特色。但该种方式也存在局限性：首先，各个连锁企业都建立配送中心，负责本企业商品运输，易形成交错运输。其次，自建配送中心的连锁企业的资金负担太重。最后，当连锁企业配送量较小时，会造成设备和人才的闲置，资金浪费，故此类型只适合规模较大的连锁企业。

(二)建立联合型的配送中心

目前，国内外均发展了一批联合型的配送中心，这类配送中心有两种不同的联合方式：一种是由一家或多家连锁企业与物流企业联合，分别承担不同功能，共同实现配送中心任务，为连锁公司和其他企业配货。另一种是连锁企业和生产企业进行联合，共同建设为连锁公司和其他企业提供配货的配送中心，此种形式是流通领域向生产领域的延伸。

(三)建立代理型的配送中心

代理型的配送中心是指连锁企业本身并不经营配送业务，配送业务由某供应商或配送中心代理完成，这样不仅可以避免由于连锁规模较小而导致的收益不足难以抵消建设费用的问题，而且有利于利用专业化的配送中心来提供服务，大大提高了配送效率。

连锁企业不设自己的配送中心，其配送业务委托给专业物流企业办理。物流企业专业化的配送服务，可以使连锁企业享受高效的服务，专心致力于门店的管理，节省大量资金，还可以将积压与缺货风险转 给专业化的配送中心，这是一种比较理想的方式。但是连锁企业采用此方式时应考虑以下几点：①代理型的配送中心是否降低配送成本？②代理型的配送中心能否迅速、准确地送货？③代理型的配送中心能否提供长期稳定的服务？

(四)建立改造型的配送中心

改造型的配送中心是指充分利用原有批发企业、商业储运企业的场地、设备和购销渠道优势，进行技术改造、管理创新、功能完善，使之变成现代化的物流配送中心。

(五)通过自愿连锁形成资源联盟型配送中心

结合我国当前物流行业的现状，诸如配送企业规模小、设备落后、信息系统不完善、社会指导性不强等问题，连锁配送中心可以借鉴中小零售企业发展中产生的自愿连锁业态形式，通过与商业企业或生产企业联合形成配送中心的自愿联合体来加以解决和发展完善。

四、连锁物流配送中心的流程与作业管理

(一)连锁物流配送中心的流程

连锁物流配送中心的作业流程具体来说包括订单处理、采购进货、库存管理、补货拣货、流通加工和出库配送等环节，如图 3-11 所示。

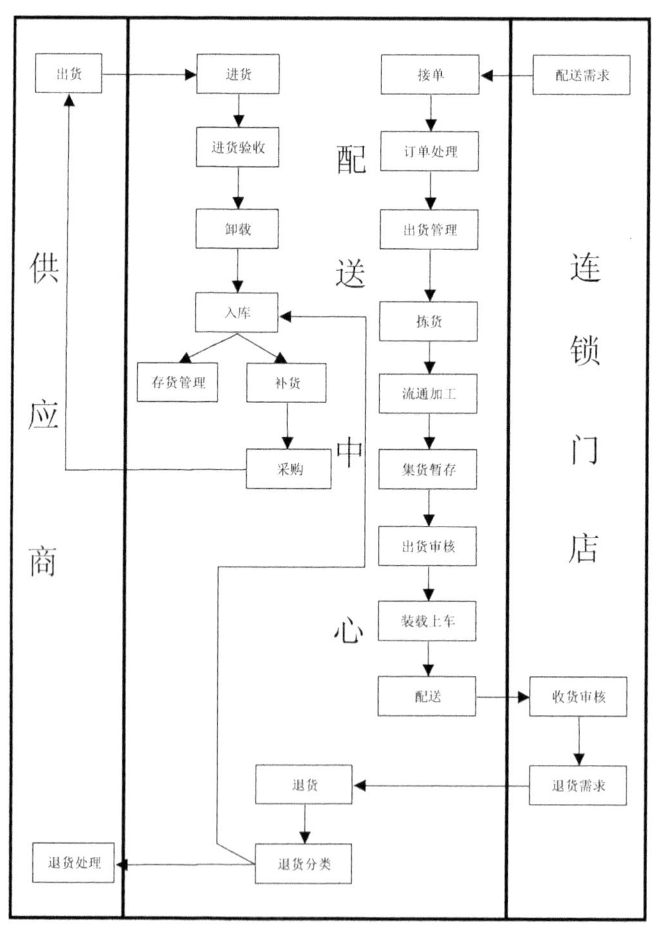

图 3-11 连锁物流配送中心的作业流程

(二)连锁物流配送中心的作业管理

连锁物流配送中心的作业管理系统通常包括进货作业、搬运作业、储存作业、盘点作业、订单处理作业、拣选作业、补货作业、出货作业和配送作业等九项作业，即从采购货物开始到货物上架，以及从接到客户订单到将货物送到顾客手中之间的所有作业。由于连锁企业的物流配送中心作业管理系统十分复杂，因此将其流程概括为进货、储存和配送三大部分。

1．进货

连锁物流配送中心进货主要包括订货、接货和验收货物三个环节。

1)　订货

连锁物流配送中心收到和汇总连锁门店企业的订单后，首先要确定配送商品的种类和数量，然后查询现有存货数量是否满足配送需要。如果存货数量低于某一水平，则必须向供货商发出订单，进行订货。连锁物流配送中心也可以根据需求情况提前订货，以备发货。

2)　接货

当供货商(生产企业)接到连锁物流配送中心或连锁门店发出的订单后，会根据订单的要求组织供货。连锁物流配送中心则必须及时组织人力、物力接收货物，有时还必须到站(港)、码头接运货物。

3)　验收货物

当所订货物到达连锁物流配送中心，即由连锁物流配送中心负责人对货物进行验收。验收的内容包括：商品条形码、质量、数量、包装等方面，确保与订单内容相符。验收工作是一项细致复杂的工作，一定要　细核对才能做到准确无误。从目前实际情况来看，验收货物有两种核对方法，即“三核对”和“全核对”。“三核对”即核对商品条形码，核对商品的件数，核对商品包装的品名、规格、数量。只有做到这“三核对”，才能达到品类相符、件数准确。有的商品即使进行了“三核对”后，仍会出现一些规格和等级上的差错(如品种繁多的小商品)，对这类商品则要采取“全核对”的方法，要以单对货，核对所有项目，即品名、规格、　色、等级、标准等，只有这样才能保证单货相符，准确无误。

2．储存

连锁物流配送中心货物储存主要包括货物保管、盘点作业、货物分拣及流通加工四个环节。

1)　货物保管

货物保管是掌握不同商品的保管位置和数量及入库日，使在库数据与实际商品保持一致。不同商品从接收订货开始到做出出库指示，保证商品的先进先出，以便充分、有效地利用空间，尽可能提高人力资源及设备的利用率，有效保护商品的质量和数量，维持良好的储存环境，使所有在储货物处于随存随取状态。

保管位置分为固定货位和随机货位两种方式。固定货位是事先确定了每一种商品的保管货位，用掌握的入库商品预定数计算出商品所占用的体积，再计算出所需要的货位数。这种方式是，不管什么商品入库，都能保证按商品的编码找到它的保管货位并易于管理，对于没有经验的人员也能完成作业。随机货位是通过计算机信息系统进行商品保管货位的安排，作业人员只要按照所指示的位置进行商品的存放就可以了。这种方式存放作业简单，从存放方便的近距离货位开始存放，存放效率较高，由于出库货位附近可能有入库商品的运送，容易造成交叉作业。这种方式管理比较复杂，货位的更新频繁。

保管的方式有托盘堆垛方式和货架保管方式两种。托盘堆垛方式，即用叉车将满载商品的托盘直接放置到储存的位置，再将第二个托盘、第三个托盘的商品用叉车依次提升叠放。这种堆垛的方式完全采用叉车作业，不需要人力，但托盘上的商品必须堆码平整，让上面的托盘能平稳放置。货架保管方式，即分为固定货架系统和旋转货架系统两种。高层固定货架一般分为几排，排与排之间设有一条巷道，供巷道堆垛机或叉车行驶作业。每排货架分为若干纵列和横排，构成货格或存货位，用于存放托盘或货箱。巷道堆垛起重机自动对准货位存取货物，配合周围出入库搬运系统完成自动存取作业。旋转货架由若干层圆形可水平旋转的货架及一个或多个拣选台组成。拣选台固定在靠近出货台的一端，可上下升降。

2) 盘点作业

由于出库时的差错以及损耗等原因，可能会造成信息系统数据和实际保管的商品数量不一致的情况发生，这时必须找出盘点差错的发生原因，并对长期在库商品进行处理及对欠缺商品进行修改和补充。为了有效掌握货物数量和品质，加强货物在库管理，核实企业损益，必须定期对库存货物和存放区域进行盘点作业。有必要将所保管的商品在库数和在库金额进行更正。盘点在配送中心存储管理环节起着非常重要的作用。

连锁物流配送中心人员在作业过程中，可能会因为操作不当或失误等，出现货物信息资料不全、不准，或者货物损坏、丢失、件数不准，从而造成单货不符。因此，必须定期盘点，准确核实现有库存量。其作用主要包括：第一，确认企业损益。由于货物库存量一定程度上反映了企业的损益，因此，准确的盘点有助于精确核实企业损益的多少。第二，加强货物在库管理水平。通过盘点，准确掌握库存量，发现 货、坏货等情况及时处理，对现有库存潜在的一些不足之处进行改良完善。盘点流程如图 3-12 所示。

为了达到及时、准确掌握库存量的目的，盘点次数应该是越频繁越好。但由于每次盘点都需要投入一定的人力、物力和财力，会产生一定的成本消耗，所以必须合理安排盘点次数和时间，既要考虑物流配送中心的资源配备，更要考虑物流配送中心货物的特性。通常，对于实行货物类别 ABC 管理的物流配送中心来说，盘点次数安排如下：A 类主要货物，盘点频率最高，通常情况下需要每天进行盘点；C 类货物，盘点频率最低；B 类货物，介于 A 类货物和 C 类货物之间。对于未实施货物类别 ABC 管理的物流配送中心来说，一般是着重增加周转率高、价值高、损耗较大的货物的盘点次数。

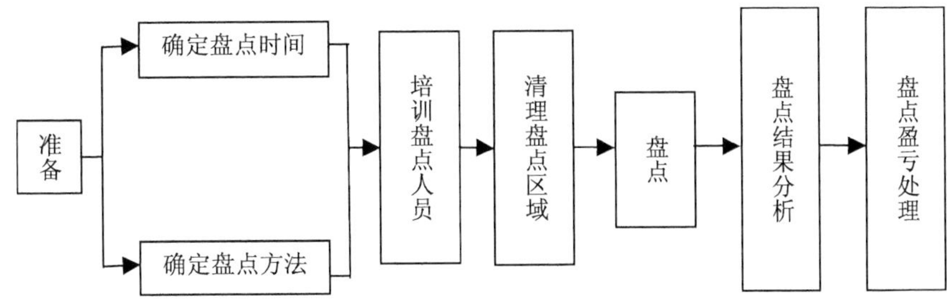

图 3-12　盘点流程

3)　货物分拣

分拣是依据客户的订货要求或配送中心的送货计划，尽可能迅速、准确地将商品从其储位或其他区域拣选出来，并按一定的方式进行分类、集中，等待配送的作业过程。分拣作业是配送中心的核心环节，因为分拣作业必须满足配送在有限的时间内为顾客提供最佳服务的要求。从实际的运作过程来看，分拣作业是在拣货信息的指导下，通过行走和搬运拣选货物，再按一定的方式将货物分类、集中。因此，分拣作业的主要过程包括四个环节。

(1)　拣货信息的产生。拣货作业必须在拣货信息的指导下才能完成。拣货信息来源于客户的订单或配送中心的送货单，因此，有些连锁物流配送中心直接利用客户的订单或本配送中心的送货单作为人工拣货指示，即拣货人员直接凭订单或送货单拣选货物。这种信息传递方式无法准确标示所拣货物的储位，会使拣货人员延长寻找货物的时间和拣货行走路线。在国外，大多数配送中心一般是先将订单等原始拣货信息经过处理后，转换成“拣货单”或电子拣货信号，然后指导拣货人员或自动拣货设备进行拣货作业，以提高作业效率和作业准确性。

(2)　行走和搬运。拣货时，拣货人员或机器必须直接接触并拿取货物，因此形成拣货过程中的行走与货物的搬运，可见缩短行走和货物的搬运距离是提高物流配送中心作业效率的关键。拣货人员可以步行或搭乘运载工具到达货物储存的位置，也可以由自动储存分拣系统完成。

(3)　拣选。无论是人工还是机械拣选货物，都必须首先确认被拣选货物的品名、规格、数量等内容是否与拣货信息传递的指示一致。这种确认既可以通过人工目视读取信息，也可以利用无线传输终端机读取条形码并由计算机进行对比，后一种方式往往可以大幅度降低拣货的错误率。拣货信息被确认后，拣取的过程可以由人工或自动化设备完成。通常体积小、少批量、搬运重量在人力范围内且出货频率不是特别高时，可以采取手工方式拣取。然而，对于体积大、重量大的货物可以利用升降叉车等搬运机械辅助作业。对于出货频率很高的可以采用自动分拣系统。

(4)　分类与集中。连锁物流配送中心在收到多个客户的订单后，可以形成批量拣取，然后再根据不同的客户或送货路线分类与集中。有些需要流通加工的商品还需根据加工方法进行分类，加工完毕后再按一定的方式分类出货。多品种分货的工艺过程较复杂，难度也大，容易发生错误，必须在统筹安排形成规模效应的基础上，提高作业的精确性。在物品体积小、重量轻的情况下，可以采取人力分货，也可采取机械辅助作业，或利用自动分货机自动将拣选出来的货物进行分类与集中。分类完成后，货物经过查对、包装，就可以实现出货、装运、送货等作业。

4) 流通加工

流通加工是商品在从生产领域向消费领域流动的过程中，为了促进销售、维护产品质量和提高物流效率而对物品进行的加工。连锁物流配送中心所进行的加工作业主要有：辅助性加工活动(如给商品加贴条形码、拴标签、简单包装等)和深加工活动(如把蔬菜、水果等食品进行冲洗、切割、过称、分级和装袋)。加工作业不仅是一种增值性活动，而且完善了连锁物流配送中心的服务功能。

3. 配送

配送运输是指将被订购的货物使用汽车或者其他运输工具从供应点送至客户手中的活动。配送运输通常是一种短距离、小批量、高频率的运输形式。如果单从运输的角度看，它是对干线运输的一种补充和完善，属于末端运输、支线运输。它以服务为目标，以尽可能满足客户要求为先。配送是“配”和“送”的有机结合，与一般送货的重要区别在于，配送通过集合、分拣、配货等环节，使配送达到一定的规模，以利用规模优势取得较低的送货成本。如果不进行分拣、配货，有一件运一件，需要一点送一点，就会大大增加运力的消耗。因此，在单个用户配送数量不能达到车辆的有效载运负荷时，应集中不同用户的配送货物进行搭配装载以充分利用运能运力，即进行有效的装配以提高配送效率，降低配送成本。

在配送阶段，制订配送计划是非常重要的。配送计划是连锁企业物流部门根据各连锁门店的要货通知，制订出的一个货物拼装、车辆选择与路线选择的具体方案。它直接影响到整个配送过程的服务质量和成本。配送计划的目的是在规定的时间内把指定的货物从供应商处运抵指定的连锁物流配送中心，再从指定的连锁物流配送中心运抵指定的销售终端。在制订配送计划时，应从以下几个方面考虑。

1) 划分基本配送区域

为使整个配送有一个可循的基本依据，首先将客户所在地的具体位置做出系统统计，并将其作为区域上的整体划分。将每个客户囊括在不同的基本配送区域之中，以作为下一步决策的基本参考。例如，按行政区域或交通条件划分不同的配送区域，在这一区域划分的基础上再做弹性调整来安排配送。

2) 配车计划

为追求效率化的配送作业目标，就必须提高每辆车的装载率。当可运行的车辆较多，并确定了应该出库的货物量时，提高装载效率的同时决定配车的路线是主要考虑的问题。当可运行车辆少时，事先设定好配车的时刻表，按照时刻表进行应该出库货物的安排。前者是根据货物的量来安排车辆的方法，而后者是根据车辆来安排货物的方法。货物装车的时候，由于包装的体积各有不同，如何有效地利用车辆的空间是比较困难的事情，需要熟练的知识。许多配车计划业务需要在经验的基础上积累实际的数据来分析制订。

配车计划的内容包括制订配车计划系统是从计算出车的台数开始，到进行实际的配车业务，分配各个出库货物所对应的车辆代号等。配车计划系统有以下功能：设定配车时刻表；对照配车时刻表；配车时刻表变更；出库信息汇总；配送路线试算；车辆安排；确定配车出库内容；打印装车清单等。

3)　货物车辆配载

由于配送货物品种、特性各异，为提高配送效率，确保货物质量，首先必须对特性差异大的货物进行分类。在接到订单后，将货物依特性进行分类，以分别采取不同的配送方式和运输工具(如按冷冻食品、快餐品、散装货物、箱装货物等)分类配载。其次，配送货物也有轻重缓急之分，必须初步确定哪些货物可以配于同一辆车，以做好车辆的初步配装工作。

4)　暂定配送先后顺序

在不考虑其他影响因素，做出确定的配送方案前，应先根据客户订单要求的送货时间将配送的先后作业次序做出概括的预定，对所需车辆数目做出预算，为后面车辆积载做好准备工作。计划工作的目的是为了保证达到既定的目标，因此，预先确定基本配送顺序既可以有效地保证送货时间，又可以尽可能地提高运作效率。

5)　选择配送路线

所需车辆的大体数量确定以后，如何以最快的速度完成对这些货物的配送，以及如何选择配送距离短、配送时间短、配送成本低的路线，就需要根据客户的具体位置、沿途的交通情况等做出优先选择和判断。除此之外，还必须考虑有些客户或其所在地点的环境对送货时间、车型等方面的特殊要求。

6)　完成车辆积载

明确客户的配送顺序后，就需要设计货物装车顺序，即车辆的积载问题。根据客户的配送顺序先后，只要将货物依“后送先装”的顺序装车即可。但有时为了有效地利用空间，可能还要求根据货物的性质(　　、　压、　　、　湿)、形状、体积及重量等做出弹性调整。此外，对于货物的装卸方法也必须依照货物的性质、形状、重量、体积等来做出具体决定。

以上各阶段的操作过程中需要注意：明确订单内容；掌握货物的性质；确定具体配送地点；选择配送车辆；选择最优的配送组合等问题。

五、连锁物流配送的合理化

在我国未来的流通领域中，以超级市场为代表的连锁企业将掌握流通的主动权。一般而言，流通主动权的掌握者，在市场上处于主导地位。作为最终流通渠道的一种业态——超级市场，当其连锁规模发展到一定程度时，就不仅仅是掌握市场了，而是在市场中形成独立的主导地位。这种地位是连锁企业对物流配送中心的主动吸引，而不是被动接受。大型连锁市场是物流依赖流通的基础条件，是其业务的支撑点，社会性、零散的客户仅是配送业务量的补充。合理性物流是指连锁市场与物流配送中心之间的业务往来，以整个物流过程合理化为前提。对物流整个过程进行优化，其目的是为了供需双方所追求的降低物流成本，提高服务水平。

合理性物流对连锁企业的作用主要有四点：一是有利于保证连锁企业的利润；二是有利于实现连锁资源的优化组合；三是有利于连锁企业的价格优势；四是有利于实现连锁企业的规模效益。物流配送的合理化策略是建造现代化配送中心，增强配送能力。采用先进的物流技术、提高物流配送中心的技术含量、引进现代物流的管理模式、构筑高效的物流配送系统，将是企业新一轮发展的关键。

合理化的物流配送策略具体体现在以下几个方面：①主动挖掘第三利润源泉作为其经营理念，科学地建立商品配送体系。②合理地规划商品物流流程，缩短商品的周转期，减少银行贷款的利息支付，减少仓库租借面积，降低租金和维持费。根据商品的进货渠道，科学地确定哪些商品需经过配送中心储存后再配货，哪些商品应衔接进货、当场配货，哪些商品由工厂、供应商直接送货。③建设高效率、低成本的技术，主动与连锁门店技术平台对接，采用先进的仓储技术、货物运输跟踪技术、物流管理信息技术等以降低物流成本。④丰富连锁门店服务的内涵，拓展为连锁门店服务的空间，寻求为连锁门店服务的最佳切入点。⑤物流配送企业之间要互动，根据连锁企业所处的位置而采取就近配送，发挥地域上的优势，以最大限度地满足连锁门店变化快、时间急的需求。⑥运用现代计算机与互联网技术，提高物流配送的信息水平，重新配制和整合现有物流资源，做到规范化、标准化、国际化。

第三节　连锁物流联盟

一、物流联盟的含义与作用

物流联盟是以物流为合作基础的企业战略联盟，是指为了取得比单独从事物流活动更好的效果，两个或多个企业之间重新整合各成员企业的物流资源，结合成相互信任、共担风险、共享收益的组织。联盟中成员企业不完全以自身利益最大化为行为指南，也不完全

以共同利益最大化为目标，而是为了在物流方面形成优势互长、要素双向或多项流动的中间组织。

(一)物流联盟的主要内容

1. 联盟的建立有相对明确的战略目标

双方的合作更多的是出于战略层面上的考虑，也就是说合作的基础是建立在双方共同的背景上，而不是仅仅为了谋求眼前的短期或局部利益。

2. 联盟企业之间是一种合作伙伴关系

双方的合作超越一般的交易关系，同时也不存在控制和被控制的　属关系。双方在密切合作的同时，仍保持各自的独立性和平等地位。

3. 联盟关系的建立和维持主要有股权参与或契约联结

股权参与就是通过相互持股或共同出资建立一家新企业(如合资)等方式，使联盟各方紧密结合在一起。契约联结则是通过签订各种协议来保护各成员企业间的利益或约束彼此的行为，双方虽不一定签署正式协议，但在承诺和信任的基础上通过“　契合约”的方式来维系双方的合作行为，这种方式也可视为契约联结。

4. 联盟企业之间的合作并不一定是全方位的

可能在某些领域进行合作，而在其他领域又进行竞争，即联盟双方的合作在大多数情况下是在有限的领域内进行的。

5. 联盟的出发点是为了“双赢”

需要通过合作获取大于各自“独立”，或“对立”行动所获取的利益。

(二)组建物流联盟对企业经营的作用

1. 发展物流联盟形式，有助于降低企业的风险

单个企业的力量是有限的，对一个领域的探索失败了损失会很大。如果几个企业联合起来，在不同的领域分头行动，就会降低风险。联盟企业在行动上也有一定的协同性，因此，对于突如其来的风险，能够共同分担，这样便减少了各个企业的风险，提高了抵抗风险的能力。

2. 物流联盟的商品配送，既提高了企业的规模效益，又降低了流通费用

由于我国物流业存在着诸多不利因素，企业进行联盟能够在物流设备、技术、信息、管理、资金等各方面互通有无、优势互补，减少重复劳动、降低成本，达到共同提高、逐步完善的目的，从而使物流业　着专业化、集约化的方向发展，提高整个行业的竞争能力。

3. 物流联盟有助于物流合作伙伴之间在交易过程中减少相关交易成本

物流合作伙伴之间经常沟通与合作，互通信息，建立起来的相互信任和承诺，减少了履约风险。即使在服务过程中产生冲突，也可通过协商加以解决，从而避免了无休止的讨价还价，甚至提出法律诉 产生的费用。

4. 有利于提高服务水平

第三方物流公司通过联盟有利于弥补在业务范围内服务能力的不足。例如，联 快递(Fedex)公司发现自己在航空运输方面存在明显的不足，于是决定把一些不是自己核心竞争力的业务外包给 Fritz 公司，与 Fritz 公司联盟，作为它的第三方物流提供商。

二、连锁物流联盟的模式

对于连锁物流联盟的模式，根据日本、美国、欧洲三种不同的模式分析，其内容略有不同，具体如表 3-1 所示。

表 3-1 连锁物流联盟的模式

<table>
<tr><th>联盟模式</th><th>横向物流联盟</th><th>纵向物流联盟</th></tr>
<tr><td rowspan="3">日本模式</td><td rowspan="3">连锁企业参与的共同配送</td><td>中小型连锁企业联合配送</td></tr>
<tr><td>批发商与连锁企业之间的共同配送</td></tr>
<tr><td>连锁企业和第三方物流企业的社会化配送</td></tr>
<tr><td rowspan="3">美国模式</td><td>大型连锁企业自建配送中心配送</td><td rowspan="3">连锁企业和第三方物流企业的社会化配送</td></tr>
<tr><td>中小型连锁企业联合配送</td></tr>
<tr><td>与供应商共建配送中心配送</td></tr>
<tr><td>欧洲模式</td><td>中小型连锁企业参与共同配送</td><td>连锁企业和第三方物流企业的社会化配送</td></tr>
</table>

根据表 3-1 所示的物流联盟模式的不同，下面简单介绍各种模式的主要含义。

(一)横向物流联盟

1. 连锁企业参与的共同配送

连锁企业参与的共同配送是将多个连锁企业处理的同种或异种商品的功能“统合”起来，促使他们共同利用仓库、车辆等设施设备来有效整合物流配送资源，将小批量货物转换成商品集运，形成大批量配送，以实现低成本、高水平的物流服务。连锁企业参与共同配送是对整个连锁物流网络系统的统筹安排，寻求一种更大、更广范围的合作，一般需要考虑多个货主的配送需求，在配送时间、数量、次数、路线等方面进行系统的优化运筹，在满足客户要求的条件下实行全面规划和合理计划。

连锁企业参与的横向共同配送模式，是指中小型连锁企业联合开展共同配送。中小型连锁企业为了形成规模优势与大型连锁企业抗衡，联合起来共同建立配送中心实行共同配送或成立第三方物流公司，通过联合组织配送系统，共同采购、共同配送以节约配送成本，增强自身竞争力。

2. 大型连锁企业自建配送中心配送

美国很多实力雄厚的大型连锁企业为了追求物流的高效率，都建立了自己的配送中心为各自连锁门店进行配送，支持连锁企业的发展。这些自建配送中心在配送能力有余的情况下，还为其他连锁企业提供配送服务。例如，沃尔玛的物流配送便是采取此模式。

3. 与供应商共建配送中心配送

共同配送中心是指连锁商委托某一特定供应商统一在某一地区建立配送中心，收集各个供应商生产的同类产品，并向自己所 区域的门店进行集中配送。

(二)纵向物流联盟

1. 连锁企业和第三方物流企业的社会化配送

社会化配送是指连锁企业把相关的物流活动都让专业的物流公司来完成的一种配送服务模式。在运作过程中，物流公司对订单信息统一处理后，按照各个订单的要求，把货物配送到各个分店。这种配送服务模式处于物流的社会化、组织化、网络化程度都很高的国家。社会化程度高表现在连锁企业不都自建配送中心，而是将物流业务交给专业物流企业去做，以达到减少投资、降低成本的目的。

2. 中小型连锁企业联合配送

联合配送是指由多家企业联合，共同划分配送区域，共同利用配送设施(如配送中心等)，进行配送分工。日本的连锁企业为了降低物流过程中的运输费用，联合共同和专业的第三方物流企业通过契约的方式组建流动的配送中心，节约物流成本。例如，日本东京 A 运输公司的 14 辆面包车和 2 辆卡车每晚 7 点 续驶入“江东流通中心”，这是 6 家照相机公司在东京的联合配送中心。6 家公司采用联合配送，即 A 运输公司每天从各家公司的仓库提货，然后集中到“江东流通中心”，再根据东京都会 17 个销售区把货物分开，随后送至 300 家连锁店或二级批发店，返程时顺便捎回各店的返修商品。显然，在上述配送区域内，若 6 家公司各行其是，则每天要动用 40 辆卡车。照相机体积小，仅是一家公司的货，运载率低，相应的运费就高。这种联合配送方式极大地降低了运费，提高了作业效率。虽然不如企业自有配送灵活、方便，但是对于照相机这种每日各门店销售量和运输量小，而且没有什么生命时限的商品来说，联合配送可以保证定时配送，对于其销售量的影响不会很大，但其运输成本却能显著下降，从而减少了物流费用。

3. 批发商与连锁企业之间的共同配送

这种模式是由大型连锁企业建立自己的物流配送中心，由指定批发商将经销的商品运到总部配送中心。经由该中心向各连锁店铺进行配送。例如，7-11 连锁企业就是按照不同的地区和商品群划分，建立共同配送中心，由窗口批发商向中心发货，由中心统一集货后，再向各个连锁门店配送。这种配送模式是由 7-11 便利店创立和发展的。还有另一种模式是由一批小型连锁企业加盟合作，自愿组合，接受批发商投资建设配送中心的进货与配送。

三、连锁物流联盟的建设要点

物流联盟是一种优越的物流模式，它不但有利于连锁企业集中精力发展主业，加强自己的核心竞争力，更是降低成本、提高效益的有效途径，因此它具有综合的优越性。但是连锁企业与第三方物流企业构建的决策却是一个复杂的过程，必须综合考虑和分析自己企业的发展战略和内部整体实力，并与之相适应。所以企业应该是在慎重考虑的基础上，做出的物流决策，而不是盲目地去 物流联盟的时 。具体而言，我国连锁企业在选择组建物流联盟时，应从以下几个方面着手。

(一)要加快发展与培育专业物流服务企业

放宽市场准入，逐步取消对物流企业经营范围的限制，促进现有运输、仓储、货代、批发、零售企业的服务延伸和功能整合，加快传统物流企业向现代物流企业的转变；鼓励运输、仓储、配送、货运代理、多式联运企业通过参股、兼并、联合、合资等多种形式进行资源重组，逐步培育一批服务水平高、国际竞争力强的跨国、跨所有制的大型专业物流企业。

(二)要用信息化推进物流现代化

充分利用现代信息技术，不断提高物流企业的信息化水平，推动企业内部流程改造，积极探索物流一体化管理，大力推进公共信息平台建设，建立健全电子商务认证体系、网上支付系统和配送管理系统，促进信息资源共享；大力发展智能交通，提高交通运输的组织水平和作业效率。

(三)连锁企业必须转变观念

逐步改变“大而全”、“小而全”的运作模式，利用有限的资源来发展本企业的核心竞争力。企业必须清楚地认识组建物流联盟对本企业的利弊所在，根据自身的条件来确定本企业组建何种物流联盟模式，并具有一定的识别和评估组建的物流联盟的能力。

(四)连锁企业必须树立正确的合作观念

当连锁企业组建物流联盟，签订了物流联盟合同之后，双方必须相互尊重、相互信任，

这样合作才能有效地进行下去。这就要求即将组建物流联盟的连锁零售企业的领导层具有战略性的眼光、追求变革的决心和相互信任的　　，树立“双赢”的企业合作观念，克服传统的“肥水不流外人田”的观念，与合作伙伴　诚合作、共同发展，应视盟友为战略合作伙伴关系，而非交易关系。交易关系注重短期利益，战略伙伴关系则追求长远的发展。其次要建立友好的协商机制。对于联盟中出现的各种问题，采取友好协商的解决方式并达成共识。

(五)必须选择适当的时机

目前，我国连锁企业大体上可以分为三大类型：一是以沃尔玛、家乐福等外资零售企业为代表，规模大、经营模式成熟、管理模式基本固化的大型企业；二是以华联、物美、华润等内资企业为代表的，规模较大但经营管理模式尚未真正成型的大型企业；三是其他规模小、经营管理还比较落后的企业。不同的企业对物流服务的要求千差万别，同一企业在不同发展阶段对物流服务的要求也不同，因而，连锁企业在组建物流联盟时应根据各自的实际情况选择适合本企业发展的物流联盟模式。

第四节　连锁业物流配送综合案例与实训

一、任务引入

神户生协是日本消费者合作社(CO-OP)中规模最大的连锁商业企业。它拥有会员约123万户，年销售总额3840亿日元(折合人民币300亿元)，销售商品以食品为主(占72%)。

神户生协拥有超市连锁门店171个，每天购货达35万人次。对于那些因会员少、尚不具备开设门店的地区，则建立无店铺销售网，设送货点22万多个、服务对象近30万户家庭。面对供应面广、品种多、数量大的供配货需求，神户生协建造了鸣尾滨配送中心，承担了全部销售商品的配送任务。

在规划这座配送中心时，神户生协认为，首先应有利于提高对客户(商场)的服务水平。根据商品多品种、小批量、多批次要货的特点，做到能在指定的时间里，将需要的商品，按所需的数量送到客户的手里，以提高销售额、削减商场库存、提高商店作业效率、减少流通过程的物流成本、增强企业的竞争力。

(一)强调了强化供货枢纽的战略功能

根据物流集约化原则，神户生协在规划　尾滨配送中心时，强调了强化供货枢纽的战略功能。

第一，商品出货单位要小，以满足商场越来越强烈的拆零要求。

第二，将原来由商场承担的工作量大、耗时多的贴标签、改包装等流通加工作业，放到配送中心完成，以满足小型超市商场运营的需要。

第三，扩大库存商品的品种，以强化配送中心的供货能力，降低商品的缺货率。特别是采用了 POS 系统联网的 EOS 电子订货系统，来处理连锁店的订货，并根据库存信息，预测总订货量，向供应商发出订货单。

第四，扩大分拣功能，根据对中转型商品的集约化作业，改善零售店收货和搬运作业。

第五，除一部分特殊商品(如日配品)外，畅销商品全部由配送中心供货，为实现向商场配送计划化 定基础。

第六，满足无店铺定点销售物流的需求。

第七，开发支撑配送中心高效运转的信息处理系统。

(二)抑制物流成本

配送中心拥有不少先进的物流设备和设施，为了保证正常运转，必须做好日常的维修保养工作，以降低物流成本。 制物流成本还包括加强人事管理、配送中心运营费用的预算和外托合同企业(如运输公司)的联系等。

(三)增强配送中心的应变能力

由于配送中心的物流量随经营规模的发展而不断扩大，因此必须确保在一段较长的时间内能满足企业发展的需要。配送中心的设计，以 10 年的周、日处理量的变化作为最大值、平均值，故具有满足此后数年的处理能力。另外，要做到今后有扩建的余地。

配送中心根据经营商品进销的不同情况和商品 ABC 分析，将物流分成三条路线。

路线 1(库存型物流)：指进销频繁的商品，整批采购、保管，经过拣选、配货，配送到门店和无店铺销售的送货点。

路线 2(中转型物流)：通过计算机联机系统和商品信息订购的商品，整批采购、不经储存，通过配送中心进行拣选、组配和分拣，再配送到销售门店和无店铺销售点。

路线 3(直送型物流)：商品从供货单位，不经过配送中心，直接组织货源送往销售店。

请根据案例介绍，绘制神户生协配送中心的三种路线配送流程，并说明该连锁企业建设配送中心的规划思路。

二、知识要点

神户生协的配送中心的作业情况如下。

(一)收货

供货商将商品送至配送中心二楼收货站台，人工卸车，包装均为统一规格系列的纸箱。

整批商品由人工堆码托盘、叉车搬运；路线 2 的商品由人工卸至辊道输送机，进行验收，再经合流后送入三条主输送带。

(二)储存、搬运

大部分商品储存在二楼，路线 1 的整批商品以托盘为储存单元，由叉车送入普通货架；需要开箱拆零的单元，由叉车送入普通货架；需要开箱拆零的商品，再从储存货架上取出、搬入轻型重力式货架、人工拣选。普通货架和轻型重力式货架相对平行布置，货架分上下两层，每层 3 格，高 4.5 米。货架的走道中间设置以胶带输送机为主体的传送搬运系统，总长 5200 米。进销频繁的商品则以托盘为单元，存放在底层站台的货场。配送中心全部储存容量为 3500 托盘、17 万箱。

(三)拣选

尾滨配送中心在建设过程中，反复研究总结了日本不少配送中心成功与失败的经验，综合超市销售量大、利润薄的特点，认为对于批量零星而进出频繁的商品，不宜采用立体仓库、巷道拣选机，故配送中心决定采用普通货架、人工拣选的方式，以适应多种销售形式。整箱销售的商品，以托盘为单位，货架存放。发货时由工人按订货单，从货架搬入两侧的输送带传送系统。

路线 2 的商品属中转型商品，在配送中心内进行的是越库配送(cross docking)。收货后暂存辊道输送机上，经人工　贴发货条形码后，直接送达主输送带，进入分拣系统。开箱拆零商品，以纸箱为单元，存放在轻型重力式货架上。发货时由人工开箱拆零拣货，另行组配拼箱，送入传送系统，拼箱用的空纸箱则利用回收的旧纸箱，由悬吊式链条输送机(置于胶带输送机的上空)传送。对于特别零星的商品，则采用计算机控制的数字显示拣选系统。

(四)分拣系统

全部发运商品的纸箱上均被　贴印有条形码的发运标签(内容包括销售店名称、商品名称、数量等)，该标签由计算机打印。这些商品从各条拣选渠道汇集到三条主输送带，从二楼传入底楼，最后合流至分拣系统。分拣信息由激光扫描器读取纸箱上的条形码信息，进行自动分拣。分拣系统采用高速胶带传动斜轮分拣机，分拣作业线总长 160 米，分拣道口 41 条，道口间距 3 米，传送速度 100 米/分，分拣能力为每小时 6000 箱。分拣的纸箱允许的最大长度为 0.9 米、最大重量 25 千克，超重时，分拣机自动停止运转。

(五)配送

从分拣道口的斜滑道滑下的商品，由人工装入　车等集装单元化运载工具，并送至发货站台待运。然后，商品按编排的配送路线，分别装入各辆　式卡车，配送到各超市连锁店。　车回空时可折叠起来，节省车容。由于采用了　车，大大减少了中间的装卸环节，有效地改善了从配送中心的储存货架起，一直到商场里的商品陈列货架为止的整个物流过

程的装卸搬运作业，加快了运输车辆的周转。配送中心的卡车，只需一名司机，兼作装卸工，便可完成全部装卸搬运作业，非常经济实用。

尾滨配送中心建成后，充分发挥了促进和扩大商品流通的作用。它可以配合零售店，辅助供应工作，提供各种服务，如拆零发货、代贴价格标签、采用计算机联网订货、记账结算等。

由于采用了计算机库存管理，大大降低了缺货率，缩短了要货期，加快了发货速度，原来每周订货两次，现在做到当天订货，当天或隔天即可送到零售门店，大大压缩了商场的库存，加速了商品的周转，给企业带来了极为可观的经济效益。

三、任务实施

结合案例内容，不难看出三条路线均为本章提过的集中配送路线方式，如图 3-13～图 3-15 所示。

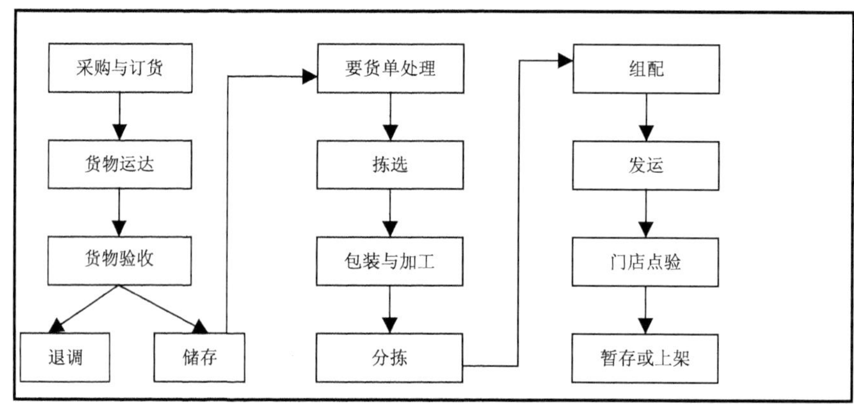

图 3-13　集中配送路线 1

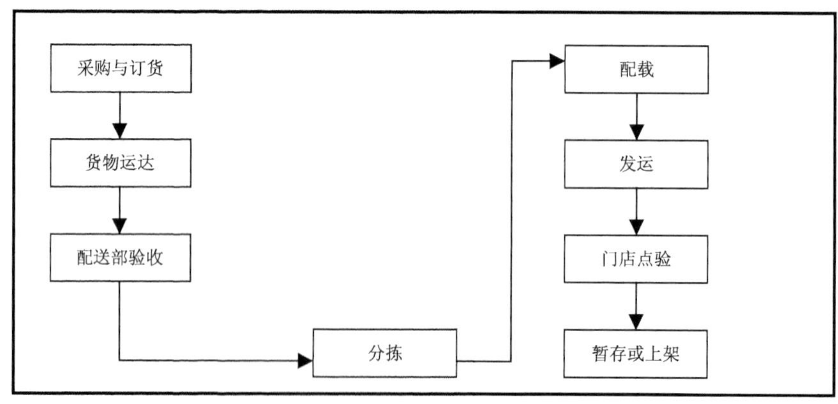

图 3-14　集中配送路线 2

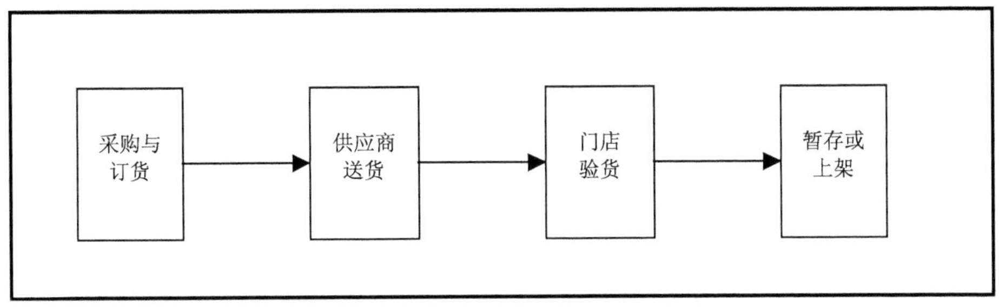

图 3-15　集中配送路线 3

神户生协的配送中心在规划过程时，首先，有明确的战略定位——多功能的供货枢纽。在这里主要的一点是，神户生协在规划配送中心时，就考虑了未来一段较长的时间内能否满足企业发展的需要，另外还考虑了今后扩建的余地。其次，配送中心选址明确，除了考虑配送中心调运商品的便利性以外，还考虑了交通的便利性，以及大量车辆对环境的影响。再次，配送中心物流流程清晰明了，配送中心根据经营商品进销的不同情况和商品 ABC 分析，合理划分了三条路线。最后，配送中心使用了现代化的信息处理技术，采用计算机联网订货、记账结算，并采用计算机进行库存管理，大大降低了缺货率，缩短了要货期，并加快了发货速度。

四、技能拓展

根据以上不同商品的配送业务流程图，结合实际，分析身边一些连锁企业配送业务的流程。

本 章 小 结

在不同的国家和不同的经营者之间，是以不同的方式组织和开展起来的，从而形成了各种配送模式，目前主要有商流、物流一体化的配送模式，商流、物流相分离的配送模式，独立或共同配送模式及集团配送模式等。不同的配送模式都有其优势和固有缺陷，连锁企业应根据企业的竞争战略及自身发展条件进行合理地选择。

不同的配送模式形成不同的配送业务，主要有直接配送至门店业务流程、越库配送及门店间调剂配送等作业流程。对配送业务的分析和研究有利于实现配送的合理化。本章对配送合理化的作用及具体体现进行了分析，并通过实训解释了实现配送合理化的方法。

单个企业实现配送合理化的力量是有限的，对一个领域的探索失败了损失会很大。因此连锁物流联盟应运而生，联盟可以使企业共享信息、共同决策、同担风险，有利于连锁企业在物流方面形成优势互长。本章通过分析日本、美国、欧洲等发达国家的物流联盟模式，揭示了先进联盟模式的几种实施方案，为连锁企业物流的发展指明了方向。

复习思考题

一、简答题

1. 分析不同配送模式之间的区别。
2. 分析不同配送流程之间的异同。
3. 简述配送中心的作用。
4. 简述配送中心的作业管理。
5. 简述物流联盟的作用。

二、案例分析题

1. 通过以下案例介绍，分析沃尔玛是如何规划物流配送中心的？沃尔玛物流配送中心是如何运作的？

沃尔玛在美国本土的成功经验——建立自己的配送组织，包括送货车队和仓库。有效地商品配送是保证达到最大销售量和最低成本的存货周转及费用的核心。一般来说，货物会送到沃尔玛各区域物流配送中心，再送到终端客户手中。沃尔玛则会分析在哪个环节上可以降低成本、减少时间、提高效率。在美国，沃尔玛有完整的物流配送体系，全天候 24 小时配送，并且各物流配送中心都采用了最新的储运及物流信息技术。

虽然沃尔玛有不同类型的物流配送中心，但它们的成本都非常低廉，而且工作效率却很高。例如，沃尔玛的服装物流配送中心，就侧重于高档的服装产品业务。沃尔玛还使用产品返还的方式提高物流效率，通过退回某些产品，促使供货厂商降低成本。

在沃尔玛的日常物流配送作业中，大宗商品通常由铁路送达沃尔玛的物流配送中心，再由沃尔玛公司卡车送达各区域相关门店。每店一周约收到 1～3 卡车货物。60%的卡车在返回物流配送中心途中，又捎回沿途从供应商处购买的商品(俗称“公交车方式物流”)。这样的集中配送为沃尔玛节约了大量的物流成本。

沃尔玛物流配送中心的运行完全实现了自动化。每种商品都有条形码，由十几千米长的传送带传送商品，由激光扫描器和计算机追踪每件商品的储存位置及运送情况，每天能处理 20 万箱的货物配送。商品在物流配送中心停留的时间总计不超过 48 小时。物流配送中心每年处理数亿次商品的进出库，而 99%的订单都准确无误。总之，沃尔玛物流配送中心夯实了其“天天低价”的营销策略基础。

2. 请根据案例内容对 7-11 配送业务的介绍，画出 7-11 发货中心的流程图。

随着店铺的扩大和商品的增多，7-11 的物流配送越来越复杂。日本 7-11 根据食品保存温度来建立配送体系。7-11 对食品的分类是：冷冻型(-20℃)，如冰淇淋等；微冷型(5℃)，

如牛奶、生菜等；恒温型，如罐头、饮料等；暖温型(20℃)，如面包、饭食等。不同类型的食品会用不同的方法和设备配送，如各种保温车和冷藏车。由于冷藏车在上下货时经常开关门，容易引起车厢温度的变化和冷藏商品的变质，7-11 还专门用一种两仓式货运车来解决这个问题，一个仓中温度的变化不会影响到另一个仓，从而使需冷藏的食品能始终在需要的低温下配送。

除了配送设备，不同食品对配送时间和频率也会有不同要求。对于有特殊要求的食品(如冰淇淋)，7-11 会绕过配送中心，由配送车早中晚三次直接从生产商门口拉到各个店铺。对于一般的商品，7-11 实行的是一日三次的配送制度，早上 3 点到 7 点配送前一天晚上生产的一般食品，早上 8:00 到 11:00 配送前一天晚上生产的特殊食品(如牛奶)，新鲜蔬菜也属于其中，下午 3:00 到 6:00 配送当天上午生产的食品，这样一日三次的配送频率在保证了商品不缺货的同时，也保证了食品的新鲜度。为了确保各店铺供货的万无一失，配送中心还有一个特殊配送制度和一日三次的配送相搭配。每个店铺都会随时碰到一些特殊情况造成缺货，这时只能向配送中心打电话告急，配送中心则会用安全库存对店铺紧急配送，如果安全库存也已告罄，中心就转而向供应商紧急要货，并且在第一时间送达缺货的店铺。

3. 根据案例内容分析苏宁电器物流配送的信息化带来了哪些好处？有哪些优势？

苏宁的物流配送流程以财务为中心，将营销、物流和采购等统一在一个平台之下。在这个平台下，POS 机的收款信息能立刻传到配送中心，由配送中心做出反应，产生配送指令。无论是苏宁电器的自备车辆，还是外包车辆，在完成一项任务前，都要先到信息大厅办理出库手续，领取出库单，然后去库房提货、送货，完成该项指令后，还要到信息大厅核销该项任务。

在先进的信息系统的支撑下，苏宁电器对商品的流向进行了精准的控制。在仓库，配送单经过仓管员的仔细核对后，家电产品由库房搬运、装卸至车辆上，由于全程机械化，装运的效率非常高，装满一辆车只需十几分钟。

家电零售业的运力需求淡旺季差别很大，如果匹配适应平时销售需求的车辆，旺季时就很难有足够的配送队伍供使用；如果配够旺季的运力，在平时又是一种浪费。针对这一问题，苏宁电器采取了自备车和外包车相互补充的模式。

两年前，苏宁电器大张旗鼓地采购了 200 辆轻卡，宣布自建物流体系。此后，送货的及时率有了很大提高，不及时率由原来的千分之八左右降为现在的千分之二。同时，管理成本费用也有大幅度降低。

在选择区域物流服务商及开拓三、四级城市上，苏宁电器各地的配送中心拥有相对较大的自主权，在总公司制定的统一的选择标准下，进行对各地第三方物流服务商的选择。在签订服务合同以前，要进行详细的考察。在服务中，一旦第三方物流服务商的服务出现问题，也会有相应的条款加以惩罚。

2008 年，苏宁在产品采购方面，准备继续深化采购合作模式，借助 B2B 系统和 SAP 系统优势，结合商品特点，加强商品品类分析和商品规划研究，尝试新品类引进，继续加

大与各品类较大品牌制造商的战略合作，通过大单采购，包销、定制等手段，获得优势品牌的ODM、OEM资源支持，力争在两年内实现定制、买断、包销产品占比达到20%。同时，多渠道销售方面，通过B2C网站升级、大客户开发和异业合作等措施，进一步拓展团购、网上销售等销售渠道。报告同时说明，随着苏宁电器在二、三级市场连锁发展速度的进一步加快，物流平台建设的相对滞后对公司在区域范围内的资源整合、采购及配套服务的能力带来一定的限制。针对这一问题，苏宁电器将进一步加强后台物流平台的建设。

伴随着业务规模的迅速增长，苏宁电器的物流建设也掀起了高潮。据了解，沈阳物流中心已经开始运行，全国多个地区的物流中心也在如火如荼的建设和运行中。

第四章 连锁物流库存管理

【学习目标】

通过本章的学习，主要了解库存管理的含义与类型；了解连锁业库存管理模式；理解库存控制的方法和VMI的库存模式。并通过理论知识学习和实训的练习，能够掌握及运用库存控制管理的方法，提出管理方案。

【本章导读】

苏果超市成立于1996年7月，2003年销售规模达到95.8亿元，已连续六年位居中国连锁企业前十名，连锁超市业态第五位，并跻身200强。2004年，苏果超市又被国家商务部确定为全国重点扶持的15个大型流通企业集团之一。在南京，苏果超市占据着超市业态50%以上的市场份额，是江苏省超市零售业最大的商贸流通企业。

苏果超市始终坚持走具有自身特点、符合当地实际、贴近百姓生活的连锁发展道路，并取得了超常规、跳跃式的发展。现已成为集批发、配送、物流、加工、零售于一体的大型连锁企业。目前，门店总数不断增长，现已突破1400家，网点覆盖苏、皖、鲁、豫、鄂、冀等六个省份。苏果超市自成立以来，一直保持着快速、稳健、健康的发展势头。

苏果超市以经营业态多样化、连锁网络城乡化、物流配送现代化、企业管理科学化和服务内容系列化为核心，坚持不断优化和持久创新。现在已开发出具有苏果特色的社区店、标准超市、便利店、仓储超市、好的便利店等多种业态。

苏果超市配送中心根据商品经营的不同特征进行排队分析，分成三大类商品进行管理，每类商品实行不同的库存管理策略。

第一类商品是使用频率高的畅销商品(如一般日用品)，在一般流通过程中，通常整批进货和储存，然后按各门店的订货要求配送到各门店。由于这类商品进货批量大，故以较低的价格购入，可以零售价出售给消费者，这样既减少了流通环节，又增加了利润。

第二类商品是连锁配送中心按照门店的订货单汇总后统一向工厂整箱订货，收到货后不需储存，直接进行分拣作业，再配送到各门店。

第三类商品有一定的保鲜要求(如牛奶、面包、豆腐等)，通常是不经过连锁配送中心直接从生产企业送往零售商，但商品的进销全过程的信息由连锁配送中心处理。

苏果超市配送中心的库存管理使用的仍然是传统的ABC库存管理方法，另外在仓库内使用了WMS(仓库管理系统)软件，虽然在一定程度上发挥了作用，但由于没有从供应链的角度来设计，所以经常出现某些商品短缺而某些商品库存积压的问题。调研结果显示：苏果超市门店平均的缺货率接近8%，这一商品缺货水平同世界发达国家的水平(3%左右)相比较高。调查还显示，48%的顾客会购买同一品类的替代品，15%的消费者不再购买，37%的顾客会到另一家店购买此商品，这意味着将近四成的顾客将因此流失。

(资料来源：于邢香. 连锁超市经营管理与实务[M]. 北京：对外经济贸易大学出版社，2010)

对于连锁经营行业来说，库存管理也与企业的成本控制、服务质量控制密切相关，因此库存管理涵盖了连锁业成本、质量和物流效率三个市场竞争的焦点，对于一个连锁企业来说具有举足轻重的意义。研究连锁企业库存控制，目的在于减少企业成本，提高运营质量和物流效率，从而提升企业竞争力，对企业发展有重要的意义。

连锁企业的库存管理模式正由传统的“推式”转变为先进的“拉式”，此种模式的转变

对于优化供应链管理起到主导作用。

学习连锁物流库存控制，要理解连锁物流库存控制方法，掌握安全库存与订货周期的确定，并能够进行简单计算。

本章在介绍连锁业库存类型与管理要点、连锁物流库存的管理模式等基本知识的基础上，重点介绍连锁物流库存控制策略及 VMI 库存管理方法。

第一节　连锁物流库存管理概述

一、库存管理的概念

(一)库存管理的含义

库存管理就是在企业生产和物流渠道中各点存放的原材料、供给品零部件、半成品和成品。把库存量控制到最佳数量，尽量少用人力、物力、财力把库存管理好，获取最大的供给保障，是很多企业、经济学家追求的目标，甚至是企业之间生存竞争的重要一环。

(二)库存的分类

1. 周转性库存

周转性库存是指为补充在生产或销售过程中已消耗或销售完的物资而设定的库存，以便于满足一定条件下的物资需求，保证生产和销售的连续进行。

2. 在途库存

在途库存是指处于运输过程中的库存，即在航空、铁路、公路、管道等运输线上的物资，装配线上的在制品等。

3. 安全库存

安全库存是指对未来物资供应的不确定性、意外中断或延迟等起到缓冲作用而保持的库存。

4. 季节性库存

季节性库存是指某些物资的供应或产品的销售经常受到季节性因素的影响，为了保证生产和销售的正常进行，需要一定数量的季节性库存。

在连锁企业中，库存是连锁经营中保证门店经营活动持续进行的重要环节。连锁经营中的库存系统与传统单体经营的零售店是有差别的，主要在于统一配送制度中连锁配送中心的集中库存作用，改变了连锁门店自设仓库，流通分散的落后状态。在统一配送制度中，配送中心可以把连锁企业的供应系统与各连锁门店的供应系统融为一体，持续不断地以较低成本和较低费用把各种商品供应给连锁门店，使连锁门店无须以仓库形式大量储存商品，也可以保障销售的连续运转，从而大大减少连锁门店的自设库存，甚至使连锁门店出现零库存状态。通过连锁配送中心可以在面积不大的地方建立连锁门店，而各连锁门店无需建立自身的库存，直接通过连锁配送中心供应当天的货物需求。这就对连锁配送中心提出了较高的要求，它必须要及时为连锁门店配送货物，否则将无法满足连锁门店的实际需求，还会影响企业的信誉和服务质量。因此，从某种程度上说，连锁门店之间的竞争很大程度上取决于对库存的管理。

二、连锁业库存的类型与管理要点

(一)连锁业库存的类型

连锁企业仓储环节存在多种形态，若根据成本动因来划分，可以将连锁企业库存分为以下四种基本类型。

1. 基础库存

基础库存是用于正常周转的物品储备，即在前后两批商品正常到达之间，提供生产经营需要的储备，一般种类较多但数量较少。

2. 安全库存

安全库存是用来应付时间及需求等方面的不确定因素的影响，在正常情况下一般不动用，一旦动用必须在下批订货到达之前尽量补充。

3. 投机库存

持有投机库存的目的有很多种，包括满足机械需求、囤积商品以从价格上涨中获利、防止原材料成本上升等潜在的商品短缺。

4. 中转库存

中转库存是由于信息不对称的原因，在物流系统中各种节点之间的库存。

(二)连锁业库存的管理要点

根据连锁企业库存的类型，可以分析库存中存在的影响库存管理的问题。

1. 安全库存

每种单品(SKU)必须精确规定最低库存量，通常视为可实时调拨库存(just in case inventory)。若提高补货能力或设计补货合理计划就可以显著减少安全库存，从而实现整体

库存的优化。

2. 经常库存增量

由于供应商能力的限制和市场需求不确定性而使连锁企业仓库货物堆积，并由此导致经营效益下降。在控制库存的过程中或许无法从根本上消除经常库存增量，但完全可以通过实施更为复杂和先进的补货计划来优化库存增量流程。

3. 供应链扰动因素

现今所使用的计划工具在很大程度上依赖于人工操作，这就使整个计划过程极易受到供应链扰动因素的影响。产生这一现象的最根本原因是因为人为因素使预测数据与实际供应、需求发生了偏离。为了消除供应链扰动因素，必须在每种单品层面实施补货计划。

面对连锁企业库存管理的诸多问题，以下给出一些管理要点。

1) 限定单品总数

限定单品总数是指连锁企业设定允许销售的商品单品总数，并限定一定比例的浮动范围，如 10%。这项工作应该细化到每个连锁门店以及每个品类，即以连锁门店为基本单位来设定该店每个品类的单品总数。另外还要考虑消费者特征及需求，根据不同连锁门店商圈辐射范围内的目标消费群体的消费需求与特征，有计划地实施补货计划，平衡连锁门店不同品类的单品数量。

2) 建立新品引进管理制度

采购人员必须对新品引进进行严格把关。决定将一个新商品引进店内销售时，首先要关注六个“正确”——正确的产品，正确的数量，正确的时间，正确的质量，正确的状态，正确的价格。其次，引进新商品必须要实施严格的申报审批手续，详细了解新商品的特征及对应的消费需求，店内类似商品销售及库存情况，供应商广告及促销支持，该商品的预期销售与毛利等要素。另外还有一个关键要素，就是要掌握一进一出的原则，即原则上每引进一个新商品，就应从原有的品类商品列表上删除一个问题商品(如滞销商品、过季商品或是即将停产的商品等)，这一原则可以根据实际销售、市场、季节等因素适当调整执行。

3) 建立商品淘汰制度

市场是动态的，要将单品数量始终控制在限定的浮动范围内，定期对连锁门店及品类的单品数量进行回顾并及时淘汰问题商品是至关重要的。

定期(频率以每月一次为宜)查看品类商品列表，对销售排名进行分析，找出滞销、过季、销售不良等问题商品并设定为备选淘汰商品，制订清仓计划逐一处理，以确保品类整体的单品数量保持在限定的合理范围内。通过设定单品总数限额，严格管理新品引进，定期淘汰问题商品，可以对商品单品总数进行管理，是可以有效控制影响库存总金额的一大要素。

三、连锁物流库存管理的模式

从“生产商—连锁总店—消费者”的商品流动链条中，连锁库存承担了商品的流通作用，其库存管理模式也将决定供应链条的发展模式。传统状态下的供应环境是以生产商为主导力量，连锁企业的力量相对较薄弱，处于供应链上游的生产商主导了商品的库存及流通模式。生产商根据自己对市场的判断来计划、组织生产，并推动所生产产品的销售。随着生产力的极度提升和连锁企业力量的飞速发展，伴随着通信技术的广泛应用，生产商在生产、运输、设计方面皆与市场动态接轨，并随时按照市场的反馈做出改变。在这个过程中连锁企业的库存管理在供应链中起到主导作用。这种模式上由“推式”转变为“拉式”，不难看出连锁企业的库存管理对于优化供应链管理的重要性。

连锁业库存管理的模式分为三种：传统库存管理模式、合作库存管理模式和供应商管理库存模式。

(一)传统库存管理模式

这种模式下，生产企业与连锁企业的库存管理是各自为政的，供应链中传统库存管理模式是基于交易层次之上的，由订单驱动单级管理库存的方式。生产商根据自己对市场的预估，做出原料采购、产品生产、储存、运输等计划，连锁企业订购一批产品，放入自己的仓库，再组织销售活动，销售产品后，再向生产企业订购商品，以实现循环。在这种模式下，生产企业和连锁企业的信息都是孤立的，为满足市场都必须承担比较大的库存水平，从而形成“牛鞭效应”。这种模式下，缺乏协作，社会资源效率低下。

(二)合作库存管理模式

随着资本力量的壮大，部分生产企业与连锁企业相互控股，协作发展。例如，泰国正大集团与易初莲花购物中心的合作，易初莲花是正大集团的子公司，在易初莲花的大卖场里，可以看到正大集团的产品(肉类、油等)，被陈列在最好的堆头和货架上，销售利益双方分享。又如，锦江集团与 METRO 集团也是类似的合作关系。在这种模式下，双方的信息可以实现充分的共享，这对于生产、销售计划及促销活动的执行都是非常有利的。

(三)供应商管理库存模式

目前，很多大型连锁企业都在逐步实行由供应商管理、维护卖场的库存模式，在这种模式下，连锁总店负责订货，并拥有货物所有权，货物款项由连锁总店与供应商约定在一定的时间定期结算。供应商派促销员到连锁门店的卖场负责本公司产品的库存维护及促销的工作。促销员作为连锁门店与供应商的协调员，负责对产品盘点，并处理退换货，反馈

市场信息等功能。

在这种库存控制策略下，适当允许上游生产商对下游连锁企业的库存策略、订货策略进行了解或沟通，双方可以协同进行促销活动，以增进销售。最重要的是在这种模式下，生产企业可以获得连锁门店的销售信息部分共享，能够比较全面地预计市场状况，对于连锁企业的生产计划安排非常有利。随着合作的进一步发展，双方信任的增加，这种模式可以获得更大潜力的发展，将成为未来最有代表性的连锁业库存管理模式。

第二节 连锁物流库存控制

一、连锁物流库存控制的目的与方法

(一)连锁物流库存控制的目的

1. 减少商品缺货率

库存管理的目的在于保障日常连锁门店运营，因此减少商品的缺货率是现有连锁企业库存管理必须要着手改进的问题，在改进方案的选择上要充分考虑供应链的发展，考虑与供应链上下游企业的信息交换与配合。

根据调研资料的统计来看，连锁门店缺货的原因在很大程度上是由于库存不足，具体统计信息如表 4-1 所示。

表 4-1 门店缺货的原因

原因描述	频 次	百 分 比
没有实际库存	545	50.14%
未收到订货指令	436	40.11%
已配送	96	8.83%
订货数量不足	9	0.83%
商品是厂商直送货	1	0.09%
总计(货未到店次数)	1087	100.00%

从表 4-1 可以看出，连锁门店缺货原因一般是由于没有实际库存，而未收到订货指令也是由于没有设定安全库存造成的，这一缺货原因占到所有原因的 40%强，综合来看，超过 90%的缺货原因与没有库存有关，而库存不足的原因如表 4-2 所示。

表 4-2 库存不足的原因

原因描述	频 次	百 分 比
订货不及时	31	34.07%
库存不准确	31	34.07%
供应商缺货	18	19.78%
协调原因	11	12.09%
总计	91	100.00%

从表 4-2 可知，订货不及时和库存不准确是造成库存不足的主要原因，但是这些都可以通过改善订货方式和设置安全库存来解决。

2. 降低库存量

连锁企业配送中心高额库存的存在，尤其是滞销商品库存的存在，不仅占用大量的资金，而且还占用连锁配送中心的储存空间，在仓库资源有限的情况，造成畅销商品储存空间减少。因此，降低连锁配送中心库存，尤其是降低滞销商品的库存是重点所在。

3. 降低库存周转时间

理想目标是库存周转时间小于企业财务账期。哪些商品达到这一目标，哪些商品就是名副其实的代销商品，因为账期到来时商品已经实现流转变现，也就是说商品都是在销售出去后才支付供应商货款的，这将极大地减轻了连锁企业的资金压力，降低了资金占压成本。

(二)连锁物流库存控制的方法

1. 减少缺货率的方法

首先是提高订货水平。关于订货不及时可以通过设置安全库存和完善需求计划等提高订货水平的方法来解决。订货方法可以考虑：定期+安全库存、定量+安全库存、销售量+安全库存等方法。总之在设立安全库存的基础上提高订货水平。

其次是保证库存的准确率可以防范缺货。库存不准的原因包括：因为系统切换、盘点周期过长等历史原因造成；因为系统设计上的原因造成的；因为收货错误造成的等。可采用的提高库存准确率的方法包括：通过盘点修正历史原因造成的错误；制定库存准确率控制程序。在系统无法更改的前提下，可以采取人工修正的方式提高订货库存的准确性。

再次是减少供应商缺货风险。它包括通过建立供应商考核体系，加强对供应商的控制；改善与供应商的关系，加强与供应商在供应链方面的合作；根据供应商的物流运作情况，决定每个供应商的订货提前期，尽量规避供应商短期缺货的风险。

最后是加强供应链环节间的协调。它包括将进货、储存、协调门店补货等功能放在一

个行动中心，设立专管部门等方案。这本身就打破了以往部门间的沟通壁垒，提高了企业内部供应链的沟通效果。

2. 降低库存量的方法

首先是优化库存商品结构。主要根据库存商品的销售额以 20-80 原则来划分，可以建立如表 4-3 所示的划分原则。

表 4-3 依据 20-80 原则分类库存商品

销售排名	等 级	物流模式
20%商品	A 类储存	储存型作业
80%中的 20%商品	B 类储存	储存型作业
80%中的 80%商品	C 类储存	直通型方式

表 4-3 所示即以销售额的前 20%商品及 80%商品，其 20%商品的库存天数为较长，80%商品库存天数为较短，其中 80%商品又可分为 20%和 80%。即可分为 A、B、C 三等级管理。连锁配送中心中销售额排名在后 64%的商品都将作为直通商品处理，可以显著降低连锁配送中心的库存。

其次是设置合理的安全库存和合理订货。根据企业的服务水平需要设置合理的安全库存，并合理订货，即避免商品的库存数量过高，造成商品积压。

3. 降低库存周转时间的方法

首先是优化库存商品结构，将部分慢流商品的物流模式改为直通形式。

其次是设置合理的安全库存，并根据商品的销售情况合理订货，避免造成商品积压。

再次是减少连锁门店退货。连锁门店每月产生大量坏货，坏货的产生既使公司丧失了部分销售机会，又增加了公司的退货处理费用。同时连锁门店存在较大量滞销商品和大量过剩商品，积压在连锁门店将占用连锁门店有限的空间资源，进行好货回仓又增加额外的物流处理费用。另外，连锁门店也存在好货回仓情形，其原因包括订货量过大、销售情况不好、备货过量。减少门店退货的途径包括：对门店的订货作业进行培训，让员工明白怎样确定订货量；控制门店的最大订货量，对超过最大订货量的商品订货需要区域经理签字确认，并承担责任。

4. 设立专门的库存管理补货部门

库存管理及补货部门负责商品的续订、储存、配送、退货管理并指导连锁门店合理补货。接受库存控制、连锁门店到货率、库存周转时间等指标的考核。这样传统的、复杂的部门关系就转换为库存管理部门与连锁门店两个简单部门间的关系，大大减少了沟通渠道，并将进货和储存放在一个部门里来综合考虑，有利于提高连锁门店到货率和降低连锁配送中心库存。

二、安全库存与订货周期的确定

(一)安全库存的确定

连锁企业经营过程会考虑到保持一定量的安全库存，以防止需求或者提前期的不确定性。但是确定什么时候保持多少安全库存则是难题。安全库存太多库存过剩，然而不足则意味着失销。如何确定好安全库存量成为保证经营顺畅的关键。下面介绍一下定量订货法与定期订货法中安全库存量的计算方法。

1. 定量订货法安全库存量的计算

对于安全库存量的计算，可以根据客户需求量和提前期的变化情况确定为三种情况。

1) 需求量变化，提前期固定

假设需求的变化服从正态分布，由于提前期是固定的数值，因而可以根据正态分布图，直接求出在提前期内的需求分布均值和标准差，或通过直接的期望预测，以过去提前期内的需求情况为依据，确定需求的期望均值。在这种情况下，安全库存量的计算公式如下。

$$S = ZQ_d\sqrt{L}$$

公式分析

1. 公式中 Q_d 是提前期内的需求量的标准差；L 是提前期的时间；Z 是一定客户服务水平下需求量变化的安全系数。

2. 连锁门店销售单品的数量变化必须服从正态分布。

3. 标准差也称均方差(mean square error)，是各数据偏离平均数距离的平均数，它是离均差平方和平均后的方根，用σ表示。标准差是方差的算术平方根，能反映一个数据集的离散程度。平均数相同的，标准差未必相同。

2) 需求量固定，提前期变化

当提前期内的客户需求情况固定不变，而提前期的长短随机变化时，安全库存量的计算公式如下。

$$S = ZR_dQ_t$$

公式分析

公式中 Q_t 是提前期的标准差；R_d 是提前期内的日需求量；Z 是一定客户服务水平下需求量变化的安全系数。

3)　需求量和提前期都随机变化

多数情况下需求量和提前期都是随机变动的，如果可以假设需求量和提前期是相互独立的，那么安全库存量的计算公式如下。

$$S = Z\sqrt{Q_d^2\overline{L} + \overline{R}_d^2 Q_t^2}$$

公式分析

公式中 Q_d、Q_t、Z 的含义同上；$\overline{R}_d$ 是提前期内的日需求量；$\overline{L}$ 是平均提前期。

2. 定期订货法安全库存量的计算

定期订货法安全库存量的计算基本与定量订货法类似，下面以需求量和提前期都发生变化时为例，说明安全库存量的计算公式如下。

$$S = Z\sqrt{Q_d^2(\overline{L}+T) + \overline{R}_d^2 Q_L^2}$$

公式分析

公式中 T 是订货周期；$\overline{R}_d$ 是提前期内的日需求量；$\overline{L}$ 是平均提前期。

(二)订货周期的确定

定期库存控制方法也称固定订购周期法，该法的特点是按照固定的时间周期来订购，而订购数量则是变化的。这种方法适用于 A 类商品的库存控制管理，连锁店面库内管理人员将会按照固定周期进行实地盘点来决定订购量。因此，根据不同品目商品确定合理的订货周期是该方法的关键。

订货周期取决于经济的订货批量，下面以一个具体的计算来说明。如果某产品的需求量为每年 2000 个单位(根据预测得知)，价格为每单位 18 元，每次订货的订货成本为 25 元，年持有成本率为 20%，该具体条件下，订货最优间隔检查期间如下。

$$T=\frac{\text{EOQ}}{D}=\frac{166.67}{2000}=0.083\,33\ (\text{年})=1(\text{月})$$

公式分析

公式中 T 是订货周期；EOQ 是经济订货批量；D 是计算期间需求量。

三、订货点与订货批量的确定

定量库存控制也称订货点控制，是指库存量下降到一定水平时，按照固定的订货数量进行订购的方式。该方法的关键就是计算出订购点的库存量和订购批量，对于每种货品进行永续盘存制的库存自动管理。

(一)订货点的确定

订购点的确定决定于交货期或者订货提前期的需要量和安全库存量，具体计算公式如下。

$$\text{ROL}=(R_d\times L)\div S$$

公式分析

公式中 ROL 是订货点；R_d 是需求或者使用速度(单位可以为月、周、天)；L 是交货期(单位可以为月、周、天)；S 是安全库存量。

(二)订货批量的确定

订货批量也就是经济订货批量，库存总成本最小的订购量。经济订购批量的计算中假设了四个条件：第一，单品的需求量可以预测或已知，并且在研究周期内需求为均匀平衡的。第二，供货周期不发生变化。第三，能够根据订购批量一次性集中进货。第四，不允许缺货。其计算公式如下。

$$\mathrm{EOQ}=\sqrt{\frac{2CD}{K}}$$

公式分析

1. 公式中 EOQ 是经济订货量；C 是每次订货成本；D 是计算期内需求量；K 是每件商品计算期内储存成本。

2. 订货成本是指企业向外部的供应商发出采购订单的成本，是企业为了实现一次订购而进行的各种活动费用的总和。订购费用与订购次数有关，次数越多则费用越高。

3. 储存成本也称库存持有成本，是为保持库存而发生的成本，该成本与库存数量有关，也就是订购批量越大则费用越高。

第三节 基于 VMI 的连锁业库存管理

一、VMI 的思想与优势

(一)VMI 思想

VMI(Vendor Managed Inventory，供应商管理库存)，是体现集成化管理思想的一种库存管理方式。这种库存管理策略突破了传统各自为政的库存管理模式，将库存向供应链开放，充分适应了市场的需求，是一种新的库存管理思想。国外学者将它定义为："一种在客户和供应商之间的合作性策略，以对双方来说都是最低的成本优化产品的可获得性在一个相互统一的目标框架下由供应商管理库存，这样的目标框架被经常性的监督和修正，以产生一种连续性改进的环境。" VMI 的基本思想在于供应商在用户的授权下设立库存，确定库存水平和补给策略，拥有库存的控制权，代客户管理和控制库存。其基本模式如图 4-1 所示。

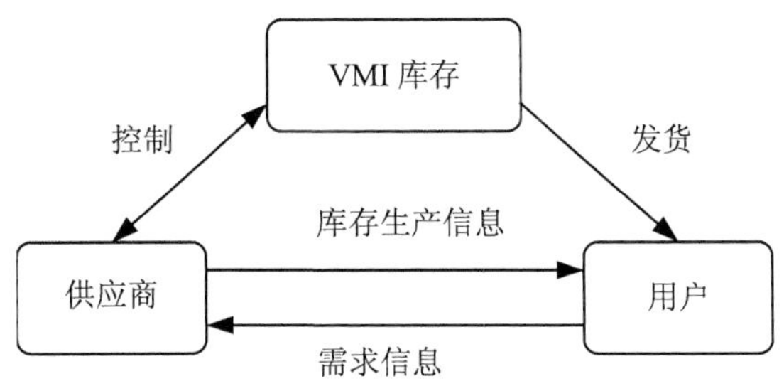

图 4-1 VMI 基本模式

(二)VMI 思想的应用优势

连锁企业实施 VMI，具有以下几个方面的优点。

1. 有效避免需求放大现象

在 VMI 模式下，供应商与其用户(连锁门店)通过 EDI 等电子商务手段共享信息，能够直接面对顾客的实际需求，而不是根据连锁门店的订单来预测外部需求，因而有效地避免了需求放大带来的负面影响。

2. 降低供应链的整体成本

VMI 库存管理系统能够突破传统的条块分割的库存管理模式，以系统的、集成的管理思想来进行库存管理。VMI 库存管理系统不是讨论关于成本如何分配或者确定由谁来支付的问题，而是关于如何通过该策略使双方成本都减少的问题。可以说，VMI 通过实施库存状态透明化，使得供应链整体成本得到降低。另外，供应商掌握库存，就可以把连锁企业从库存陷阱中解放出来。连锁企业不需要占有库存资金，不需要增加采购、进货、检验、入库、保管等一系列的工作，能够集中更多的资金、人力、物力用于提高其核心竞争力，从而给整个供应链，包括供应商企业创造一个更加有利的局面。

3. 能够快速响应市场的需求

供应商是商品的供应者，它对掌握用户的库存具有很大的主动性和灵活性。供应商可以根据市场需求量的变化，及时调整生产计划和采购计划，所以既不会造成超量库存积压，又可以灵活响应市场的变化。可见，实施 VMI，可以实现用户和供应商的“双赢”，不但对用户，而且对供应商本身都是有好处的。对于连锁门店而言，服务水平主要体现在产品需求的满意度上，一个简单的例子就是当客户需要购买商品的时候，这个商品不在货架上，这时候连锁门店可能丢失一个订单。对于供应商而言，服务水平的高低则可能直接影响产品的市场和企业的信誉。在 VMI 模式下，供应商可以管理产品的销售量和库存量，从而制订市场需求计划和补货计划的解决方案，这样，供应商就可以更有效、更快速地对市场变化和消费者需求做出快速反应；而且由于供应商与连锁门店之间分享重要资讯，所以可以改善各自市场竞争能力，大大提高客户服务水平。

二、连锁企业供应商与连锁商的合作方式

基于 VMI 的模式，供应商与连锁企业的合作方式目前大体有以下几种。

(一)寄售方式

供应商根据需求预测计划的要求交货，但连锁商不是在收到货物时付款，而是在出售

后根据出售的情况付款。

(二)订货点拉动

在连锁商给出预测计划时，计划中并没有即时的交货要求。连锁企业根据每种商品的销售量的不同设定订货点，在库存到订货点时向供应商发出交货指令。

(三)需求拉动

连锁企业提供给供应商一份需求预测计划，供应商根据预测计划中的拉动信号，即每月、每两周或每周给出的预测中所注明的当前所需的交货数，立即准备并发货给连锁企业。

(四)供应商管理库存

供应商与连锁企业达成自动补货协议(如库存水平、运输成本等)的基础上，为连锁企业管理其商品的订单、送货和库存等工作，取代连锁企业烦琐的日常补货工作，并取得良好的效果。

在这四种合作方式中，订货点拉动和供应商管理库存的方法，对供应商与连锁企业之间的信息沟通要求很高，要求供应商能够及时从连锁企业得到库存信息。同时，从以上四种合作方式的定义中也可以看出，在寄售方式和需求拉动中，连锁企业的预测是非常重要的，订货量基本由连锁企业独立做决定。如何选择这四种合作方式，与每种商品的采购量和采购金额有很大的关系，基本上有以下几种情形，如图 4-2 所示。

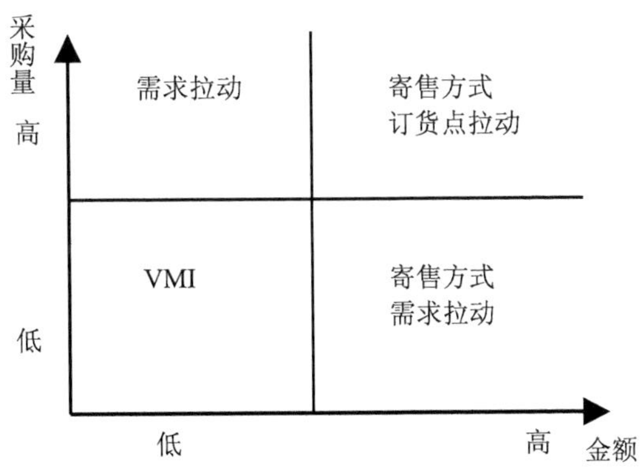

图 4-2　供应商和连锁企业合作方式的选择

三、基于 VMI 的连锁企业库存管理系统的构建

基于 VMI 的连锁企业库存管理系统除具备一般库存管理系统的出入库、盘点、调拨管理功能外，还具有一定的分析决策功能，以实现供应方对需求方库存的管理。因此，VMI

库存管理系统具有用户与系统管理、库存数据维护、库存管理、库存统计查询、连锁企业库存查询、库存控制、配送七大功能模块，如图4-3所示。

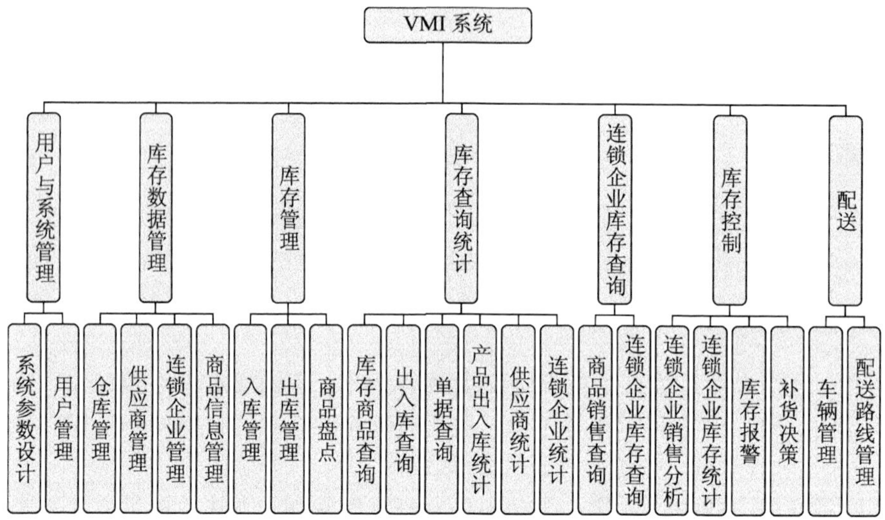

图4-3　VMI系统功能

用户与系统管理模块负责用户信息、参数管理，需要具有系统管理员权限人员才能操作。库存数据管理模块是对仓库、商品、供应商、连锁企业基本情况的描述信息进行管理，是当供应商、连锁企业人员、信息发生变动，仓库新建、改造，商品种类发生变化时进行信息更新。库存管理模块负责出库、入库、盘点等的数据维护，由仓库管理员负责。库存查询统计模块是对库存的相关数据、单据的查询和对供应商、连锁企业、商品的查询统计，模块中的查询功能普通用户都可以使用，统计功能需要高层决策者的权限。连锁企业库存查询模块负责对连锁企业销售数据、库存数据的查询，可由仓库管理员、高层决策者访问。库存控制模块的功能是基于对零售商库存、销售数据的统计分析对连锁企业自动做出补货决策，可由仓库管理员、高层决策者访问。配送模块是根据库存控制模块做出的决策安排车辆、配送时间、生成路线的操作，由仓库管理员负责。

依照系统功能图可以看出，在VMI系统中供应商通过及时地了解需求方的生产经营和库存信息，不仅要对自己的库存进行管理控制，还需要在共同协议下负责客户库存的管理和控制。需求方的库存由于生产经营发生了变化，供应商库存管理系统首先对新的库存数据和销售数据做出分析和评价，根据评价结果判断现有库存是否能满足需求方的需要，如果满足不了，通知供应商生产系统进行生产；如果可以满足，则生成补货订单发送到需求方，整个管理流程如图4-4所示。

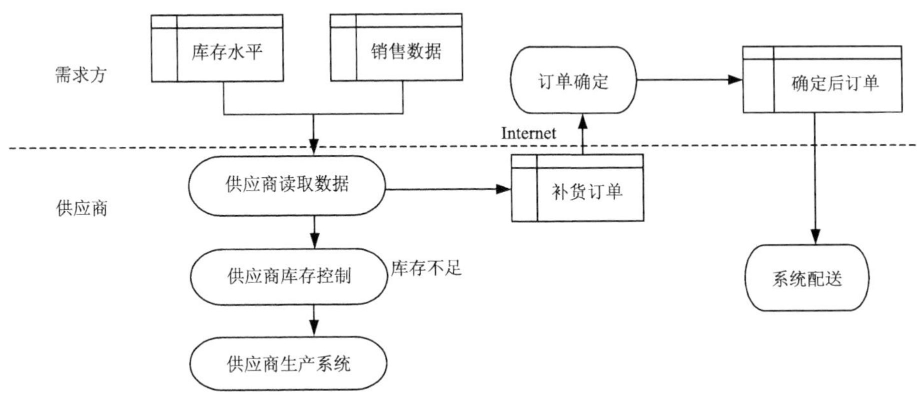

图 4-4 VMI 管理流程

四、基于 VMI 的连锁企业库存管理典型案例——苏果超市基于 VMI 的应用效果

(一)改善供应和结算方法

苏果超市的原业务模式属于批发零售性质。货物由供应商发出，到达连锁配送中心后，由连锁配送中心验收，在确认质量、数量符合接收标准后由苏果超市的财务部门向供应商的银行付款，库存成本由苏果超市承担。在 VMI 模式下，货物由供应商发出后，仍由连锁配送中心验收。与过去不同的是，苏果超市与其供应商之间的结算，是在超市实际完成销售后才进行，具体的结算数量是按照供需双方商定的结算周期，通过计算进货数量及库存水平的变化而来。

结算数量=(前期库存量+统计期间进货数量−期末库存量)×(1−合理损耗率)

商品的库存成本及合理的库存损耗转由苏果超市的供应商承担，如图 4-5 所示。

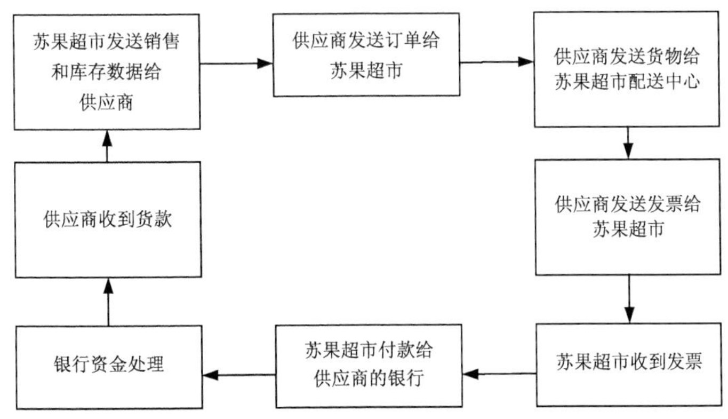

图 4-5 实施 VMI 后苏果超市与供应商之间的结算方式

VMI 不但节约了连锁企业和整个系统的成本、增加了年需求量，而且提高了连锁企业及系统的短期利润和长期利润。然而，由于供应商在 VMI 中承担了所有的库存成本，这将导致供应商的库存费用比实施 VMI 前高，为了激励供应商参与 VMI，连锁企业可以采用提高采购价格的补偿方式，对供应商进行补偿。

(二)建立完善、透明的信息系统

供应商必须能够随时跟踪和检查到连锁超市的销售信息和库存消耗信息，才能够快速地响应其需求变化。为此，在实施 VMI 策略时，必须建立完善、透明的信息系统，实现信息的及时传输和处理。

苏果超市可将门店的销售数据(POS)和供应商的系统对接，使供应商根据销售情况并按照发货策略进行发货。

1. 利用电子商务和 EDI 等先进技术，使信息处理及时准确

VMI 强调快速响应，而库存信息的及时传递是这种快速响应的必要保证。从计划平衡、订货准备、生产消耗、库存减少到重新补充订货，各个环节均涉及一系列的数据处理和单据处理，在业务处理量过大的情况下，人工处理就远不及计算机处理得快。通过运用电子商务手段，在企业内部连成由生产部门和物资部门组成的局域网，建立起库存存货数据库，可以实时查看物资消耗情况，而供应商可以通过互联网或专线登录的形式来获取库存变动资料，及时进行处理。

2. 要发展和普及各项基础技术

VMI 的支持技术主要包括 EDI，Internet，ID 代码、条形码、条形码应用标志符等，这些基础技术的发展和普及情况直接决定 VMI 实施水平的高低。一要使 ID 代码正规化——由于连锁超市商品种类繁多、来源复杂，为了便于快速分拣配送，必须建立一套正规统一的 ID 代码系统。目前，国外已建立了应用于供应链的 ID 代码的类标准系统，如 EAN-13(UPC-12)、EAN-14(SCC-14)、SSCC-18 及位置码等，以便供应商与超市之间在物资信息方面的无缝对接。二要普及条形码技术——条形码是 ID 代码的一种符号，是对 ID 代码进行自动识别且将数据自动输入计算机的方法和手段。条形码对于提高库存管理的效率十分有效，是实现库存管理自动化的主要手段，它可以使供应商对产品的控制一直延伸到门店，实现客户库存的供应链网络化控制。因此，应尽可能使供应商的产品条码化。

(三)与供应商签订框架协议

签订合作合同，在基本意向达成一致以后，双方的责任和义务需要以书面合同的形式予以明确。合同条款应包括退货条款(包括退货的提前期、退货运费的承担等)、例外条款(包括意外事件的定义、处理程序、处理完成的界定、费用的分摊等)、付款条款(包括付款方式、时间、数额、必要的单证等)及违约条款等。

(四)建立供应链库存绩效评价体系

为了科学客观地反映供应链的运营情况，采取有效的库存控制策略，实现供应链环境下有效的库存管理与进行供应链环境下库存管理的优化，绩效评价是不可或缺的。

通过对供应链库存管理进行绩效评价，主要有以下几个作用。

第一，可以提出和追踪供应链下库存管理任务目标的达到程度，并对其做出不同层次的量度，以现有库存管理水平为基础，制定相应标准，从而能够事先对活动进行控制。

第二，根据绩效评价进一步对供应链库存控制进行改善，从而提出新的库存管理目标与控制目标。

第三，根据库存绩效评价，判断现有库存管理对整体供应链做出的贡献，衡量供应链本身的竞争能力，以制定今后的发展战略规划。

第四，根据库存控制绩效评价，决定奖惩。供应链现有库存管理绩效评定后，应根据评价标准制定相应的改进目标，在完善供应链客户服务水平的同时，降低供应链库存成本，这才是供应链库存管理绩效评价的重要目的和意义。

第四节　连锁物流库存管理综合实训

一、连锁商店库存分类应用实训

(一)任务引入

某家连锁商店仓库内有十项物资，各库存物资的需求量、单价情况如表 4-4 所示。为了加强仓库的物资管理能力，商店计划采用 ABC 库存分类管理法进行库存管理控制。目前计划安排 A、B、C 三类物资以 20%、30%、50%的品目比例进行分析库存，制订管理计划。如表 4-4 列出物资年需求量及单价，假设你是这家商店的仓库管理计划人员，该如何完成这项任务呢？

表 4-4　各物资年需求量、单价

物资代号	年需求量(件)	单价(元)
A	40 000	5
B	190 000	8
C	4 000	7
D	100 000	4
E	2 000	9
F	250 000	5

续表

物资代号	年需求量(件)	单价(元)
G	15 000	6
H	80 000	4
I	10 000	5
J	5 000	7

(二)知识要点

库内的物资由于需求量和单价各不相同，其年耗用金额也不相同。那么年耗用金额大的库存品，由于占压企业资金较大，对企业经营的影响也较大，因此需要进行特别的管理和重视。基于这样的管理思考，在进行库存 ABC 分类时，计算的品种数百分比和金额百分比皆可为大约数。也就是说，企业可以根据自身物品比例大小，进行实际比例的划分。

物资进行分类后，对于 A 类物资应严格控制库存水平，执行重点管理，对于盘点、进货采购期限、发货出库状况都要严格要求，保证完整的库存记录，防止缺货；对于 C 类物资采用粗放的管理方法，可以适当加大安全库存量以保证销售出库需要，通常一次订购半年或一年的需求量，采用双堆法进行库存管理；对于 B 类物资，企业可以根据自己的管理能力和水平，选择使用重点或一般管理。

分类管理法实施步骤分为收集数据；处理数据；编制 ABC 分析表；确定分类；绘制 ABC 分析图。

(三)任务实施

第一步：由于任务已经下达物资的金额与年需求量，因此省略了收集资料环节。

第二步：计算各种物资的年耗用金额，如表 4-5 所示。

表 4-5　各种物资的年耗用金额

物资代号	年需求量(件)	单价(元)	年耗用金额(元)	次序
A	40 000	5		
B	190 000	8		
C	4 000	7		
D	100 000	4		
E	2 000	9		
F	250 000	5		
G	15 000	6		
H	80 000	4		

续表

物资代号	年需求量(件)	单价(元)	年耗用金额(元)	次序
I	10 000	5		
J	5 000	7		

第三步：把各种物资按照年耗用金额从大到小排序，并计算累计百分比，如表 4-6 所示。

表 4-6　各种物资的年耗用金额累计比例

物资代号	年耗用金额(元)	累计耗用金额(元)	累计百分比	品种百分比

第四步：按照 ABC 分类法的基本理论，对物资进行分析，如表 4-7 所示。

表 4-7　各种物资的分类

分类	物资	每类金额(元)	物资品目数百分比	耗用金额百分比	累计耗用金额百分比
A					
B					
C					

第五步：绘制 ABC 分析图，如图 4-6 所示。

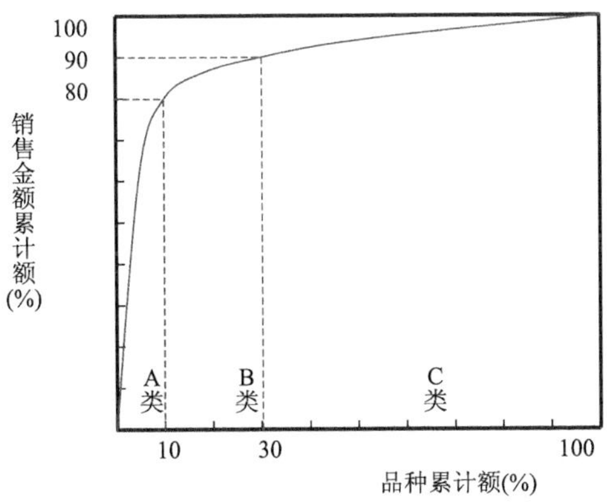

图 4-6　ABC 分析

(四)技能拓展

学生按五人一个小组，分别针对附近的零售超市或商店的库存进行观察。收集该研究对象的库存管理形式和方法，具体分析方法的运用手段合理性以及改进意见，并写成书面报告的形式，向其他组进行汇报。

二、连锁门店订货、补货应用实训

(一)任务引入

某企业库存商品中 W 商品每年出库业务量为 18 000 箱，订货提前期为 10 天，试计算订货点。又了解到单位商品年保管费为 20 元，每次订货成本为 400 元，则最佳经济订货批量是多少呢？

(二)知识要点

定量订货法和定期订货法在管理库存过程中，均存在优缺点。因此实施库存管理不能一味依据方法，可因情况的不同而进行灵活的管理方式，最终为商品库存选择最佳方法。

定量订货法的优点：实施操作简便；订货量的确定使入库作业过程的操作更加优化合理；充分发挥经济订货量的作用，可节约库存费用，提高效益。缺点：随时掌握动态，严格控制安全库存和订货点库存，占用一定人力、物力；订货模式机械，缺乏灵活性；订货时间不能预先确定，给计划安排造成困难；受单一订单限制，对于联合订货采用此方法要灵活处理。

定期订货法的优点：通过订货数量，避免超储；周期盘点较精确；库存管理的计划性强，有利于工作任务安排。缺点：安全库存设置较大；每次订货批量不确定，运营成本经济性较差，只适合于 A 类货物的管理控制。

(三)任务实施

第一步：根据给定条件思考运用哪种控制方法。
第二步：针对数据计算订货点和经济批量。
第三步：确定 W 商品可能会属于哪种类型的商品。
第四步：写出 W 商品的库存控制管理方案。

(四)技能拓展

将学生分成小组，分别到学校附近的零售商店确定一种商品作为研究对象，跟踪商品销售情况，收集相关有用的数据信息，对该商品进行库存管理的方案设计。课堂中汇报演说并回答其他组的提问。

本 章 小 结

把库存量控制到最佳数量，尽量少用人力、物力、财力把库存管理好，获取最大的供给保障，是很多企业、经济学家追求的目标，甚至是企业之间生存竞争的重要一环。从某种程度上说，连锁门店之间的竞争很大程度上取决于对库存的管理。

连锁企业库存受单品的最低库存量、供应商能力的限制和市场需求不确定性、供应预测数据的影响，针对此问题，本章给出限定单品总数、建立新品引进管理制度、建立商品淘汰制度等管理策略。

本章围绕减少商品缺货率、降低库存量、降低库存周转时间三项库存目标，提出采用先进的订货点、合理的补货、设置安全库存量及 ABC 分类管理等先进的库存管理方法。并详细列出各种管理方法的计算方法和实施步骤。

VMI 是一种系统的供应链库存管理策略，能够有效避免需求放大现象，降低供应链的整体成本，能够快速响应市场的需求，其基本思想在于供应商在用户的授权下设立库存，确定库存水平和补给策略，拥有库存的控制权，代客户管理和控制库存。目前，VMI 库存管理策略被诸多连锁企业成功使用。

复习思考题

一、简答题

1. 解释库存的含义和主要类型。
2. 简述连锁企业库存受到哪些因素的影响？如何降低其影响程度？
3. 简述连锁企业的库存控制方法。
4. 简述安全库存与订货周期的计算方法。
5. 简述连锁企业库存控制的方法。
6. 简述 VMI 管理的优势及合作方式。

二、任务实训

1. 某企业 2009 年某物料需求量为 110 单位，每次订购费为 45 元，每月每单位的保管费是成本的 15%，该物料的单位成本为 10 元，企业物料净需求时段分配如表 4-8 所示，试确定采购计划。

表 4-8　企业物料净需求时段分配表

周	1	2	3	4	5	6	7	8	9	10	11	12	合计
净需求		10	10		14		7	12	30	7	15	5	110
计划采购													

2. 以团队方式进行演练，命名为某调研组。寻找学校附近的连锁门店进行调研，根据店面的经营规模描述销售品目、月销售量、销售价格等情况，进行店面的进货安排调查，并利用科学的方法计算出进货合理计划，与原始进货进行比较，跟踪店面的经营效益有何种变化。最后总结出一份某店面分析报告，并推荐给店面管理人员，由店面人员打分并记录下店面人员的意见，反馈给老师。

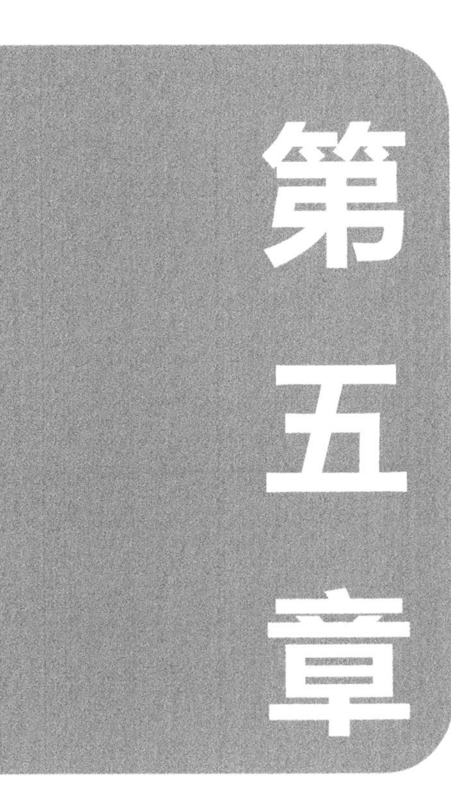

第五章 连锁流通加工与物流设施设备

【学习目标】

通过本章的学习，主要了解流通加工的概念，流通加工产生的原因；掌握流通加工的特点；了解流通加工的作用；掌握连锁企业流通加工类型及工艺；掌握连锁流通加工合理化；了解连锁物流设施设备的分类；了解连锁物流设施设备的应用；掌握连锁装卸搬运作业与合理化。并通过理论知识学习和实训的练习，学会在实际工作中流通加工的流程，会使用各种物流设施设备。

【本章导读】

联华超市投资800多万元新建的生鲜加工配送中心堪称是一座现代化的"食品加工城"。在总面积为3590平方米的四个楼层上，依次为水果、水产加工、原料清洗、冷却分割肉加工、调味品、盆菜、汉堡类产品和中西式熟食加工，所有的加工都由先进的生产流水线来完成。该配送中心可同时生产15大类、约200种生鲜食品，在全国超市系统中，是技术含量最高、运行管理最好的生鲜加工配送中心。

上海新天天配送中心更是以生鲜食品为特色，大力发展第三方物流。这个地处上海市西南面的、交通便捷的新天天配送中心，紧靠内环线和高架轨道明珠线；占地面积达3632平方米，拥有两座高低温冷库，总吨位11万吨，常温仓库560平方米，生鲜分拣加工区2100平方米；适用于不同车辆的装卸升降平台六个，并配有21个门对门冷藏链接口，同时备有与冷藏链相配套的各种配送车辆共40辆。该配送中心自2000年10月运行以来，为全社会的零售企业和制造企业提供服务，逐步赢得了广大客户的普遍认同与接受。

(资料来源：于邢香，连锁超市经营管理与实务[M]. 北京：对外经济贸易大学出版社，2010)

流通加工是为了提高物流速度和物品的利用率，为了促进销售、维护商品质量和提高物流效率。目前，在世界许多国家和地区的物流中心或仓库经营中都存在大量的流通加工业务，在日本、美国等物流发达国家则更为普遍。连锁企业流通加工是物流管理的一个环节，连锁企业按照客户使用方便及便于储存运输的原则进行简单的流通加工，不仅可以节省物流运作成本，提高企业收益，同时还能促进销售。对企业的生存和发展具有重要意义。

本章在介绍连锁业流通加工类型、工艺及连锁物流设施设备基本知识的基础上，重点介绍合理选用并使用各种物流设施设备达到流通加工合理化的方法和措施。

第一节　连锁流通加工概述

一、流通加工

连锁经营企业是供应链末端连接消费者的重要流通场所，因此便于流通和提高物流效率的流通加工必不可少。

(一)流通加工的含义

流通加工是商品流通的桥梁和纽带。商品流通是以货币为媒介的商品交换，它的重要职能是将生产及消费(或再生产)联系起来，完成商品所有权和实物形态的转移。因此，流通加工是为了保持流通对象的已有形态，完成空间的位移，实现其"时间效用"及"场所效用"。

流通加工是物流系统的构成要素之一，是为了提高物流速度和物品的利用率，在物品进入流通领域后，按客户的要求进行的加工活动，即在物品从生产者向消费者流动的过程中，为了促进销售、维护商品质量和提高物流效率，对物品进行一定程度的加工。

流通加工通过改变或完善流通对象的形态来实现“桥梁和纽带”的作用，因此流通加工是流通中的一种特殊形式。随着经济的增长，国民收入的增多，消费者的需求出现多样化，促使在流通领域开展流通加工。

根据《中华人民共和国国家标准物流术语》的定义，流通加工是物品在生产地到使用地的过程中，根据需要施加包装、分割、计量、分拣、刷标志、拴标签、组装等简单作业的总称。

(二)流通加工产生的原因

1. 流通加工是大工业的产物

现代生产发展的趋势之一就是生产规模大型化、专业化，依靠单品种、大批量的生产方式降低生产成本获取规模经济效益，这样就出现了生产相对集中的趋势。生产的集中化进一步引起产需之间的分离。弥补分离的手段则是运输、储存及交换。

近年来，人们进一步认识到，大生产的特点之一就是“少品种、大批量、专业化”，产品的功能(规格、品种、性能)往往不能和消费需要密切衔接。弥补这一分离的方法，就是流通加工。因此，流通加工的诞生实际上是现代生产发展的一种必然结果。

2. 流通加工是网络经济时代的产物

流通加工的出现与现代社会消费的个性化有关。消费的个性化和产品的标准化之间存在着一定的矛盾，但在网络经济时代，消费者的个性需求越发突出，由于按个性化生产的产品难以组织高效率、大批量的流通，于是越发增加了生产管理的复杂性及难度。因此，在出现了消费个性化的新形势及新观念之后，就为流通加工开辟了道路。

3. 流通加工的出现还与人们的观念转变有关

在社会生产向大规模生产、专业化生产转变之后，社会生产越来越复杂，生产的标准化和消费的个性化出现后，生产过程中的加工制造常常满足不了消费的要求。由于流通的复杂化，生产过程中的加工制造也常常不能满足流通的要求。于是，加工活动开始部分地由生产及再生产过程向流通过程转移，在流通过程中形成了某些加工活动，这就是流通加工。

4. 效益观念的树立也是流通加工产生的重要原因

20 世纪 60 年代后，效益问题逐渐引起人们的重视。过去人们盲目追求高技术，引起了燃料、材料投入的大幅度上升，结果新技术、新设备虽然采用了，但往往得不偿失。20 世

纪 70 年代初，第一次石油危机的发生证实了效益的重要性，使人们牢牢树立了效益观念，流通加工可以以少量的投入使企业在流通环节获得更大收益，增加商品的附加值。流通加工从技术上来讲，可能不需要采用什么先进技术，但这种观念，在现代的社会再生产过程中起着重要作用。

(三)流通加工与生产加工的区别

流通加工是生产加工在流通领域的延续，可以认为是生产加工的一部分，但流通加工不是生产，不改变商品的属性。流通加工与生产加工的区别如表 5-1 所示。

表 5-1　流通加工与生产加工的区别

	流通加工	生产加工
加工对象	进入流通过程的商品	原材料、半成品、零配件
所处环节	流通过程	生产过程
加工难度	简单	复杂
价值	完善或提高价值	创造价值和使用价值
加工单位	流通企业	生产企业
目的	促进销售、维护产品质量、实现物流高效率	消费

(四)流通加工的特点

与生产加工相比较，流通加工具有以下特点。

1. 流通加工的对象是进入流通过程的商品

从加工对象看，流通加工的对象是进入流通过程的商品，具有商品的属性，以此来区别多环节生产加工中的一个环节。流通加工的对象是最终商品，而生产加工的对象不是最终产品，而是原材料、零配件或半成品。

2. 流通加工是在商品流通过程中完成的

从加工所处环节上看，流通加工是在商品流通过程中完成的，而生产加工则是在生产过程中进行的。

3. 流通加工大多是简单加工

从加工程度看，流通加工大多是简单加工，而不是复杂加工。一般来讲，如果必须进行复杂加工才能形成人们所需的商品，那么，这种复杂加工应该专设生产加工过程。生产过程理应完成大部分加工活动，流通加工则是对生产加工的一种辅助及补充。特别需要指出的是，流通加工绝不是对生产加工的取消或替代。

4. 流通加工的目的在于完善商品使用价值

从价值观来看，生产加工的目的在于创造价值及使用价值，而流通加工的目的则在于完善其使用价值，并在不做大改变的情况下提高价值。

5. 流通加工由商业或物资流通企业完成

从加工单位来看，流通加工的组织者是从事流通工作的人员，能密切结合流通的需要进行加工活动。从加工单位来看，流通加工由商业或物资流通企业完成，而生产加工则由生产企业完成。

6. 流通加工是为了消费(或再生产)所进行的加工

从加工目的来看，商品生产是为交换、消费而进行的生产，而流通加工的一个重要目的是为了消费(或再生产)所进行的加工，这一点与商品生产有共同之处。但是流通加工有时也是以自身流通为目的，纯粹是为流通创造条件，这种为流通所进行的加工与直接为消费进行的加工在目的上是有区别的，这也是流通加工不同于一般生产加工的特殊之处。

(五)流通加工的目的

流通加工的目的可归纳为：第一，适应多样化的客户需求。第二，在食品方面，可以通过流通加工来保持并提高其保存机能。第三，提高商品的附加值。第四，可以规避风险，推进物流系统化。

(六)流通加工的作用

1. 流通加工可以使物流系统服务功能大大增强

从工业化时代进入新经济时代，一个重要标志是出现了“服务社会”的意识，增强服务功能是所有社会经济系统必须要做的事情。在物流领域，流通加工在这方面有很大优势，这就使得物流系统可能成为新的“利润中心”。

2. 流通加工能够降低整个物流系统的成本

通过流通加工，可以使物流过程减少损失、加快速度、降低操作的成本，因而可以降低整个物流系统的成本。

3. 通过流通加工，提高原材料利用率

通过流通加工进行集中下料，将生产厂商直接运来的简单规格产品，按用户的要求进行下料。例如，将钢板进行剪板、切裁；将木材加工成各种长度及大小的板、方材等。集中下料可以优材优用、小材大用、合理套裁，明显提高了原材料的利用率，因此有很好的技术经济效果。

4. 方便用户

用量小或满足临时需要的用户，不具备进行高效率初级加工的能力，通过流通加工可以使用户省去进行初级加工的投资、设备、人力，方便了用户。目前发展较快的初级加工有：将水泥加工成混凝土，将原木或板、方材加工成门窗，钢板预处理、整形等。

5. 提高加工效率及设备利用率

在分散加工的情况下，加工设备由于生产周期和生产节奏的限制，设备利用时松时紧，使得加工过程不均衡，设备加工能力不能得到充分发挥。流通加工面向全社会，加工数量大，加工范围广，加工任务多。这样可以通过建立集中加工点，采用一些效率高、技术先进、加工量大的专门机具和设备，一方面提高了加工效率和加工质量，另一方面还提高了设备利用率。

二、连锁流通加工的类型及工艺

(一)连锁流通加工的类型

在连锁企业中，流通加工依目的不同，可分为不同的类型。

1. 为适应多样化需要的流通加工

企业的生产部门为了实现高效率、大批量的生产，其产品往往不能完全满足用户的要求。这样，为了满足用户对产品多样化的需要，同时又要保证高效率的大生产，可将生产出来的单一化、标准化的产品进行多样化的改制加工。例如，对钢材卷板的舒展、剪切加工；平板玻璃按需要规格的开片加工；木材改制成枕木、板材、方材等。

2. 为方便消费、省力的流通加工

根据下游生产的需要将商品加工成生产直接可用的状态。例如，根据需要将钢材定尺、定型，按要求下料；将木材制成可直接投入使用的各种型材；将水泥制成混凝土拌合料，使用时只需稍加搅拌即可等。

3. 为保护产品所进行的流通加工

在连锁企业中，常常更多地进行此类加工。在物流过程中，为了保护商品的使用价值，延长商品在生产和使用期间的寿命，防止商品在运输、储存、装卸搬运、包装等过程中遭受损失，可以采取稳固、改装、保鲜、冷冻、涂油等方式。例如，水产品、肉类、蛋类的保鲜、保质的冷冻加工、防腐加工等；丝、麻、棉织品的防虫、防霉加工等；为防止金属材料的锈蚀而进行的喷漆、涂防锈油等措施，运用手工、机械或化学方法除锈；木材的防腐朽、防干裂加工；煤炭的防高温自燃加工；水泥的防潮、防湿加工等。

4. 为弥补生产领域加工不足的流通加工

由于受到各种因素的限制，许多产品在生产领域的加工只能到一定程度，而不能完全实现终极的加工。例如，木材如果在产地完成成材加工或制成木制品的话，就会给运输带来极大的困难，因此，在生产领域只能加工到圆木、板、方材这个程度，进一步的下料、切裁、处理等加工则由流通加工完成；钢铁厂大规模的生产只能按规格生产，以使产品有较强的通用性，从而使生产能有较高的效率，取得较好的效益。

5. 为促进销售的流通加工

流通加工也可以起到促进销售的作用。例如，将过大包装或散装物分装成适合依次销售的小包装的分装加工；将以保护商品为主的运输包装改换成以促进销售为主的销售包装，进而起到吸引消费者、促进销售的作用；将蔬菜、肉类洗净切块以满足消费者的要求，等等。

6. 为提高加工效率的流通加工

许多生产企业的初级加工由于数量有限，加工效率不高，而由流通加工以集中加工的形式，解决单个企业加工效率不高的弊病。它以一家流通加工企业的集中加工代替了若干家生产企业的初级加工，促使生产水平有一定程度的提高。

7. 为提高物流效率、降低物流损失的流通加工

有些商品本身的形态使之难以进行物流操作，而且商品在运输、装卸搬运过程中极易受损，因此需要进行适当的流通加工加以弥补，从而使物流各环节易于操作，提高物流效率，降低物流损失。例如，造纸用的木材磨成木屑的流通加工，可以极大地提高运输工具的装载效率；自行车在消费地区的装配加工可以提高运输效率，降低损失；石油气的液化加工，使很难输送的气态物转变为容易输送的液态物，也可以提高物流效率。

8. 为衔接不同运输方式、使物流更加合理的流通加工

在干线运输和支线运输的节点设置流通加工环节，可以有效解决大批量、低成本、长距离的干线运输与多品种、少批量、多批次的末端运输和集货运输之间的衔接问题。在流通加工点与大生产企业间形成大批量、定点运输的渠道，以流通加工中心为核心，组织对多个用户的配送，也可以在流通加工点将运输包装转换为销售包装，从而有效衔接不同目的的运输方式。

9. 生产——流通一体化的流通加工

依靠生产企业和流通企业的联合，或者生产企业涉足流通，或者流通企业涉足生产，形成的对生产与流通加工进行合理分工、合理规划、合理组织，统筹进行生产与流通加工的安排，这就是生产—流通一体化的流通加工形式。这种形式可以促成产品结构及产业结

构的调整，充分发挥企业集团的经济技术优势，是目前流通加工领域的新形式。

10. 为实施配送进行的流通加工

这种流通加工形式是配送中心为了实现配送活动，满足客户的需要而对物资进行的加工。

(二)连锁流通加工的工艺

连锁企业大多属于零售业，所以其加工的目的多是便于消费者使用，或促进销售。多用于食品的流通加工，服装的流通加工及生活日用品的流通加工，具体表现在以下几个方面。

1. 食品的流通加工工艺

流通加工最多的是食品行业，尤其在连锁企业中使用的更多。为了便于保存，提高流通效率，食品的流通加工是不可缺少的。例如，鱼和肉类的冷冻、蛋品加工、生鲜食品的原包装拆改、大米的自动包装、上市牛奶的灭菌等。食品的流通加工的类型种类很多，只要我们留意超市里的货柜就可以看出，那里摆放的各类洗净的蔬菜、水果、肉末、鸡翅、香肠、咸菜等都是流通加工的结果。这些商品的分类、清洗、贴商标和条形码、包装、装袋等是在摆进货柜之前就已进行了的加工作业，这些流通加工都不是在产地完成的，而是已经脱离了生产领域，进入了流通领域。食品流通加工的具体项目主要有以下几种。

1) 冷冻加工

为了保鲜而进行的流通加工，解决鲜肉、鲜鱼在流通中保鲜及装卸搬运的问题，采取低温冻结方式的加工。这种方式也用于某些液体商品、药品等。

2) 分选加工

分选加工是指为了提高物流效率而进行的对蔬菜和水果的加工，如去除多余的根叶等。农副产品的规格、质量离散情况较大，为获得一定规格的产品，采取人工或机械分选的方式进行加工。这种方式广泛用于果类、瓜类、谷物、棉毛原料等。

3) 精制加工

农、牧、副、渔等产品的精制加工是指在产地或销售地设置加工点，去除无用部分，甚至可以进行切分、洗净、分装等加工，分类销售。这种加工不但大大方便了购买者，而且还可以对加工过程中的淘汰物进行综合利用。例如，鱼类的精制加工所剔除的内脏可以制成某些药物或用作饲料，鱼鳞可以制成高级黏合剂，头尾可以制成鱼粉等；蔬菜的加工剩余物可以制成饲料、肥料等。

4) 分装加工

许多生鲜食品的零售起点较低，而为了保证高效输送出厂，包装一般比较大，也有一些是采用集装运输方式运达销售地区。为了便于销售，在销售地区会按所要求的零售起点

进行新的包装，即大包装改小包装、散装改小包装、运输包装改销售包装，以满足消费者对不同包装规格的需求，从而达到促销的目的。

此外，半成品加工、快餐食品加工也成为流通加工的组成部分。这种加工形式，节约了运输等物流成本，保护了商品质量，增加了商品的附加价值。例如，葡萄酒是液体，从产地批量地将原液运至消费地配制、装瓶、贴商标，包装后出售，既可以节约运费，又安全保险，以较低的成本，卖出较高的价格，附加值大幅度增加。

2. 消费资料的流通加工工艺

消费资料的流通加工是以服务客户、促进销售为目的，如衣料品的标志和印记商标、家具的组装、地毯剪接等。

3. 生产资料的流通加工工艺

具有代表性的生产资料加工是钢铁的加工，如钢板的切割、使用矫直机将薄板卷材展平等。

三、连锁流通加工合理化

流通加工合理化是实现流通加工的最优配置，也就是对是否设置流通加工环节、在什么地方设置、选择什么类型的加工、采用什么样的技术装备等问题做出正确抉择。这样做不仅要避免各种不合理的流通加工形式，而且要做到最优。下面先对不合理加工进行分析，进而分析合理加工的有效措施。

(一)不合理流通加工形式

1. 流通加工地点设置的不合理

流通加工地点设置，即布局状况，是决定整个流通加工是否有效的重要因素。一般来说，为衔接单品种、大批量生产与多样化需求的流通加工，加工地点设置在需求地区，才能实现大批量的干线运输与多品种末端配送的物流优势。如果将流通加工地设置在生产地区，一方面，为了满足用户多样化的需求，会出现多品种、小批量的产品由产地向需求地的长距离运输；另一方面，在生产地增加了一个加工环节，同时也会增加近距离运输、保管、装卸等一系列物流活动。所以，在这种情况下，不如由原生产单位完成这种加工而无须设置专门的流通加工环节。

另外，一般来说，为方便物流的流通加工环节应该设置在产出地，设置在进入社会物流之前。如果将其设置在物流之后，即设置在消费地，则不但不能解决物流问题，又在流通中增加了中转环节，因而也是不合理的。

即使是产地或需求地设置流通加工的选择是正确的，还有流通加工在小地域范围内的正确选址问题，如果处理不善，仍然会出现不合理。例如，交通不便，流通加工与生产企业或用户之间距离较远，加工点周围的社会环境条件不好，等等。

2. 流通加工方式选择不当

流通加工方式包括流通加工对象、流通加工工艺、流通加工技术、流通加工程度等。流通加工方式的确定实际上是与生产加工的合理分工。分工不合理，把本来应由生产加工完成的作业错误地交给流通加工来完成，或者把本来应由流通加工完成的作业错误地交给生产过程去完成，都会造成不合理现象。

流通加工不是对生产加工的替代，而是一种补充和完善。所以，一般来说，如果工艺复杂，技术装备要求较高，或加工可以由生产过程延续或轻易解决的，都不宜再设置流通加工。如果流通加工方式选择不当，就可能会出现和生产争利的恶果。

3. 流通加工作用不大，形成多余环节

有的流通加工过于简单，或者对生产和消费的作用都不大，甚至有时由于流通加工的盲目性，同样未能解决品种、规格、包装等问题，相反却增加了作业环节，这也是流通加工不合理的重要表现形式。

4. 流通加工成本过高，效益不好

流通加工的一个重要优势就是它有较大的投入产出比，因而能有效地起到补充、完善的作用。如果流通加工成本过高，则不能实现以较低投入实现更高使用价值的目的，势必会影响它的经济效益。

(二)实现流通加工合理化的途径

要实现流通加工的合理化，主要应从以下几个方面加以考虑。

1. 加工和配送结合

加工和配送结合就是将流通加工设置在配送点中。一方面按配送的需要进行加工，另一方面加工又是配送作业流程中分货、拣货、配货的重要一环，加工后的产品直接投入到配货作业，这就无须单独设置一个加工的中间环节，而使流通加工与中转流通巧妙地结合在一起。同时，由于配送之前必要的加工，可以使配送服务水平大大提高，这是当前对流通加工做合理选择的重要形式。

2. 加工和配套结合

配套是指对使用上有联系的用品集合成套地供应给用户使用。例如，方便食品的配套。当然，配套的主体来自各个生产企业(如方便食品中的方便面)，就是由其生产企业配套生产的。但是，有的配套不能由某个生产企业全部完成(如方便食品中的盘菜、汤料等)，这样，在物流企业进行适当的流通加工，可以有效地促成配套，大大提高流通作为供需桥梁与纽带的能力。

3. 加工和合理运输结合

我们知道，流通加工能有效衔接干线运输和支线运输，促进两种运输形式的合理化。利用流通加工，在支线运输转干线运输或干线运输转支线运输等这些必须停顿的环节，不进行一般的支转干或干转支，而是按干线或支线运输合理的要求进行适当加工，从而大大提高运输及运输转载水平。

4. 加工和合理商流结合

流通加工也能起到促进销售的作用，从而使商流合理化，这也是流通加工合理化的方向之一。加工和配送相结合，通过流通加工，提高了配送水平，促进了销售，使加工与商流合理结合。此外，通过简单地改变包装加工形成方便的购买量，通过组装加工解除用户使用前进行组装、调试的难处，都是有效促进商流的很好例证。

5. 加工和节约结合

节约能源、节约设备、节约人力、减少耗费是流通加工合理化重要的考虑因素，也是目前我国设置流通加工并考虑其合理化的较普遍形式。

对于流通加工合理化的最终判断，是看其是否能实现社会的和企业本身的两个效益，而且是否取得了最优效益。流通企业更应该树立社会效益第一的观念，以实现产品生产的最终利益为原则，只有在生产流通过程中不断补充、完善为己任的前提下才有生存的价值。如果只是追求企业的局部效益，不适当地进行加工，甚至与生产企业争利，就有违流通加工的初衷，或者其本身已不属于流通加工的范畴。

第二节　连锁物流设施设备的应用与管理

一、连锁物流设施设备的分类

(一)物流基础性设施

这一类设施一般具有公共设施性质，是宏观物流的基础，也是连锁物流实现的基础。它的主要特点是由政府投资建设，战略地位高，辐射范围大。物流基础性设施分类如表 5-2 所示。

表 5-2　物流基础性设施分类

类　别	说　明
物流网络结构中的枢纽点	包括全国或区域铁路枢纽，公路枢纽，航空枢纽港，水路枢纽港，国家战略物流储备基地，辐射全国，经济区域的物流基地等
物流网络结构中的线	包括铁路、公路、航道、输送管道等

续表

类　别	说　明
物流基础信息平台	物流基础信息平台的任务是为企业的物流信息系统提供基础信息服务(交通状态信息、交通组织与管理信息、城市商务及经济地理信息等)，承担不同企业间的信息交换枢纽支持，提供政府行业管理决策支持等

(二)物流功能性设施

这类设施往往被物流第三方企业所拥有，是提供物流功能性服务的基本手段。物流功能性设施分类如表 5-3 所示。

表 5-3　物流功能性设施分类

类　别	说　明
以存放货物为主要职能的节点	包括储备仓库、营业仓库、中转仓库、货栈等，货物在这种节点上停滞的时间较长
以组织货物在系统中运动为主要职能的节点	包括流通仓库、流通中心、配送中心、流通加工点等
物流系统中的载体	包括货运车辆、货运列车、货机、货运船舶等

(三)物流机械设备

物流机械装备是指进行各项物流活动所需要的机械设备、器具等可供长期使用，并在使用过程中基本保持原来实物形态的生产资料，不包括建筑物、场站等物流基础设施和运输工具。物流机械设备分类如表 5-4 所示。

表 5-4　物流机械设备分类

类　别	说　明
仓储机械设备	指仓库进行生产和辅助生产作业，以及保证仓库及作业安全所必需的各种机械设备的总和
流通加工设备	是指完成加工作业的专用机械设备
集装单元器具	是集装单元系统的重要组成部分，主要有集装箱、托盘、周转箱和其他单元集装器具
装卸搬运机械设备	装卸搬运机械设备是指用来搬移、升降、装卸和短距离输送物料或货物的机械设备。一般可分为起重机械、连续运输机械、装卸搬运车辆、专用装卸搬运机械等
包装设备	是完成全部或部分包装过程的机械设备

1. 仓储机械设备

仓储机械设备是指仓库进行生产和辅助生产作业，以及保证仓库及作业安全所必需的各种机械设备的总和。其按功能分为：储存设备、装卸搬运设备和计量设备。储存设备是指用于存放货物并保持其原有功能的仓储设备，如货架等。装卸搬运设备是指在仓储作业中按照预定要求完成货物空间位置改变的仓储设备，如堆垛起重机等。计量设备是指确定货物重量等物理特性的仓储设备，如电子秤等。

此外，仓储机械设备还包括商品保管设备、商品检验设备、仓储养护设备及仓储安全设备等。仓储机械设备按照使用范围可分为专用机械设备和通用机械设备。为提高仓储机械设备的作业效率，目前专用机械的应用越来越普及，如立体库专用的堆垛起重机等。

2. 流通加工设备

流通加工设备按照形式可以分为剪切加工设备(如剪板机)、冷冻加工设备、分选加工设备、精制加工设备、分装加工设备、组装加工设备。

3. 集装单元器具

集装单元就是把各式各样的物料集装成一个便于储运的单元。集装单元器具不能单纯地看做一个容器，它是物料的载体，是物流机械化、自动化作业的基础。标准化后的单元器具也是物流设备、物流设施、物流系统设计的基础，是高效联运、多式联运的必要条件。它主要有集装箱、托盘、周转箱和其他单元集装器具。

4. 装卸搬运机械设备

装卸搬运机械设备是指用来搬移、升降、装卸和短距离输送物料或货物的机械设备。它是物流机械设备中重要的机械设备，不仅用于完成船舶与车辆的装卸，而且也用于完成库场的堆码、拆垛、运输及舱内、车内、库内货物的输送和搬运。

5. 包装设备

包装设备是指完成全部或部分包装过程的机械设备。包装过程是指填充、裹包、封口等包装工序，如清洗、干燥、杀菌、计量、标记、紧固、集装、拆卸等。

二、连锁物流设施设备的应用

(一)仓储设施与设备的应用

1. 轻型货架

轻型货架由冷轧钢板制作，是专为陈列架、仓库货架、售货亭、空调机架、吊柜架而设计，广泛用于商场、仓库、饭店、医院、机关及家庭，该角钢运输方便、安装迅速。不用焊、铆、敲，只需螺栓联接即可，非常适合连锁销售企业储存货物或销售陈列等。

2. 移动货架系统

移动货架系统适合于出入库频率较低的仓库或库存频率较高，但可按巷道顺序出入库的仓库，因为只需要一个作业通道，可大大提高仓库面积的利用率。对于库存品种少、出入库频率低的工厂车间、仓库存放工具、物料等适合选择此类货架。

3. 托盘货架系统

托盘型货架是相对“轻型货架”而言的，一般采用叉车等装卸设备作业，是以托盘单元货物的方式来保管货物的货架，又称工业货架。它是机械化、自动化货架仓库的主要组成部分。

4. 自动仓储系统

自动仓储系统(Automated Storage and Retrieval System，AS/RS)是指能自动储存和取出物料的系统。

(二)流通加工设备的应用

流通加工设备按照形式可以分为分拣输送设备、冷冻加工设备、精制加工设备、分装加工设备等。

1. 分拣输送设备

分拣输送设备在连锁企业中，主要用于水果、蔬菜等产品的加工，便于分类销售、运输、仓储等。

1) 链式分拣机

链式分拣机主要有翻盘式、翻板式、翼盘式、三维翻转式翻盘和带皮带的台式几种。

2) 钢带分拣机

它是在钢带输送机上装有若干横向推出装置的分拣机。

3) 胶带分拣机

其主要有横向推出式、斜行胶带式、斜置辊轮式、转台式、底翻式这几种。

4) 辊道分拣机

其主要有横向胶带式、横向推出式这两种。

5) 滑块横向推出式

其主要有板式、辊道式这两种。

6) 悬挂式分拣机

它是以悬挂输送机为主体，配以相应的物品识别、分拣机构。

7)　专用分拣机

电子称重分拣系统。

2. 冷冻加工设备

冷冻加工设备主要用于生鲜食品、药品等的仓储、销售等环节，便于连锁企业的运输、加工保存等。它主要包括间歇式凝冻机、冰激凌凝冻机、冷冻机、冷柜、冷藏台、刨冰机等。

3. 精制加工设备

精制加工设备主要用于农、牧、副、渔等产品的加工，可以分类销售，提高产品附加值，方便购买者。例如，茶叶的精制加工设备有茶叶复炒机、茶叶抖筛机、茶叶平面圆筛机、滚筒筛分机、茶叶飘筛机等。米的精制加工设备有筛选去石机、重力谷糙分离机、喷风碾米机、白米分级平转筛等。

4. 分装加工设备

分装加工设备主要用于把包装比较大的产品，改成小包装，以满足消费者对不同包装规格的需求，有利于连锁企业加工销售、高效运输及促销等。它主要包括自动分装机、真空包装机、定量分装机、填充分装机等。

(三)集装单元器具的应用

1. 托盘

1)　平托盘

平托盘包括单面型托盘、单面使用型托盘、双面使用型托盘、翼型托盘、单向插入型托盘、双向插入型托盘和四向插入型托盘等。

2)　柱式托盘

柱式托盘包括固定柱式和可卸柱式两种。柱式托盘主要用于无货架多层堆码的场合。

3)　箱式托盘

箱式托盘保护能力强，可有效防止塌垛，防止货损。其装运范围较大，不但能装运可码垛的整齐形状包装货物，而且可以装运各种异型不能稳定堆码的物品。

4)　轮式托盘

这种托盘不仅具有一般柱式、箱式托盘的优点，而且可以利用轮子做短距离运动，有很强的搬运性。

5)　纸质托盘

纸质托盘具有无虫害、环保、价格低廉及承重能力强等优点，目前正成为企业关注的焦点。

6) 特种专用托盘

它主要包括航空托盘、平板玻璃集装托盘、油桶专用托盘、托盘货架式托盘、长尺寸物托盘、轮胎专用托盘等六种典型的特种专用托盘。

2. 集装箱

1) 按用途分类

通用集装箱和专用集装箱。

2) 按材质分类

钢质集装箱、铝合金集装箱、玻璃钢质集装箱和不锈钢集装箱。

3) 按结构分类

内柱式集装箱和外柱式集装箱、折叠式集装箱和固定式集装箱、预制骨架式集装箱和薄壳式集装箱。

(四)装卸搬运设备的应用

1. 起重机

起重机用来垂直升降货物或兼做货物水平移动，以满足货物的装卸、转载等作业要求。它包括悬臂起重机和门式起重机。悬臂起重机的取物装置悬挂在臂端或悬挂在可沿悬臂运行的起重小车上，悬臂可回转，广泛用于工件装车和搬运、码垛。门式起重机，又称龙门起重机，是桥架通过两侧支腿支撑在地面轨道上的桥架型起重机。

2. 叉车

叉车又称铲车、插式取货机，是物流领域中最常用的具有装卸、搬运双重功能的机械，并享有万能装卸机的美称。叉车主要有内燃式叉车、电动式叉车和集装箱叉车。内燃式叉车燃料供应方便，能连续长时间作业，对路面要求较低。电动式叉车又称电瓶式叉车，以蓄电池为动力，由直流电机驱动，结构简单，使用和维护方便，对环境没有污染。集装箱叉车是集装箱码头和堆场上常用的一种集装箱专用装卸机械，主要用于堆垛空集装箱等辅助性作业，也可在集装箱吞吐量不大(年低于 3 万标准箱)的综合性码头和堆场进行装卸与短距离搬运。

(五)包装设备的应用

1. 捆扎机

捆扎机是为了使众多的箱包货物捆成一个整体或使货物与托盘捆扎成一个整体，以利于货物的运输和装卸。

2. 塑膜缠绕机

塑膜缠绕机可使货物与托盘成为一个整体，以利于物料的搬运、装卸和运输。

(六)配送中心设备的应用

1. 条码标签用材

条码标签作为一种新型符号式印品，不同于常规印品，它是一种供机器识别的光学形式符号文件，它的印刷有严格的技术要求和检测要求。

条码标签用材是记录条码信息的载体，直接影响条码的质量和成本，包括条码材质和碳带，尤其在连锁超市中应用极其广泛。

条码材质分：铜板、模造、防水、耐冷、无静电、卡纸。

碳带类别分：腊质、树脂质、复合型。

2. 条码打印机

条码打印机是利用打印头和碳带将条码打在打印纸上的终端输出设备，它可以打印品牌标识、序列号标识、包装标识、信封标签等内容。条码打印机的技术参数，一般包括打印宽度、打机精度、打印速度和接口等。

3. 数据采集终端

数据采集终端是采集条形码数据信息，并进行数据处理的装置，一般还带有显示窗口和信息输出窗口。

三、连锁业装卸搬运作业与合理化

大力推广和应用装卸搬运设备，不断更新装卸搬运设备和实现现代化管理，对于加快现代化物流发展，促进国民经济发展，均有着十分重要的作用。

(一)装卸搬运合理化原则

由于装卸搬运作业仅是衔接运输、保管、包装、配送、流通加工等各物流环节的活动，本身不创造价值，所以应尽量节约时间和费用。在装卸搬运作业合理化方面，可遵循以下七项原则。

1. 省力化原则

所谓省力，就是节省动力和人力。因为货物装卸搬运不产生价值，作业的次数越多，货物破损和发生事故的几率越大，费用越高，所以首先要考虑尽量不装卸搬运或尽量减少装卸搬运的次数。如采用集装化装卸、利用重力原理装卸、集装箱运输、托盘联运等都是有效的做法。总之，省力化装卸搬运的原则是：能往下则不往上、能直行则不拐弯、能用机械则不用人力、能水平则不上斜、能滑动则不摩擦、能连续则不间断、能集装则不分散。

2. 活性化原则

这里所说的活性化是指“从物的静止状态转变为装卸状态的难易程度。”如果容易或适于下一步装卸搬运作业，则活性化高。例如，仓库中的货物堆码杂乱则活性化低，而整齐堆码则活性化高。采用装卸灵活的机械设备(如叉车，铲车，带轨道的吊车，带轮子、履带的吊车等)也可以提高作业的活性。

3. 顺畅化原则

货物装卸搬运的顺畅化是保证作业安全、提高作业效率的重要因素。所谓顺畅化，就是作业场所无障碍、作业不间断、作业通道畅通。例如，叉车在仓库中作业时，应留有安全作业空间，转弯、后退等动作不应受面积和空间限制；人工进行货物搬运时，要有合理的通道，脚下不能有障碍物，头顶留有空间，留有人员往来通道；用手推车搬运货物时，地面不能坑坑洼洼，不应有电线、工具等杂物影响小车行走；人工操作电葫芦吊车时，地面防滑、行走通道两侧的障碍等问题均与作业顺畅与否相关。机械化、自动化作业途中停电、线路故障、作业事故的防止等都是确保装卸搬运作业顺畅和安全的因素。

4. 短距化原则

短距化，即以最短的距离完成装卸搬运作业，最明显的例子是生产流水线作业。它把各道工序连接在输送带上，通过输送带的自动运行，使各道工序的作业人员以最短的动作距离实现作业，大大地节约了时间，减少了人的体力消耗，大幅度提高了作业效率。转动式吊车、挖掘机也是短距化装卸搬运机械。

5. 单元化原则

单元化装卸搬运是提高装卸搬运效率的有效方法，如集装箱、托盘等单元化设备的利用等都是单元化的例证。

6. 连续化原则

连续化原则有利于节省装卸搬运时间。连续化装卸搬运的例子很多，如输油管道、输气管道、气力输送设备、皮带传送机、辊道输送机、旋转货架等都是连续化装卸搬运的有力证明。

7. 人格化原则

装卸搬运是重体力劳动，很容易超过人的承受限度。如果不考虑人的因素或不够尊重人格，容易发生野蛮装卸、乱扔乱摔现象。搬运的物品在包装和捆包时应考虑人的正常能力和抓握的方便性，也要注重安全性和防污染性等。

(二)装卸搬运合理化方法

装卸搬运作业除了遵循上述基本原则外，还要求装卸搬运合理化。事实上，装卸搬运的基本原则是装卸搬运合理化经验的总结，也是合理化的基本要求。因此，装卸搬运合理化，首先必须坚持装卸搬运的基本原则，其次是按照装卸搬运合理化的要求，进行装卸搬运作业。经过总结，可以将装卸搬运合理化的内容概括为以下几个方面。

1. 防止和消除无效作业

所谓无效作业，是指在装卸作业活动中超出必要的装卸搬运量的作业。显然，防止和消除无效作业对装卸作业的经济效益有重要作用。为了有效防止和消除无效作业，可从以下几个方面入手：尽量减少装卸次数；包装要适宜；缩短搬运作业的距离。

2. 提高物料的活性指数

被装卸搬运物料的放置处于什么状态，与装卸搬运作业效率关系甚大。为了便于装卸搬运，总是期望物料处于容易被移动的状态。物料放置被移动的难易程度，称为活载程度，亦称活载性或活性。根据物料所处的状态可以分为 0、1、2、3、4、5 若干等级，称为活性指数。为了说明和分析物料搬运的灵活程度，通常采用平均活性指数的方法。这个方法是对某一物流过程物料所具备的活性情况，累加后计算其平均值，用“δ”表示。δ值的大小是确定改变搬运方式的信号。当$\delta<0.5$时，指所分析的搬运系统半数以上处于活性指数为 0 的状态，即大部分处于散装情况，其改进方式可采用料箱、推车等存放物料。当$0.5<\delta<1.3$时，则大部分物料处于集装状态，其改进方式可采用叉车和动力搬动车。当$1.3<\delta<2.3$时，装卸搬运系统大多处于活性指数为 2，可采用单元化物料的连续装卸和运输。当$\delta>2.3$时，则说明大部分物料处于活性指数为 3 的状态，其改进方法可选用拖车、机车车头拖挂的装卸搬运方式。

3. 提高货物装卸搬运的活性

装卸搬运的活性是指装卸搬运的难易程度。影响装卸搬运难易程度的因素主要有：物品的外形尺寸；物品的密度或笨重程度；物品形状；损伤物品、设备或人员的可能性；物品所处的状态；物品的价值和使用价值等。装卸搬运物料的可运性可用物品马格数值的大小来度量。所谓“1 个马格”，是指可以方便地拿在一只手中，相当密实，形状紧凑并可以码垛，不易损伤，以及相当清洁、坚固、稳定的物品。不断降低马格数值，就意味着物品不断提高了可运性。因此，采取措施降低马格数，是提高装卸搬运可运性的重要标志，也是装卸搬运合理化的重要目标之一。

4. 实现装卸作业的省力化

装卸搬运使物料发生垂直和水平位移，必须通过做功才能实现，要尽力实现装卸作业的省力化。在装卸搬运时应尽可能消除货物重力的不利影响；同时，尽可能利用重力进行装卸搬运，以减轻劳动力和其他能量的消耗。靠人力装卸时，一装一卸是爆发力，而搬运一段距离，这种负重行走，要持续抵抗重力的影响，同时还要行进，因而体力消耗很大，是出现疲劳的环节。因此，人力装卸时如果能配合简单机具，做到“持物不步行”，则可以大大减轻劳动量，做到合理化。

5. 合理选择装卸搬运机械

装卸搬运机械化是提高装卸效率的重要环节。装卸机械化程度一般分为三个级别。第一级是用简单的装卸器具；第二级是使用专用的高效率机具；第三级是依靠计算机控制实行自动化、无人化操作。以哪一个级别为目标实现装卸机械化，不仅要从是否经济合理来考虑，而且还要从加快物流速度、减轻劳动强度和保证人与物的安全等方面来考虑。同时，装卸搬运机械的选择必须根据装卸搬运物品的性质来决定。对箱、袋或集合包装的物品可以采用叉车、吊车、货车装卸，散装粉粒状物品可使用传送带装卸，散装液体物可以直接由装运设备或储存设备装取。

6. 合理选择装卸搬运方式

在装卸搬运过程中，必须根据货物的种类、性质、形状、重量来确定装卸搬运方式。在装卸时对货物的处理大体有三种方式：第一是“分块处理”，即按普通包装对货物逐个进行装卸；第二是“散装处理”，即对粉粒状货物不加小包装而进行的原样装卸；第三是“单元组合处理”，即货物以托盘、集装箱为单位进行组合后的装卸。实现单元组合，可以充分利用机械进行操作，其优点是：操作单位大，作业效率高；能提高物流“活性”；操作单位大小一致，易于实现标准化；装卸不触及货物，对物品有保护作用。但单元组合的装卸搬运方式并不是对所有货物都适用。

7. 改进装卸搬运作业方法

装卸搬运是物流过程中重要的一环。合理分解装卸搬运活动，对于改进装卸搬运各项作业、提高装卸搬运效率有着重要的意义。例如，采用直线搬运，减少货物搬运次数，使货物搬运距离最短；避免装卸搬运流程中的“对流”、“迂回”现象；防止人力和装卸搬运设备的停滞现象，合理选用装卸机具、设备等。在改进作业方法上，尽量采用现代化管理方法和手段，如排队论的应用、网络技术的应用、人—机系统等，实现装卸搬运的连贯、顺畅、均衡。

8. 合理运用物流装卸搬运设备，组织安排装卸搬运作业

物流装卸搬运设备运用组织是以完成装卸任务为目的，并以提高装卸设备的生产率、装卸质量和降低装卸搬运作业成本为中心的技术组织活动。它包括下列内容。

(1) 确定装卸任务量。根据物流计划、经济合同、装卸作业不均衡程度、装卸次数、装卸车时限等，来确定作业现场年度、季度、月、旬、日平均装卸任务量。装卸任务量有事先确定的因素，也有临时变动的可能。因此，要合理地运用装卸设备，就必须把计划任务量与实际装卸作业量两者之间的差距缩小到最低水平。同时，装卸作业组织工作还要把装卸作业的物资对象的品种、数量、规格、质量指标及搬运距离尽可能地做出详细的规划。

(2) 根据装卸任务和装卸设备的生产率，确定装卸搬运设备需用的台数和技术特征。

(3) 根据装卸任务、装卸设备生产率和需用台数，编制装卸作业进度计划。它通常包括装卸搬运设备的作业时间表、作业顺序、负荷情况等详细内容。

(4) 下达装卸搬运进度计划，安排劳动力和作业班次。

(5) 统计和分析装卸作业成果，评价装卸搬运作业的经济效益。随着生产力的发展，装卸搬运的机械化程度定将不断提高。此外，由于装卸搬运的机械化能把工人从繁重的体力劳动中解放出来。尤其对于危险品的装卸作业，机械化能保证人和货物的安全，也是装卸搬运机械化程度得以不断提高的动力。

(6) 合理规划装卸搬运方式和装卸搬运作业过程。它是指对整个装卸作业的连续性进行合理的安排，以减少运距和装卸次数。装卸搬运作业现场的平面布置是直接关系装卸搬运距离的关键因素，装卸搬运机械要与货场长度、货位面积等互相协调，要有足够的场地集结货物，并满足装卸搬运机械工作面的要求，场内的道路布置要为装卸搬运创造良好的条件，有利于加速货位的周转。使装卸搬运距离达到最小平面布置是减少装卸搬运距离的最理想的方法。提高装卸搬运作业的连续性应做到：作业现场装卸搬运机械合理衔接；不同的装卸搬运作业在相互连接使用时，力求使它们的装卸搬运速率相等或接近；充分发挥装卸搬运调度人员的作用，一旦发生装卸搬运作业障碍或停滞状态，立即采取有力的措施补救。随着现代物流的不断发展，装卸搬运机械将会得到更为广泛的应用。从装卸搬运机械的发展趋势来看，发展多类型的、专用装卸搬运机械来适应货物的装卸搬运作业要求是今后装卸搬运机械的发展方向。

另一方面也可以通过流通加工技术来促进运输合理化。通过技术性处理来实现运输的合理化是一种集流通加工，模块化、标准化生产，延迟加工等在内的技术方法，其本身并不是一种组织方法，而是通过技术性处理来实现合理化的组织。因此，与其说它是一种组织方法，不如说它是一种技术手段。技术性处理方法的主要手段有三种：拆卸、缩小体积(改变形态)、延迟加工。

拆卸的技术性处理是指通过对某些形状不规整、重量超过运输载重等不利用运输效率发挥及难以进行运输的产品，在运输前进行一定程度的拆卸，以便形成比较规格的运输物件或可供运输的物件。日常可见的可拆卸物品有自行车、缝纫机、干洗机，以及建筑工程类设备、大型采矿设备、砖井设备等。

缩小体积主要是对本身体积较大，可以进行压缩或可以进行形态改变，通过充气设备或其他设备进行体积恢复或形态转变的产品进行的技术性处理。我们经常见到的篮球、足球、氢气球、干冰等均可以采用此类方法。

延迟加工是把某些本可以在生产工厂进行的作业放在物流设施中进行，其本身是一种制造企业的生产方法，引入到运输、配送合理化同样具有较好的效果。例如：把本应在仓储基地(生产地仓库)进行的规格较大的物品的拆分工作放在指定目的地(区域配送中心)进行，或者把标准规格的产品运往下一级的分销中心再进行围绕不同客户需求的个性化配置等。这些均有效地实现了运送物品的延后分离， 形成了更大的运输批量，达到了集拼运输的效果。美国的惠普公司、戴尔公司、通用电气公司等均成功使用延后策略，实现了成本的有效降低。

第三节　连锁流通加工管理综合实训

一、任务引入

请在任课教师的指导下，分别成立项目小组，以小组为单位，到附近的连锁超市进行参观和调研，并撰写调研结果讲演报告，以演讲的形式说明连锁超市中的流通加工环节、工艺以及应用的物流设施与设备，设计合理的流通加工方案。

二、任务分析

设计合理的流通加工方案应在对连锁超市的流通加工环节、工艺及所使用的设施设备充分调研的基础上，对整体流通加工活动进行系统分析，找出其瓶颈工序，关键问题和价值流，从流通加工合理化的角度，提出最优的解决方案。

三、任务实施

以某一连锁超市为例，分析它在食品加工中的各个环节，写出各类流通加工的方案。

连锁超市各流通加工方案的调查表如表 5-5 所示。

表 5-5　调查表

加工类型	加工工艺	面向产品	使用设备	加工时间
冷冻加工				
分选加工				
精制加工				
分装加工				

(一)调查结论

将小组对此超市流通加工方案的调查结果写成调查报告，并且就各小组的调查结果分别发表演讲。

(二)优化方案

每个小组根据自己调查的情况，结合本章所学知识，为所调查的连锁超市拟写一份流通加工优化方案。

四、技能拓展

将每个小组调查方案的各项数据和资料进行分析，研究现存流通加工环节的优缺点，提出新的优化方案，使得流通加工更加合理，提高企业利润。

本 章 小 结

流通加工与生产加工在加工对象、所处环节、加工难度、价值、加工单位、目的等方面存在较大的差异，是生产加工在流通领域的延续，可以认为是生产加工的一部分，但流通加工不是生产，不改变商品的属性。连锁企业大多属于零售业，所以其加工的目的多是便于消费者使用或促进销售。因此，本章主要就促进销售的角度分析了食品的流通加工工艺、消费资料的流通加工工艺及生产资料的流通加工工艺。

要实现流通加工合理化，就要避免各种不合理的流通加工形式，并就是否设置流通加工环节、在什么地方设置、选择什么类型的加工、采用什么样的技术装备等问题做出正确抉择，来实现流通加工的最优配置。本章通过分析连锁业装卸搬运作业与合理化及连锁物流设施设备的合理化使用，来揭示合理化流通加工的技巧和方法。

复习思考题

一、简答题

1. 简述流通加工的含义、产生的原因。
2. 简述流通加工的特点。
3. 简述流通加工的作用、类型及工艺。
4. 简述连锁物流不合理加工的表现及合理加工的表现。

5. 简述连锁物流设施设备的分类与应用。
6. 简述连锁装卸搬运作业与合理化措施。

二、案例分析题

下面给出几个实战案例，要求以小组为单位进行讨论，提出解决方案，每个小组派出一名代表，讲演本组的解决方案，并接受教师与其他同学的提问。

1. T 公司根据生鲜食品加工标准和规范，设置了一条从进货、分割、加工、包装、配送运输直至超市销售的冷藏链，使之成为一个冷库与平仓齐备、加工与配送互补、以副食品为主要经营内容、以生鲜食品为鲜明特色的现代化配送企业，此外又以高科技含量、高附加值为开拓目标，接踵开发了“SS 牌”灌装类打卡产品系列、包装冷却肉系列、塑盒碗装中式熟食系列和生鲜盆菜系列等。仅两三年的时间，先后推出了六大系列近百个品种，以其鲜明的生鲜特色走俏市场，享誉全国，并在许多连锁超市各门店逐步形成了一大批忠实的消费群体。通过 T 公司的案例可以发现，流通加工环节很多是在配送企业完成的，请分析一下 T 公司流通加工的特点及作用，并列举 T 公司在生鲜食品加工过程中可能用到的物流设施设备。

2. A 企业是一家国有大型服装生产企业，一直保持着大规模单一的服装品种，定期向某品牌的服装连锁店供货。但是，显然其产品不适应市场的需求。为了改变现状，A 企业联合配送企业、服装零售企业做了大规模的调研，发现成衣制好后送到配送企业再进行花边处理及分类包装，可以满足消费者的个性化需求。请为 A 企业设计一个合理的流通加工方案。

第六章 连锁物流外包

【学习目标】

通过本章的学习，主要了解物流外包、第三方物流、第四方物流的基本概念；了解物流外包的成因及条件；掌握物流外包的模式；掌握物流外包的风险和对策。并通过理论知识学习和实训的练习能够有效分析和防范连锁企业物流外包中面临的风险，分析相应的对策。

【本章导读】

如果说耐克的成功是品牌、营销、物流结合的体现，那么阿迪达斯在品牌策略并不十分出色的情况下赢得成功则源于对成本的节约，这一点在供应链上体现得淋漓尽致。阿迪达斯的物流战略与耐克不太一样。耐克经过长期发展，已经建立了良好的物流基础设施，使用自己的物流系统。阿迪达斯经过成本核算，选择了外包物流作业，这对其尚不完善的物流系统而言，无疑是减少了运行成本。

早在1996年，阿迪达斯便决定将其服装在美国的配送业务外包给UPS全球物流公司承担。一年后，又与CALIBER物流公司合作，将运动鞋配送外包。阿迪达斯始终坚持与国际物流公司合作。与这些公司合作，使阿迪达斯产生了良好的效益，既大大节省了成本，又提高了物流服务质量，使其产品能迅速送达顾客。

尽管配送环节外包给了物流公司，但生产环节上的物流管理同样不可忽视。进入新世纪，运动商品企业对成本敏感性越来越高。由于供货量非常大，单位成本的微小变动都会引起总成本极大的变化。尤其是随着运动品牌市场竞争日渐激烈，款式更新换代很快，运动服装和鞋的销售生命周期已经缩短到三个月左右。面对这一局势，生产供应链就显得尤为重要。阿迪达斯又与代工企业保持着研发互动，使代工企业直接了解到研发进程，节约了研发和生产之间的时间距离。在物流外包和代工研发互动的基础上，阿迪达斯保障了其制胜的供应链战略。

外包物流对于拓展市场而言，尤其对于一个市场覆盖率需求很大的行业来说非常重要。在全球运动品牌迅猛发展的近20年，阿迪达斯也加快了其供应链外包物流的资源整合步伐，在收购美国锐步公司后，这种基于全球供应链的外包物流成为阿迪达斯整合全球市场的利器。可以看出，阿迪达斯物流外包策略对其市场拓展起到了关键作用。

(资料来源：李玉辉，邵光亚. 连锁经营的供应链管理[J]. 商业研究. 2010(3))

随着市场竞争的加剧，连锁企业只有将物流等非核心业务外包，集中资源培养自己的核心竞争力，才能在市场中保持持续发展。物流业务外包一般以合同的方式委托给专业的物流公司(第三方物流或第四方物流)运作。外包是一种长期的、战略的、相互渗透的、互利互惠的业务委托和合约执行方式。

本章在介绍连锁外包的成因，连锁物流外包实现的条件等基本知识的基础上，重点介绍连锁物流外包的运作模式，连锁物流外包的优势和风险，以及连锁物流外包风险的防范等知识。

第一节　连锁物流外包概述

一、物流外包的相关概念

(一)物流外包

所谓物流外包，即制造或销售等企业为集中资源、节省管理费用，增强核心竞争能力，将其物流业务以合同的方式委托给专业的物流公司(第三方物流)运作。

(二)第三方物流

第三方物流(Third-Party Logistics，TPL)是指生产经营企业为集中精力搞好主业，把原来属于自己处理的物流活动，以合同方式委托给专业物流服务企业，同时通过信息系统与物流企业保持密切联系，以达到对物流全程管理控制的一种物流运作与管理方式。第三方物流内部的构成一般可分为两类：资产基础供应商和非资产基础供应商。对于资产基础供应商而言，他们有自己的运输工具和仓库，通常实实在在地进行物流操作。非资产基础供应商则是管理公司，不拥有或租赁资产，他们提供人力资源和先进的物流管理系统，专业管理顾客的物流功能。广义的第三方物流可定义为两者的结合。

进入 21 世纪，随着作为新兴产业之一的现代物流业的迅猛发展，国内的物流公司如雨后春笋般涌现，进而形成了第三方物流产业。相比传统的物流公司，第三方物流更专业化，综合成本更低，配送效率更高，已经成为国际物流业发展的趋势，社会化分工和现代物流发展的方向。

据美国权威机构统计，通过第三方物流公司的服务，企业物流成本会下降 11.8%，物流资产下降了 24.6%，办理订单的周转时间从 7.1 天缩短为 3.9 天，存货总量下降了 8.2%。据调查，在西方发达国家，第三方物流已经是现代物流产业的主体。欧洲的大型企业，使用第三方物流的比例高达 76%，而且 70%的企业不只使用一家。在欧洲，第三方物流所占市场份额，德国为 23%，法国为 27%，英国为 34%。美国、日本等国家使用第三方物流的比例都在 30%以上。在工业企业中，原材料的物流交由第三方物流完成的占 18%；商品销售物流仅占 16%。

目前，我国的第三方物流在物流市场中所占的比例仅为 10%。还没有太多大型专业的第三方物流企业，这是当前物流发展中最薄弱的环节，也制约了我国经济的发展。我国第三方物流市场规模在 600 亿～700 亿元，不仅规模小，而且高度分散，在 1 万～1.5 万家第三方物流企业中，没有一家企业能占到 2%以上的市场份额，大多数物流公司只是局限在供应链功能的一小部分，无法满足客户的一体化物流服务需求。由于大部分物流企业是从原来的储运业转型而来，大都未形成核心竞争力，企业的技术水平与管理水平不高，缺乏公

认的物流服务标准。虽然各地的物流企业数量与基础投资猛增，但低价恶性竞争严重扰乱了市场秩序，造成物流企业普遍业绩不佳，发展后劲不足。运用信息化手段提高运输质量和运输效率，提高客户服务能力，从而提高核心竞争力，是很多第三方物流企业应对市场竞争的必然选择。

(三)第四方物流

第四方物流是1998年美国埃森哲咨询公司率先提出的，是专门为第一方、第二方和第三方提供物流规划、咨询、物流信息系统、供应链管理等活动的公司。第四方实际上并不承担具体的物流运作活动。第四方物流(fourth party logistics)是一个供应链的集成商，是供需双方及第三方物流的领导力量。它不是物流的利益方，而是通过拥有的信息技术、整合能力及其他资源提供一套完整的供应链解决方案，以此获取一定的利润。它是帮助企业实现降低成本和有效整合资源，并且依靠优秀的第三方物流供应商、技术供应商、管理咨询及其他增值服务商，为客户提供独特的和广泛的供应链解决方案。

第四方物流与第三方物流相比，其服务的内容更多，覆盖的地区更广，对从事货运物流服务的公司要求更高，要求它们必须开拓新的服务领域，提供更多的增值服务。第四方物流最大的优越性是能保证产品得以“更快、更好、更廉”地送到需求者手中。当今经济形式下，货主、托运人越来越追求供应链的全球一体化，以适应跨国经营的需要。跨国公司由于要集中精力于核心业务，因而必须更多地依赖于物流外包。基于此理，它们不只是在操作层面上进行外协，而且在战略层面上也需要借助外界的力量，昼夜期间都能得到“更快、更好、更廉”的物流服务。

第三方物流独自提供服务，要么通过与自己有密切关系的转包商来为客户提供服务，它不大可能提供技术、仓储和运输服务的最佳整合。因此，第四方物流成了第三方物流的“协助提高者”，也是货主的“物流方案集成商”。

二、连锁物流外包的成因

企业物流外包所推崇的理念是：如果我们在产业价值链的某一环节上不是世界上最好的，如果这又不是我们的核心竞争优势，如果这种活动不至于把我们同客户分开，那我们应当把它外包给世界上最好的专业企业去做。即首先确定企业的核心竞争优势，并把企业内部的技能和资源集中在那些具有核心竞争优势的活动上，然后将剩余的其他企业活动外包给最好的专业企业。从这样的理念可知，企业物流外包的目的就是以供应链为腹地，跨越企业边界合理配置资源，提高企业核心竞争力。其推动力来自竞争和供应链的发展，因为21世纪的竞争不是企业与企业之间的竞争，而是供应链与供应链之间的竞争，这就是企业物流外包的基本推动力。企业物流外包不单是业务形式的变化，还有更深层的原因。从发展核心竞争力的角度看，企业物流外包是一个相当紧迫的问题。物流外包有利于企业集

中精力发展核心业务，分担风险，加速企业重组，实现规模效益。因为第三方物流具有资源优化配置，可以提供灵活多样的客户服务，为客户创造更多的价值，发挥信息技术优势。所以，物流外包相对于自营物流具有明显的比较优势。

在连锁企业中，物流外包有着深刻的内部及外部原因。

(一)社会分工的结果

各企业为了增强市场竞争力，将企业的人力、财力、物力都投入到企业的核心业务上，寻求社会化分工带来的效率和效益的最大化。专业化分工的结果导致很多非核心业务从企业生产经营中分离出来，其中就包括物流业。对于连锁企业来说，连锁企业的核心业务是销售、生产，而将物流业务交给专业的物流公司，可以提高企业的竞争力。

(二)新型管理理念的产生及信息技术的发展

新型管理理念，以及信息技术特别是计算机技术的飞速发展，推动着管理技术和思想的进一步更新，由此产生了供应链、虚拟企业等一系列强调外部协调和合作的新型管理理念，既增加了物流的复杂性，又对物流提出了零库存、准时制、快速反应等更高的要求，使一般企业很难承担此类业务。因此，物流外包应运而生。在连锁企业中，这些新型理念要求连锁企业达到零库存、准时制、快速反应等条件，所以更需要物流外包业务。

(三)物流领域的竞争激化

物流领域的竞争激化导致综合物流业务的发展随着经济自由化和贸易全球化的发展，物流领域的政策不断放宽，同时也导致物流企业自身的竞争激化。物流企业不断拓展服务的内涵和外延，从而导致第三方甚至是第四方物流的出现，为物流外包提供基础。

三、连锁物流外包的实现条件

(一)连锁物流外包的外部条件

1. 区域物流平台

区域物流平台是区域物流的载体，是一个包括诸多的复杂网络体系。它包括基础设施、物流设备和各种标准。这是整合了区域物流资源的物流服务体系，有了这样坚实的平台，就可以在成本和时间方面消除客户的担心。但目前还没有建立这样的平台或正在建设中，如各港口城市的物流中心、物流园区，也并不是完全定位在为企业物流外包服务。物流园区建设仍是物流外包的重要平台，但园区建设一定要合理规划和布局，要以市场培育，企业物流外包为重心。通过市场培育为解决物流成本和服务及时性问题提供保证，经过一定时间可以逐步达到规模经济，进入了规模经济，成本就不再是担心的问题。各连锁企业可

以在区域内物流平台的基础上，实行物流外包业务。

2. 基础设施的建设与整合

基础设施的建设一定要围绕区域物流平台，进行物流基础设施建设和物流资源整合，尤其要发展区域综合配送中心。过去有不少零散的设施和资源，需要通过区域物流平台进行整合，防止各自为政，低水平重复建设和恶性竞争。只有综合的、高质量的物流商，才能为各连锁企业提供高效的服务。

3. 综合物流商的培植

物流成为热点后，各路军团纷纷涌入第三方物流，包括外企、民营企业纷纷抢滩，这对于物流业的发展是有利的，但是要形成有实力的综合物流商，才能解决成本和服务及时性的问题。综合物流商培植也要以区域物流平台为载体，探索一种投资主体多元化的全新物流平台模式。

4. 信息系统建设

信息系统建设也是一个很重要的问题，对于沟通供需，缩短时空距离，解决及时性问题，实现物流与信息流统一是非常重要的。建立区域物流平台的信息系统有利于快速地采集、处理和反馈信息，解决速度问题，同时也能降低物流成本。建设信息系统要以区域物流平台的信息系统为轴心，以电子商务为依托，实现各连锁企业之间及整条供应链上企业信息的共享。

(二)连锁物流外包的内部条件

1. 连锁企业物流观念

连锁企业的物流观念和对于资源的认识是影响物流外包的因素。物流外包要有外部压力和比较优势，而连锁企业高层对物流外包重要性的认识，也是影响物流能否外包的条件。对物流外包的认识是基于连锁企业对竞争战略的认识，对企业自身资源的认识，事关企业战略。但目前连锁企业对物流及物流外包的认识还刚起步，有的还停留在狭隘的资源观上，为此，对连锁企业进行现代物流理念的普及和培训也是非常重要的。要加深企业对供应链的认识，突破企业边界，真正放弃“大而全”、“小而全”的计划经济模式，树立基于供应链的统一资源观，以资源整合的思想重新审视连锁企业资源、分析资源的优势与劣势。

2. 物流体制

连锁企业物流体制是影响连锁企业物流外包的另一个因素，因为连锁企业物流相对分散，这给物流外包增加了难度。为此，企业需要进行物流和内部供应链一体化，建立适应物流外包的物流管理体制，即集成化的管理模式。

3. 物流信息化

物流信息化程度也是制约物流外包的一个不可忽视的要素，没有物流信息化，就无法快速沟通供需，与第三方物流的信息交流也无法在速度上满足物流外包的要求。为此，要实现物流外包就要建立与第三方物流对接的信息系统与电子商务平台，以期快速响应需求，满足准时制的需要。

总之，要实现物流外包，研究连锁企业物流外包的外部和内部条件，就要有计划、有选择地分阶段实施。

第二节　连锁物流外包运营模式

一、连锁物流外包运营模式概述

(一)第三方物流外包运营模式

1. 传统外包型物流运作模式

企业外包物流业务，可以降低库存，甚至达到“零库存”，节约物流成本，同时可精简部门，集中资金、设备于核心业务，提高企业竞争力。

常见的物流外包运作模式是，第三方物流企业独立承包一家或多家连锁经营的部分或全部物流业务。

第三方物流企业各自以契约形式与客户形成长期合作关系，保证了自己稳定的业务量，避免了设备闲置。这种模式以连锁经营企业为中心，第三方物流企业几乎不需专门添置设备和业务训练，管理过程简单。订单由产销双方完成，第三方物流只完成承包服务，不介入企业的生产和销售计划。

目前我国大多数物流业务就是这种模式，实际上这种模式比传统的运输、仓储业并没有走多远。这种模式下，第三方物流之间缺少协作，没有实现资源更大范围的优化，最大的缺陷是连锁经营企业与第三方物流之间缺少沟通的信息平台，会造成生产的盲目和运力的浪费或不足，以及库存结构的不合理。而且目前物流市场以分包为主，总代理比例较少，难以形成规模效应。

2. 战略联盟型物流运作模式

第三方物流包括运输、仓储、信息经营者等以契约形式结成战略联盟，内部信息共享和信息交流，相互间协作，形成第三方物流网络系统。联盟可包括多家同地和异地的各类运输企业、场站、仓储经营者，理论上联盟规模越大，可获得的总体效益越大。信息处理这一块，可以共同租用某信息经营商的信息平台，由信息经营商负责收集处理信息，也可

连接联盟内部各成员的共享数据库(技术上已可实现)实现信息共享和信息沟通。目前，我国的一些电子商务网站普遍采用这种模式。这种模式比起第一种有两方面改善：首先，系统中加入了信息平台，实现了信息共享和信息交流，各单项实体以信息为指导制订运营计划，在联盟内部优化资源。同时信息平台可作为交易系统，完成产销双方的订单和对第三方物流服务的预订购买。其次，联盟内部各实体实行协作，某些票据联盟内部通用，可减少中间手续，提高效率，使得供应链衔接更顺畅。例如，联盟内部经营各种方式的运输企业进行合作，实现多式联运，一票到底，大大节约运输成本。

这种模式下联盟成员是合作伙伴关系，实行独立核算，彼此间服务租用，因此有时很难协调彼此的利益，在彼此利益不一致的情况下，要实现资源更大范围的优化就存在一定的局限。例如，A 地某运输企业运送一批货物到 B 地，而 B 地恰有一批货物运往 A 地，为减少空驶率，B 地承包这项业务的某运输企业应转包这次运输，但 A、B 两家在利益协调上也许很难达成共识。

3. 综合物流运作模式

第三种模式就是组建综合物流公司或集团。集成物流的多种功能——仓储、运输、配送、信息处理和其他一些物流的辅助功能(如包装、装卸、流通加工等)，组建完成各相应功能的部门，综合第三方物流大大扩展了物流服务范围，对上家生产商可提供产品代理、管理服务和原材料供应，对下家经销商可全权代理为其配货送货业务，同时完成商流、信息流、资金流、物流的传递。

综合物流项目必须进行整体网络设计，即确定每一种设施的数量、地理位置、各自承担的工作。其中信息中心的系统设计和功能设计及配送中心的选址流程设计都是非常重要的问题。物流信息系统基本功能应包括信息采集、信息处理、调控和管理，物流系统的信息交换目前主要利用 EDI、无线电和 Internet，Internet 因为成本较低(相对于 EDI 技术)信息量大，已成为物流信息平台的发展趋势。配送中心是综合物流的体现，地位非常重要，它衔接物流运输、仓储等各环节。综合物流是第三方物流发展的趋势，组建方式有多种渠道，目前我国正处在探索阶段，但一定要注意避免重复建设，资源浪费问题。

(二)第四方物流外包运营模式

第四方物流结合自身的特点可以有三种运作模式进行选择，虽然它们之间略有差别，但是都是要突出第四方物流的特点。

1. 协同运作模式

该运作模式下，第四方物流只与第三方物流有内部合作关系，即第四方物流服务供应商不直接与连锁企业客户接触，而是通过第三方物流服务供应商将其提出的供应链解决方案、再造的物流运作流程等实施。这就意味着，第四方物流与第三方物流共同开发市场，

在开发的过程中第四方物流向第三方物流提供技术支持、供应链管理决策、市场准入能力及项目管理能力等，它们之间的合作关系可以采用合同方式绑定或采用战略联盟方式形成。

2. 方案集成商模式

该运作模式下，第四方物流作为企业客户与第三方物流的纽带，将企业客户与第三方物流连接起来，这样连锁企业客户就不需要与众多第三方物流服务供应商进行接触，而是直接通过第四方物流服务供应商来实现复杂的物流运作的管理。第四方物流作为方案集成商除了提出供应链管理的可行性解决方案外，还要对第三方物流资源进行整合，统一规划为企业客户服务。

3. 行业创新者模式

行业创新者模式与方案集成商模式有相似之处，都是作为第三方物流和客户沟通的桥梁，将物流运作的两个端点连接起来。两者的不同之处在于：行业创新者模式的客户是同一行业的多个企业，而方案集成商模式只针对一个企业客户进行物流管理。这种模式下，第四方物流提供行业整体物流的解决方案，这样可以使第四方物流运作的规模更大限度地得到扩大，使整个行业在物流运作上获得收益。

第四方物流无论采取哪一种模式，都突破了单纯发展第三方物流的局限性，能真正的低成本运作，实现最大范围的资源整合。因为第三方物流缺乏跨越整个供应链运作及真正整合供应链流程所需的战略专业技术，第四方物流则可以不受约束地将每一个领域的最佳物流提供商组合起来，为客户提供最佳物流服务，进而形成最优物流方案或供应链管理方案。第三方物流要么独自，要么通过与自己有密切关系的转包商来为客户提供服务，它不太可能提供技术、仓储与运输服务的最佳结合。

二、连锁物流外包的优势与风险

(一)连锁物流外包的优势

1. 连锁企业将有限的资源集中用于发展主业

连锁企业将物流业务外包给第三方物流企业，可以使企业实现资源的优化配置，减少用于物流业务方面的车辆、仓库和人力的投入，将有限的人力、财力集中于核心业务。

2. 连锁企业节省费用，增加盈利

从事物流外包业务运作的第三方物流企业利用规模经营的专业优势和成本优势，通过提高各环节能力的利用率，实现费用节省，使企业能从分离费用中获益。

3. 连锁企业加速商品周转，减少库存，降低经营风险

第三方物流服务提供者借助精心策划的物流计划和适时的运送手段，最大限度地加速库存商品周转，减少库存，为企业降低经营风险。

4. 可以提升企业形象

第三方物流提供者利用完备的设施和训练有素的员工对整个供应链实现完全的控制，帮助顾客改进服务，树立自己的品牌形象。同时连锁企业也可以借助于第三方物流企业的品牌形象，提升自己的企业形象。

5. 降低管理难度，提升管理效率

物流业务外包既能使连锁企业享受专业管理带来的效率和效益，又可将内部管理活动变为外部合同关系，把内部承担的管理职责变为外部承担的法律责任，有利于简化管理工作。

(二)连锁物流外包的风险

1. 外包控制不足

外包常常会使企业失去对一些产品或服务的控制，从而增加了企业正常运转的不确定性。连锁企业在外包的过程中有可能由于丧失对外包的控制而影响整个业务的发展。

2. 增大外包依赖风险

长期依赖某一个第三方物流服务商对企业的资本投资、效率提高具有潜在的好处，但同时又会使第三方物流服务商滋生自满情绪而让企业难以控制。

3. 内部员工抵制

企业物流外包往往会影响企业的内部业务流程，需要对企业的内部业务流程重组，这个过程很可能对所有员工都产生影响，受到企业内部员工的抵制而对企业正常的经营产生负面影响。

4. 降低用户满意度

连锁企业过于依赖第三方物流服务商，又无法控制或影响他们，使企业不能取得所需的用户需要信息，从而影响企业的服务改进。从长期来看，由于对物流活动的失控可能阻碍核心业务与物流活动之间的联系而降低用户满意度。

5. 企业利益受损

物流活动的长期外包，会使第三方物流服务商认为企业缺乏专家技术，因此抬高物流

服务的价格或提供较差的物流服务，从而使企业蒙受损失。

三、连锁物流外包的风险防范

(一)识别连锁企业的核心竞争力

外包本身并不是企业发展战略，它仅仅是实现企业战略的一种方式，企业应确定在行业中是否存在有能力和可供选择的物流供应商，否则，实施物流外包不仅不能成功，反而会带来一系列问题。因此，企业应深入分析内部物流状况，并探讨物流是不是企业的核心能力，分析物流是否能为企业带来外部战略经济利益。企业只有在拥有了合适的合作伙伴，企业内部管理层也认识到外包的重要性而且清楚针对外包应做的准备工作，才能决定是否实施外包。

(二)外包伙伴，即第三方物流公司的选择

物流外包决策中很重要的一个问题是包给谁的问题，即外包伙伴的选择。首先需要对外部的潜在物流供应商进行调查、分析、评价，调查物流供应商的管理状况、战略导向、信息技术支持能力、自身的可塑性和兼容性、行业运营经验等，评价其从事物流活动的成本状况、长期发展能力、信誉度等。特别是对于物流供应商的承诺和报价，连锁企业务必要认真分析衡量。报价应根据物流供应商自身的成本确定，而非依据市场价格。报价不仅仅是一个总数，还应包括各项作业的成本明细。对于物流外包的承诺，尤其是涉及政府政策或物流供应商战略方面的项目，必须来自物流供应商最高管理者，避免在合约履行过程中出现对相关条款理解不一致的现象。在评价的基础上，对潜在的多个物流外包伙伴进行比较，从中选择最适合企业需要的外包伙伴。

(三)物流外包活动的控制

对外包活动进行监督和控制是外包顺利实施的重要保证。连锁企业即使与第三方物流供应商签订了协议，也应当监控其绩效，同时给他们提供所需的业务信息。连锁企业与第三方物流供应商之间要注意相互沟通，共同编制操作指引。企业不能认为业务外包了，一切就由对方承包，完全是物流供应商单方面的工作，而应当与第三方物流供应商一起制定物流作业流程、确定信息渠道、编制操作指引，供双方参考使用，操作指引能够使双方相关人员在作业过程中相互步调一致，也可以为企业检验对方物流作业是否符合要求提供标准和依据。因此，企业要建立物流外包的控制机制，对外包伙伴的业绩进行定期检查，制定标准对其业绩进行考核。

(四)加强物流外包合同的科学管理

第一，谨慎签订合同。签订合同之前，连锁企业可以向有处理物流纠纷经验的律师进

行咨询，以确保自己的正当权益得到保护。此外，要加强合同管理人员的培训，建立健全规章制度，包括合同资信调查、签单、审批、会签、审查、登记、备案，法人授权委托办法，合同示范文本管理，合同专用章管理，合同履行与纠纷处理，合同管理人员培训，合同管理考核与奖惩等。同时，由于物流外包合同涉及的活动环节多、时间长、要求复杂，所以在签订合同时，任何欠缺和疏漏都会给物流活动带来负面影响。

第二，签约后的违约管理。对于货物利益方来说，在物流经营人违反合同时，可能的补救措施有：造成货损或灭失的，向保险公司索赔，再由保险公司行使代位求偿权向责任人追偿；依物流合同向物流经营人提出赔偿请求，再由物流经营人向责任人追偿；直接订立物流作业分合同的，依分合同向实际履行人追偿；以侵权为由向没有合同关系的责任人提出赔偿请求。

(五)连锁企业内部组织结构的调整

企业物流外包可能会受到企业内部作业流程的制约及员工的抵制，因此企业内部组织结构的调整需集中在以下几个方面：如何在无缝衔接的基础上调整业务流程，进行职能变革；如何对外包的物流功能进行持续有效的监控；企业文化是否鼓励创新与变革；企业领导和员工对变革持何种态度等。从战略角度看待物流业务外包，致力于获得最佳合作伙伴，并围绕这种伙伴关系建立一种健全的管理体系，从而实现无缝衔接，取得外包策略的成功。

(六)以“双赢”为原则，巩固合作关系

物流供应商对企业和企业的客户的服务能力是依靠企业自身的工作表现的好坏。外包意味着双方利益是捆绑在一起的，而非独立的，良好的合作伙伴关系将使双方受益，任何一方的不良表现都将使双方受损。在选择物流供应商时，要改变现有的观点，即仅着眼于连锁企业内部核心竞争能力的提升，而置物流供应商的利益于不顾。企业应以长远的战略思想来对待物流外包，通过外包既实现企业自身利益最大化，又有利于物流供应商持续稳定的发展，达到供需双赢的局面。因此，供需双方相互信任和忠诚及履行承诺是建立良好的外包合作关系的关键因素。

(七)及时办理物流货物保险

连锁企业使用第三方物流服务的过程中，应及时投保物流货物保险，或者在物流服务合同中约定由物流供应商代为购买。物流货物保险主要承保物流货物在运输、储存、加工包装、配送过程中由于自然灾害或意外事故造成的损失和相关费用。物流货物保险可以为客户提供全面、无缝式的保险保障，同时还能最大限度地简化客户的投保手续，方便客户。

(八)加大对物流外包商的监督力度

双方当事人签订合同是为了实现各自的经济目的，只有合同及时、有效的履行才能实

现双方的目的。因此，在合同签订后，连锁企业要加强对合同履行的监督，相关部门各司其职，企业法律顾问部门则要全面监督。通过监督及时发现影响履行的原因，以便随时向各部门反馈，排除阻碍，防止违约的发生。企业应当经常与其沟通，共同制定物流作业流程、确定信息渠道，应当对物流外包活动进行恰当的监督和控制。在监督的过程中如果发现任何风险，都应该与物流供应商及时沟通、协商，采取相应的措施来避免和降低风险带来的损失。

(九)建立物流服务提供商的竞争模式

选择第三方物流供应商时，应避免仅选择一家物流供应商承担外包物流业务。企业可以选择将物流业务分别外包给两家不同的第三方物流服务商，以避免对某一家物流服务商产生过多的依赖性。此举还可以促进物流服务提供商之间的服务竞争意识。更为重要的是，当一家物流供应商因某种原因不能继续提供服务时，另一家物流供应商能迅速接管，避免物流业务停止运行或短期内必须找到新的供应商的困难局面。

第三节　连锁物流外包综合实训

一、中小型连锁企业物流外包方案设计

(一)任务引入

请在任课教师的指导下，分别成立项目小组，以小组为单位，到中小型连锁物流企业进行参观和调研，并撰写调研结果讲演报告，说明中小型连锁物流企业的物流外包方案，并对此方案进行评价。

(二)知识要点

第一，物流外包商的选择。
第二，物流外包的运作模式。
第三，物流外包优势与风险。
第四，物流外包风险的规避。

(三)任务实施

1. 分析连锁企业核心竞争力，决定是否实行物流外包

连锁企业在决定物流外包之前，要综合考量企业的竞争力，将主要精力集中于核心业务，再深入调查企业环境是否适合物流外包。

2. 物流外包商的选择

连锁企业在决定物流外包以后，要选择适合的外包商，所以物流外包商的选择十分关键。在选择物流外包商时应考虑外包商的信誉度、价格、物流基础设施情况、企业综合实力、客户满意度、企业文化、合作次数等因素，如表 6-1 所示。

表 6-1　物流外包商综合考查表

物流外包商	信誉度	价格	基础设施	客户满意度	企业文化	综合得分
外包商 A						
外包商 B						
外包商 C						
外包商 D						
外包商 E						
外包商 F						

从中选出得分最高的物流外包商，进行谈判，签订外包合同。

3. 物流外包的实施方案

中小型连锁企业与物流外包商共同协商，制定双方共赢的具体外包实施方案。在合同中列明双方的责任义务，具体包括各连锁企业的配送计划、运输设计、交货时间、提前期、库存管理及成本核算等问题。

4. 物流外包商的考核

连锁企业物流外包以后，要对物流的承包商进行量化考核，如表 6-2 所示。

表 6-2　物流外包商考核用表

考核项目	得　分	备　注
交货准时率		
包装破损率		
货物丢失率		
信息反馈率		
反馈速度比		
平均价格比		

对于每一个物流承包商，每个月都要打分，进行总体分析。到年终进行考核时，对物流承包商就可以有一个比较动态的、科学的考核评估，分成 A、B、C 三个等级。不同级别的承包商给予的条件也不同，使得对物流承包商的考核跟他的业绩和经济利益直接挂钩。

(四)技能拓展

评价此中小型连锁企业物流外包的成效，改进外包过程中的不足，探讨物流外包的风险并做好风险的规避。小组讨论后，做成实训报告。

二、连锁物流外包风险案例与对策分析

(一)案例引入

2002 年 1 月，当第三方物流对于国内的许多生产、流通企业还只是个概念的时候，物美做出了一个大胆的决策——与和黄天百公司签署了一份为期 7 年的物流外包合同。和黄天百(HT—BL)是和记黄埔同天美百达的合资企业，合作目的是在全国范围内提供物流及供应链管理服务，公司目标是成为中国最大、效率最高的物流公司。

早在 2001 年，包括物美在内的很多国内零售物流先行者就非常明确地意识到，连锁零售物流远比工业物流复杂得多。例如，订单数量大、频率高，同时有时间要求，有些小型的便利店甚至要求一天送货两次；供应商大包装供货，配送中心则需要按照店铺的订货量进行拆零、分拣，还要处理诸如赠品、退货等烦琐问题；货架上的商品新增汰换的频率高，不同商品还有不同的保质期，需要有针对性的保质期管理等。如果没有行业经验，这些工作对于物流公司来说，几乎是不可能完成的任务。

考虑到这些因素，选择拥有零售业物流经验的和黄天百，应该是物美当时所能做出的最好选择。然而，这些变化并未给物美带来多少快乐，因为成本之高出乎他们的意料。

按照协议，和黄天百承担的第三方物流只限于管理工作，换句话说，成本是开放式的，和黄天百在这里所花的每一分钱都是物美的。据有关人士讲，自和黄天百接管后，物美方面在系统、设备和库房改造上已投入了“很大一笔钱”，而且现在由于信息系统、人事托管、成本概念等存在很大差异和分歧，实际运作成本还在继续提升。

另外，与第三方物流合作还增加了许多看不见的协调成本，这也是物美没有想到的。一种未经证实的说法是，为了深入改善流程，和黄天百希望深入到企业的各个环节，提出需要和物美的人、财务过程、生产过程、经营过程、管理过程全面接触和配合。然而这种距离的变化，同时也意味着摩擦和成本，这让本已对成本问题非常敏感的物美上下感到“焦虑不安”。

合作两年后，和黄天百为物美的 300 多家便利超市做起了物流配送服务，成绩还是显著的。不幸的是，随着合作的进一步深入，新的问题又出现了。和黄天百提出，希望将进货计划与配送中心的实际运作有效结合起来，使进货计划能够合理地满足订户和最终消费者的实际需求，但物美并没有这方面的整体供应链计划。

物美没有像国外的许多零售企业一样，专门设立一个供应链管理部门与第三方物流公司进行对接。因此，和黄天百目前只限于与物美物流部门的沟通，仅负责从供应商收货到

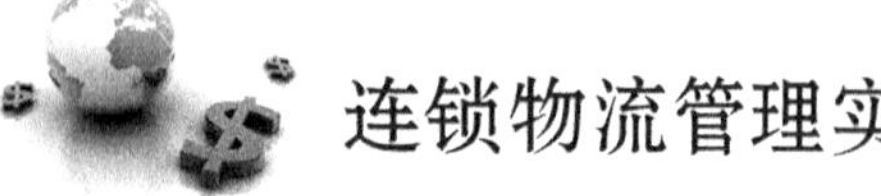

把货送到店铺这一段。所以，每到物美促销旺季的时候，采购、营运、物流部门还是孤立地下指标，没有一个统一协调的计划，导致和黄天百无法获取准确的数据，来评估到底造成了多少销售额的流失。

物美缺少基于供应链的财务模型来有效评估目前的供应链成本，而传统的财务成本核算方式，把很多不合理的成本给掩盖掉了。例如，在物美仓库里的几万种单品中，有80%的物品都是慢流货，库存成本非常高。在仓库里放置时间长了，货品进价加上物流成本已经超过卖价，等于这个货都不挣钱，但这是物美的传统财务根本无法测算的。物美要求和黄天百为其降低很多显性成本，如仓储费用、人工费用、配送成本等，但忽略了运作中因环境、补货、退货等方面导致的许多不合理成本。例如，因仓库地面不平整，造成了五台叉车损坏，部分叉车因损坏严重，在仓库已停止使用近一年，无法修复；发货品种日益增加，拆零率居高不下，而退货却并未减少，增加了退货处理的成本；半数以上的自有车辆已使用八年，由于维修费用高，燃油费高，维修成本甚至超过租车成本，却还在使用等。这些成本的浪费，比省一张纸、一支笔、一卷胶带、电话通信费等要大得多。

正是因为对成本问题的看法不一致，使得物美与和黄天百在沟通上出现了许多问题。和黄天百曾给物美做过一个“直流”方案，希望通过就近采购和配送来提高库存周转率，可是由于物美因信息系统需投资而搁浅。

另外，按照和黄天百对于物美的现状及国内零售业发展环境的考虑，物美需要在未来一两年内考虑以下几个方面的问题：一是商品健康安全。随着人民生活水平的提高，商品的卫生安全将日益引起消费者的重视，和国外一样，商品健康安全迟早会成为消费者选择零售商的要素之一。二是实现尖端的供应链技术。国外零售商的竞争已演变为供应链策略与实现的竞争，即由传统的推动式向拉动式转化，使商品的流动更贴合实际最终消费者的需求，而非店铺订货的需求。这种技术的实现需要系统的支持及仓库自动化的实现，其利益来自于对库存成本的节省和订单满足率的提高。三是物美商品的拆零率日益增高，传统的标准式货架的储存方式已不能满足需要，必须应用更为灵活的“快速分拣系统”，如采用流动式轻型货架等，来提高拣货效率，支持物美便利店的扩张。四是逐步实现全部外包运输业务，进一步降低运输管理成本，有效提高运输服务。

物美与和黄天百的这种“开放式成本”合作模式，目前在欧美等发达国家非常流行，即由货主企业投入成本，第三方物流企业收取管理费。这样做的好处：一是可以使第三方物流提供商减少对仓储、运输各功能服务分别报价的难度与风险；二是货主可以与第三方物流提供商一起来分析物流成本，从而对自己的物流成本更加了解。

总体来讲，国外企业的成本是公开的、整体的、长远的，而国内企业的成本概念则是现实的、短效的。不过，国内外零售企业的不同发展规模和经营状况，也决定了对这个问题必须有现实的考虑。国内超市的规模本身就不大，利润率又很低，投入必须有一个合理的空间。

物美与和黄天百在购买设备上就曾出现过分歧：和黄天百要高质量、高价格，物美则

要一般质量、低价格。观念上的悬殊，造成了对成本高低理解的不一致。

货主只有以更大的进取心和冒险精神看待物流外包，才能发现其真正的价值。货主要想通过第三方物流得到增值利益，必须通过供应链创新提高整个企业的竞争力和盈利性，而要做到这一点，双方必须建立共有目标、共享利益与共担风险的战略伙伴关系。

目前物美正与和黄天百商谈外埠合作，如位于河北、天津的超市，由于配送路线比较长，物美准备把这些业务交由和黄天百来统一运作，而和黄天百方面也表示，对于下一步的管理改进计划，他们正力所能及地在最低成本的条件下商讨可改进的方案。

(二)思考问题

第一，物美在物流业务外包的活动中，面临着哪些风险？
第二，物美在供应链管理中有哪些需要改进的地方以适应合作的需求？
第三，通过分析和黄天百与物美的合作，有哪些体会？

(三)案例分析

1. 物美与和黄天百的矛盾点分析

物美与和黄天百的合作过程中，由于一方是正在向现代连锁商业转型的中国传统零售企业，而另一方却是具有现代物流管理理念和技术的现代化物流企业，双方在经营理念、管理技术和模式上有较大差异，从而导致双方矛盾重重。此种情况下，需要双方从战略层面看待目前的矛盾，进一步加强沟通、理解和信任，只有这样，双方的合作才能长久并终将实现双赢的目标。

矛盾主要表现在引进第三方物流后，导致一些运作成本和隐性成本增加(如在系统、设备和库房改造上的投入，看不见的协调成本)，为了深入改善流程，和黄天百希望深入到企业的各个环节，提出需要和物美的人、财务过程、生产过程、经营过程、管理过程全面接触和配合。然而这种距离的变化，同时也意味着摩擦和成本。

另一方面企业人员的不协调，和黄天百托管物美的车队和驾驶员、托管北京粮食公司东南郊粮库30多名员工，造成了人员的矛盾。

再有就是对于成本的估算、供应链的管理等方面双方也存在分歧。

2. 解决方案

作为传统零售业的物美，选择拥有零售业物流经验的物流服务商和黄天百，应该是物美当时所能做出的最好选择。

首先，物美应该转变自己的管理理念，加强供应链的管理，提升整体协调的理念，建立一个专门的供应链管理部门，与第三方物流企业进行沟通协调。

其次，进行成本评估的改进，转变传统的财务成本核算方式，显现不合理的成本结构，进行改进优化。

再次，考虑和黄天百的几点建议，一是商品健康安全。二是实现尖端的供应链技术。三是物美商品的拆零率日益增高，传统的标准式货架的储存方式已不能满足需要，必须应用更为灵活的“快速分拣系统”(如采用流动式轻型货架等)，来提高拣货效率，支持物美便利店的扩张。四是逐步实现全部外包运输业务，进一步降低运输管理成本，有效提高运输服务。

最后，双方加强沟通协作，建立高效快速的供应链反应机制，以适应市场的变化。

中国传统的连锁零售企业正面临着前所未有的挑战，所以国内的企业一定要适应市场的发展，转变观念，提高管理水平和经营方法。尤其在物流业务外包中，发挥自己的核心优势，将企业的薄弱环节外包出去，以实现“强强联合”。其中，要注意物流外包的风险，做好规避措施，减少企业损失。

本 章 小 结

连锁物流外包的实现条件包括外部条件和内部条件。外部条件主要是连锁企业所在地区的区域物流平台，包括基础设施、物流设备和各种标准、综合物流商、信息系统等影响物流运作及效率的外部环境。内部条件主要包括连锁企业的物流观念及对于资源的认识。同时，连锁企业是否建立适应物流外包的物流管理体制，能否实现快速建立与第三方物流对接的信息系统与电子商务平台等，内外因素必须同时实现时，企业才能实现物流业务的顺利外包。

连锁物流外包后，不仅可以将有限的资源集中用于发展主业，同时节省连锁企业费用、增加盈利、加速商品周转、减少库存、降低经营风险，也可以提升企业形象、降低管理难度、提升管理效率，对连锁企业的发展有很大的促进作用。

连锁物流外包也可能因为外包失控、增大外包依赖及员工抵触等风险而增加企业经营的风险。本章在分析风险的基础上提出风险防范的策略，包括识别连锁企业的核心竞争力、优选外包伙伴、物流外包活动的控制、物流外包合同管理、连锁企业内部组织结构的调整，以“双赢”为原则，巩固合作关系，及时办理物流货物保险，加大对物流外包商的监督力度，建立物流服务提供商的竞争模式等，对连锁企业的物流外包提供理论支持。

复习思考题

一、简答题

1. 解释物流外包、第三方物流、第四方物流的基本概念。
2. 简述物流外包的成因。

3. 简述物流外包的实现条件。

4. 简述物流外包的模式。

5. 简述物流外包的风险和对策。

二、案例分析题

这里给出几个实战案例，要求以小组为单位进行讨论，提出解决问题方案，每个小组派出一位代表，讲演你们的解决方案，并接受教师与其他同学的提问。

1. A公司是一家大型的国有连锁零售企业，近年来由于产业结构调整，市场竞争激烈，物流成本过高，公司发展缓慢、竞争力下降。为了扭转这种不利的局面，降低物流成本、提高生产效益、增强企业竞争力，A公司实行了物流外包。由于经营环境的不确定性，A公司对物流外包的预测活动肯定估计不足，所以A公司物流外包风险必然存在。总的来说，A公司物流外包风险主要有：一是来自法律方面的风险。因我国尚无统一的、完善的法律法规规范外包业务的运作，可供借鉴的成功外包的案例又少，风险显而易见。二是企业自身能力约束和内部员工抵制的风险。A公司的企业素质、企业活力、企业效益对外包的约束及内部员工，特别是原有物流部门的员工对物流外包的抵制等风险。三是经营安全的风险。在外包过程中，如果A公司的企业内部机密随着物流外包而泄露给竞争对手，可能对企业造成不利影响。四是退出外包的风险。A公司若退出物流外包，则面临如何处理与原外包商的关系，以避免公司内部信息泄露的问题。五是文化沟通的风险。外包后，A公司面临着与外包商的不同企业文化的融合问题。六是外包商选择风险。七是面临经营成本增加和经营效率下降的风险。面对A企业的外包风险，你可以给出哪些建议？

2. M公司实施物流外包以后，发现传统的第三方物流企业仅仅是在业务层面上为企业提供合作，无法进行宏观的、长期的供应链改造。于是，M公司决定寻找第四方物流企业进行物流业务咨询并打算与其合作，将物流业务外包给第四方物流企业。对于M公司在进行第四方物流企业选择时，应该考虑哪些问题？

第七章 连锁物流信息化管理

【学习目标】

通过本章的学习，主要了解连锁物流信息化的基本概念；了解连锁物流信息技术设备的概况；掌握连锁物流信息化的具体内容；了解连锁物流信息系统的应有优势；掌握连锁物流信息系统的结构和功能。并通过理论知识学习和实训的学习能够进行简单的物流信息系统的设计。

【本章导读】

【导读案例 1】双汇是以肉类加工为主，是中国最大的肉类加工基地。2005 年，其年产值超过 200 亿元，目前拥有 40 多家子公司，上百家办事处，遍布全国近千家连锁店，员工两万多人，其产品销往美国、中国香港等地。双汇商业公司以销售双汇生鲜肉及肉制品为主，引进了国外先进的连锁经营模式，结合中国肉类市场现状，主要销售渠道为双汇连锁店。按照双汇的计划，最重要发展到 2000 家分店，如此庞大的连锁销售体系，如果没有先进、完善的电子信息处理技术和计算机软件系统，以实现对物流、资金流和信息流的高效控制与管理，经营的危机是显而易见的。由此双汇集团决定进行商业公司的物流信息化建设工作，引进了连锁物流配送系统，该系统为双汇商业公司提供了完备统一的订单管理、库存管理、采购管理、运输管理和财务管理等功能，实现了连锁分销体系中的物流、资金流和信息流在配送制造和采购这三个领域的结合，达到了快速反应、降低库存、节约成本、整合运输等管理目标。目前，在任意一家双汇连锁店里面，系统会自动、实时采集 POS 机数据，自动生成配货单、报表等；而集团总部则可以及时了解到各店的实时库存，并根据库存由系统自动生成订单，从而制订出符合市场需求的生产计划，还可以通过大宗采购、统一配送来降低采购和流通成本。

(资料来源：刘颖. 大型连锁零售业供应链管理信息系统结构与功能研究[N]. 土木工程学报. 2004-9(9))

【导读案例 2】三九医药连锁有限公司(简称三九连锁)是一家新成立的连锁配送公司，是三九医药股份有限公司的直属子公司，主要从事医药连锁零售和配送业务。公司现有门店 1000 家，有望发展成为中国最大的医药连锁企业。该公司于 2001 年 3 月正式引入深圳远望软件公司开发的三九医药连锁配送管理系统，采用先进的计算机网络及数据库技术，有效地改善了经营状况。使用了该系统后，三九连锁的评价是：该系统采用了 C/S 和 B/S 结构相结合的计算模式，大大提高了企业的资金流及信息流的流通效率；降低了出错比率，使仓库面积的使用率提高到 60%以上。仅此两项，系统为企业创造的经济效益每年在 300 万元以上。

(资料来源：陈业玲. 连锁零售企业物流信息化建设分析[J]. 商业现代化. 2009(08))

近年来，连锁企业在流通领域的规模不断扩大，但我国连锁企业信息化水平和管理的科技含量低，还没有形成一个完善和规范化的经营管理体制。其主要表现在，虽然大部分连锁企业在零售环节使用了 POS 系统，但未实现计算机网络管理。以上案例表明，信息化管理是连锁企业提升管理水平的、必要的技术支持和保证。一定程度上来说，企业的信息化水平代表着企业的核心竞争能力。

本章在介绍连锁物流信息技术内容、结构、信息设备、信息系统模块等基本知识的基础上，重点介绍实体连锁企业物流信息系统运作模式及 E 连锁的物流运作模式等知识。

第一节 连锁物流信息化概述

一、连锁物流信息化的必要性

连锁物流信息化是指广泛使用现代信息技术，管理和集成物流信息，通过分析、控制物流信息和信息流，来管理物流、商流和资金流，提高物流运作的自动化程度和物流决策的水平，达到合理配置物流资源、降低物流成本、提高物流服务水平的目的。

近年来，连锁企业作为居民越来越重要的消费场所，在流通领域的规模不断扩大，地位进一步提高。但长期以来，我国连锁企业经营相当分散，连锁店铺间缺乏系统的、内在的联系，究其原因是物流配送的不畅和传统信息处理对多店铺管理的“不适”。在信息化方面，虽然大部分连锁企业在零售环节使用了 POS 系统，但未实现计算机网络管理，信息化水平和管理的科技含量低，还没有形成一个完善和规范化的经营管理体制。计算机技术和管理专门人才更是匮乏。面对外资企业现代化管理的挑战和同业态经营的激烈竞争，国内连锁企业不仅要以先进的管理理念和营销手段、长远的营销目标、完善的营销组织来应对多变的市场和顾客需求，按照现代流通业的发展和管理要求实现对连锁企业各个职能部门和经营各环节的有效控制和规范，更要利用科学、先进的计算机信息管理系统，打造现代连锁经营的管理平台，确保整个连锁企业有序发展，有效规避经营风险，其必要性总结如下。

(一)企业发展的外部压力和行业竞争需要信息现代化

WTO 过渡期结束后，我国零售业全面开放，外资企业可以“无障碍”进入中国，他们不仅以雄厚的资本实行地域扩张，还以精益的管理思想和现代化的手段来开发市场，抢占人力资源和市场份额。

(二)企业发展的客观环境需要信息现代化

连锁企业利润率普遍较低，主要依靠规模经济和规模效益，通过扩张来抢占市场先期效益，从而获取利润，但随着连锁体系的建立和企业规模的扩大，信息管理成了连锁企业面临的最大问题，如不能及时掌握各门店缺货的品种与数量，不能及时补充货源与调配货品等，不仅限制本地业务的发展，异地连锁更无法管理。

(三)物流技术和信息技术的发展需要信息现代化

以计算机技术发展为龙头的信息化发展，为企业管理现代化、规范化提供了一个良好的平台；应用先进的物流技术和信息技术为企业发展提供准确可靠的数据基础，更好地为

领导决策服务，从而提高管理效率和工作效率，是连锁企业现代化管理的重要手段。

二、连锁物流对信息技术的依赖性

第一，连锁企业有众多经营网点，必须通过信息技术协调。

第二，连锁经营的关键是各种“链”的连接，必须依靠信息技术，常用的有条码技术、POS 技术、EOS 技术、EDI 技术。信息技术在连锁物流中应用如图 7-1 所示。

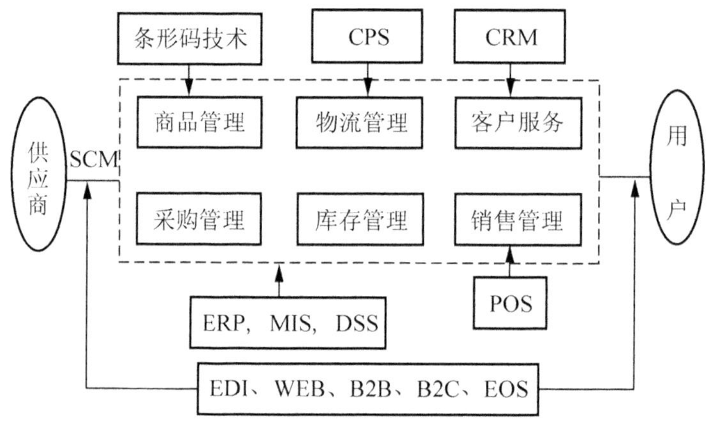

图 7-1　连锁物流对信息技术的依赖性

第三，众多经营网点的物流配送和商品信息管理离不开 IT。

第四，大型连锁企业经营业态多样化的发展趋势与信息技术息息相关。

三、连锁物流信息技术的内容

连锁物流信息技术是指运用于物流领域的信息技术，它是建立在计算机网络通信技术平台上的各种技术应用，包括硬件技术和软件技术。物流信息技术是现代物流管理体系的核心，是物流现代化的重要标志，是物流技术中发展最快的领域。连锁物流信息化表现为：物流信息收集的数据库化和代码化、物流信息处理的电子化和计算机化、物流信息传递的标准化和实时化、物流信息存储的数字化等。因此，条码技术(barcode)、数据库技术(database)、电子订货系统(EOS)、电子数据交换(EDI)、快速反应(QR)、有效客户反应(ECR)、射频技术(RF)、管理信息系统(MIS)、企业资源计划(ERP)等先进技术和管理策略开始在物流管理领域中越来越广泛的使用了。

(一)自动识别技术

条形码技术(barcode)是一种自动识别技术，以输入速度快、准确度高、成本低、可靠性强和灵活、简单易用的特点，现已广泛应用于物流业的各个环节之中。条形码技术的核心

内容是利用光电扫描设备识别条形码符号，从而实现机器的自动识别，并迅速、准确地把信息输入到计算机进行数据处理。

1. 一维条码

一维条码是由一组粗细不同、若干个玄色的“条”和白色的“空”的单元所组成，其中，玄色条对光的反射率低而白色的空对光的反射率高，再加上条与空的宽度不同，就能使扫描光线产生不同的反射接收效果，在光电转换设备上转换成不同的电脉冲，形成了可以传输的电子信息，如图 7-2 所示。

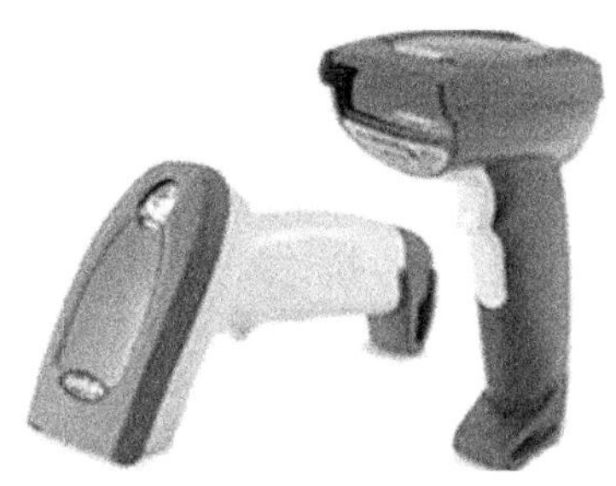

图 7-2 一维条码和条码的识别设备

条码技术的优点是可靠正确、采集和输入数据速度快、本钱低、应用灵活、自由度大、设备小、易于制作等。 缺点是信息密度较低，信息容量较小；没有错误纠正能力，只能通过校验字符进行错误校验；保密防伪性较差；使用可靠性差，受外界损伤后会毁损信息；只能完成对物品的表示，而无法对物品本身进行描述；必须依赖数据库的存在；表示汉字信息困难等。

2. 二维条码

二维条码是用某种特定的几何图形按一定规律在平面(二维方向上)分布的黑白相间的图形来记录数据符号信息的，主要使用与二进制相对应的几何形体来表示文字数值信息，如图 7-3 所示。

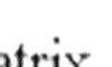

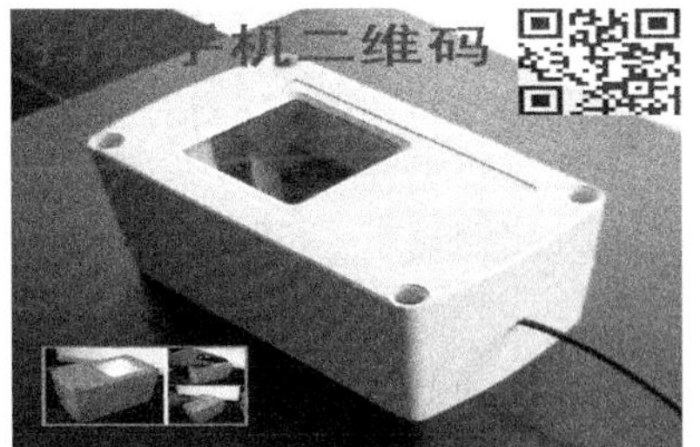

图 7-3 二维条码和条码的识别设备

二维条码技术的特点是信息容量大；编码范围广；保密、防伪性能好；译码可靠性高；修正错误能力强；容易制作且成本很低；条码符号的形状可变。

3. 射频技术

射频技术也是自动识别技术的一种，至少要由电子标签和阅读器两部分组成。射频所采用的技术称为微波反射技术，是基于电子标签内的微波天线的负载阻抗随存储的电子数据而变化的特点，来实现对电子标签内的电子数据的读取。射频识别技术具有技术防水、保密性强、可携带大量数据、难以伪造和智能化等优点，近年来逐渐应用于物流配送的物料跟踪管理、车辆运输工具管理、集货和分拣货物管理。连锁企业经营活动中的多品种、少批量生产和多频度、少数量的配送使库存、运输等物流活动产生大量信息。射频系统的接收和转发装置则多放置于仓库中实时动态了解货物的位置并收发这些信息。

(二)电子数据交换技术

电子数据交换技术(Electronic Data Interchange，EDI)是指将经济信息按照统一规定的通用标准格式，在贸易伙伴中通过网络通信传输进行数据的交换和处理。电子数据交换技术包括三方面的内容：格式化的数据与报文标准，通信网络和计算机应用。它是计算机网络和企业管理相结合的产物，有效地消除了贸易过程中的纸面单据，俗称“无纸贸易”。连锁企业在经营过程中利用电子数据交换技术可以通过信息共享提高经营活动的效率；降低信息处理的差错率，节约人力资源；建立快速响应系统，降低物流配送的成本。

(三)自动跟踪与定位技术

GPS(Geographical Position System，全球卫星定位系统)是一种先进的导航技术，由发射装置和接收装置构成。发射装置是由若干颗处在地球卫星静止轨道上、不同方位的导航卫星构成的，它们不断地向地球表面发射无线电波。接收装置通常装在移动的目标(如车辆、船和飞机)上，接收装置根据接收的不同方位导航卫星的定位信号就能够计算出其所处的经纬度坐标，然后把这些坐标信息发回给监控中心。与其他导航系统相比，GPS 具有能够连续覆盖全球地面、功能多且精度高、定时定位速度快和抗干扰性能好的特点。为了满足货主对货物实时性、安全性、到达时的准时性的需求，配送中心的信息管理系统必须随时了解车辆动态信息，对车辆进行实时调度和跟踪，提高配送服务质量，以优质的物流服务来满足客户差异化的需求，GPS 正是现代化配送业运输环节的一项关键技术。GPS 技术除了实时采集车辆运作过程的信息外，还可以应用在订单处理系统和库存管理系统，提供正确的订单信息和准确的产品出入库信息。

GIS 即地理信息系统，它是整个地球或部分区域的资源、环境在计算机中的缩影。GIS 系统通过人类现实世界的实现和变迁的各类空间数据及描述这些空间数据特征的属性，在计算机软件和硬件的支持下，以一定的格式输入、存储、检索、显示和综合分析应用的技

术系统。为用户实时地提供与其相关的、多种空间的动态的空间位置信息，改变了传统的数据处理方式，使信息处理由数值领域发展到空间范围。

(四)企业资源信息技术

MRP(Material requirement planning，物料需求计划)是被设计并用于制造业库存管理信息处理的系统，解决了如何实现制造业库存管理目标——如何在正确的时间、正确的地点、按照规定的数量得到真正需要的物料，从而保证在生产需要时所有物料都能配套齐备，达到减少库存和减少占用资金的目的。

制造资源计划(MRPⅡ)则以 MRP 为基础，增加了对企业生产中心、加工工时、生产能力等方面的管理，以实现计算机进行生产排程的功能，同时也将财务的功能囊括进来，在企业中形成以计算机为核心的闭环管理系统，这种管理系统已能动态监察到产、供、销的全部生产过程。

ERP(Enterprise Resource Planning，企业资源计划)，是在制造资源计划(MRPⅡ)的基础上增加了包括财务预测、生产能力、调整资源调度等方面的功能，配合企业实现 JIT 管理、全面质量管理和生产资源调度管理及辅助决策的功能，成为企业进行生产管理及决策的平台工具。

目前，我国一些大中型企业内部的供应链实现了 ERP 管理，也取得了比较好的成果。但产业供应链上下游企业之间并没有实现集成的 ERP 管理，没有实现企业流程再造和 ERP 实施的结合，只是用计算机操作简单代替传统的人工操作，没有充分发挥 ERP 管理的真正效应，需要进一步扩大产业供应链 ERP 管理的范围，对整条供应链的物流、资金流、信息流进行全面集成管理，有效提高企业的整体运营水平。

(五)数据管理及数据挖掘技术

物流配送数据库是企业物流配送信息系统的核心，与企业其他数据库相比具有实时动态性和共享性等特点。连锁企业采用分布式数据库技术进行物流配送管理，可以增加系统的可靠性和可用性，并提供局部自治的数据共享和场地之间的协调功能，提高配送的实时化水平。

(六)计算机网络通信技术

国际互联网的出现促使各行各业发生质的变化，许多企业都在积极寻求电子商务与企业经营组织模式、生产模式、销售模式最佳结合以适应时代发展。连锁企业依托国际互联网积极开展电子商务活动，可以突破传统的产、供、销、存模式，也可以借助它发布信息扩大本企业的影响力，扩展企业对外的接口界面。

(七)智能运输系统

智能运输系统(ITS)是将先进的信息技术、数据通信传输技术、电子控制技术及计算机处理技术等有效地综合运用于整个运输管理体系而建立起的一种在大范围内、全方位发挥作用的，实时、准确、高效的综合运输管理系统。它是目前国外解决城市及高速公路交通堵塞、提高行车安全和保护环境的主要措施，也是解决道路交通建设的限度，即受到土地资源制约的问题，提高国际间的竞争能力，增强新兴产业的战略措施。

四、连锁物流信息技术的结构

(一)物流信息基础技术

物流信息基础技术即有关元件、器件的制造技术，它是整个信息技术的基础，如微电子技术、光子技术、光电子技术、分子电子技术等。

(二)物流信息系统技术

物流信息系统技术即有关获取、传输、处理、控制物流信息的设备和系统的技术，它是建立在信息基础技术之上的，是整个信息技术的核心。其内容主要包括物流信息获取技术、物流信息传输技术、物流信息处理技术及物流信息控制技术。

(三)物流信息应用技术

物流信息应用技术即基于管理信息系统(MIS)技术、优化技术和计算机集成制造系统(CMS)技术而设计出的各种物流自动化设备和物流信息管理系统，如自动化分拣与传输设备、自动导引车(AGV)、集装箱自动装卸设备、仓储管理系统(WMS)、运输管理系统(TMS)、配送优化系统、全球定位系统(GPS)、地理信息系统(GIS)等。

(四)物流信息安全技术

物流信息安全技术即确保物流信息安全的技术，主要包括密码技术、防火墙技术、病毒防治技术、身份鉴别技术、访问控制技术、备份与恢复技术和数据安全技术等。

五、连锁业物流信息设备概述

在连锁物流信息技术中使用的各种信息采集、识别、读取、存储、传输、控制等设备称为连锁物流信息设备。现代物流业就是利用物流信息与物流信息设备，运用现代组织和管理方式，将运输、仓储、装卸、加工、配送、信息等环节整合并进行一体化经营的，从而实现物流信息的共享、提高物流的运作效率和效益。

(一)条码及扫描技术设备

物流中常用的条码及扫描技术设备主要包括条码打印设备、条码检测设备、条码扫描器等，如图 7-4 所示。

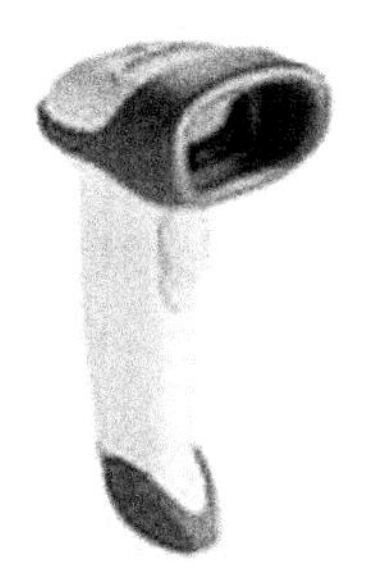

图 7-4　条形码、条形码读取、条形码打印设备

1. 条码打印设备

条码打印设备主要包括条码打印机。条码打印机又称标签打印机，是一种专用设备，一般有热敏型和热转印型打印方式。条码打印机打印速度快，可打印特殊材料(PVC 等)，可外接切刀等进行功能扩展，但使用维护较复杂，适合于需大量制作标签的专业用户使用。条码打印机能够适应生产、生活的不同需要，根据各个企业的不同情况打印各种大小不同的标签，使用起来简便快捷，可以单张打印，也可以批量打印，完全由使用者控制。条码打印机已经广泛应用于生产、生活中的各个方面，尤其是物流行业。

2. 条码检测设备

在产品生产、运输、销售等每一个环节，条码能否被准确、快速地识读关系着整个系统能否高效地运行。因此，越来越多的人开始关注条码的质量问题。条码检测即是对条码质量进行监管的有效手段。条码检测仪是一种精确测量条码各方面识读性能的设备。

3. 条码扫描器

条码扫描器由信号接收窗口、信号整形、译码三部分组成。信号接收窗口由光学系统及探测器(即光电转换器)组成；信号整形部分由信号放大、滤波、波形整形组成；译码部分则由译码器及通信部分组成。

在物流领域，充分利用条码及扫描技术设备与各种信息技术的综合应用，推动着物流系统的信息化、自动化和网络化的发展，对于建立一个高效、合理、快速反应的物流系统发挥着巨大的作用。

(二)射频技术设施与设备

依照不同的标准可以对 RFID 系统进行分类。根据其采用的频率不同可分为低频系统和高频系统；根据电子标签内的有源与否，可分为有源系统和无源系统；从电子标签内保存的信息注入方式可将其分成集成电路固化式、现场有线改写式和现场无线改写式；根据读取电子标签数据的技术实现手段，可将其分成广播发射式、倍频式和反射调制式。到目前为止，一般可以按照其功能的不同将 RFID 系统划分为：EAS 系统、便携式数据采集系统、RFID 网络系统和 RFID 定位系统。RFID 技术发展迅速，并且已经深入应用到很多领域(见图 7-5 和图 7-6)。例如，铁路车辆的自动识别，生产线的自动化及过程控制，货物的跟踪及管理等。在物流领域主要用于对物品跟踪、运载工具和货架的识别等。

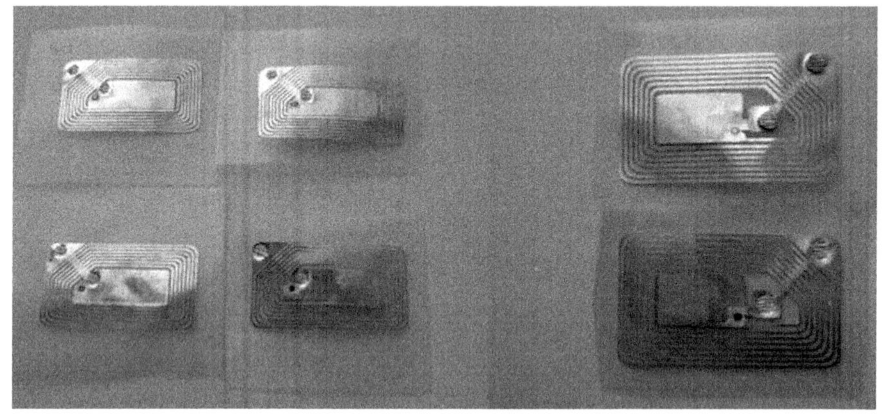

图 7-5　电子标签

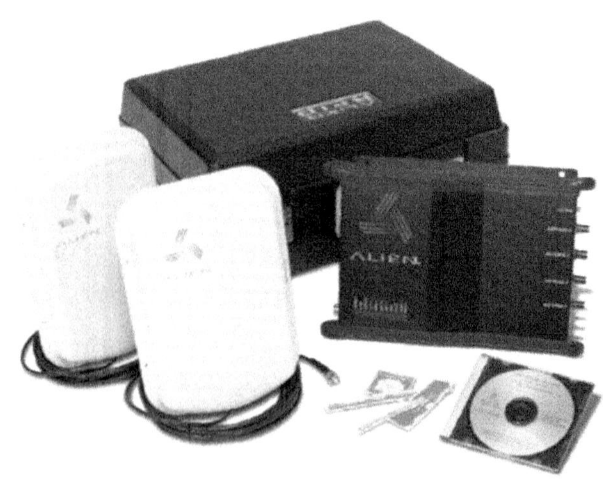

图 7-6　电子标签读写器套件

(三)电子商务交换——EDI 所需设备

EDI 所需的硬件设备大致有计算机、调制解调器(Modem)及通信线路。

1. 计算机

企业现有的 PC 机、工作站、小型机、主机等均可被应用到 EDI 系统，不必特地为应用 EDI 而购买新的设备。

2. 调制解调器

由于使用 EDI 进行电子数据交换需通过通信网络，而采用电话网络进行通信是很普遍的方法，因此，调制解调器是必备的硬件设备。调制解调器的功能与传输速度，应根据实际需求来决定。

3. 通信线路

一般最常用的是电话线路。

(四)POS 系统设备

POS(Point of Sales，销售点)指的是销售终端，把它安装在信用卡的特约商户和受理网点中与计算机联成网络，就能实现电子资金自动转账，它具有支持消费、预授权、余额查询和转账等功能，使用起来安全、快捷、可靠。

POS 终端设备(见图 7-7)一般由主控机、凭证打印机和客户密码键盘三部分构成。许多 POS 终端还配有条形码阅读器、钱箱等部件。

图 7-7　POS 系统终端

POS 终端分为三种类型：简易授权型专用终端、转账终端和收银式 POS。

1. 简易授权型专用终端

POS 主要起到信息传输作用，用户(持卡人和特约商户)是通过这种类型的终端直接跟银行主机进行交易。

2. 转账终端

转账终端除用作信用卡授权以外，还有查询余额、转账、冲正、清算等多种功能。

3. 收银式 POS

收银式 POS 是最高档的 POS，它本身是一台微机，带钱箱、读卡器、收据打印机及流水账打印机。这种 POS 终端，综合了计算机技术、通信技术和机械技术，使收款机从早期单纯的信息采集工具进化为多功能的信息处理工具，如图 7-7 所示。

(五)地理信息系统设备

GIS(地理信息系统设备)是计算机科学、地理学、测量学和地图学等多门学科的交叉，它是以地理空间数据库为基础，采用地理模型分析方法实时提供多种空间的和动态的地理信息，为地理研究和地理决策服务的计算机技术系统。一个完整的 GIS 主要由四个部分组成，即计算机硬件系统、计算机软件系统、地理空间数据、应用人员及组织机构。其核心是计算机系统，包括硬件和软件两个部分。地理空间数据反映 GIS 的地理内容，而应用人员则决定系统的工作方式和信息表示方式。

(六)全球定位系统设备

全球卫星定位系统(Global Positioning System，GPS)是一种结合卫星及通信发展的技术，利用导航卫星进行测时和测距，由三部分组成：空间部分——GPS 星座(由 24 颗卫星组成的星座，其中 21 颗是工作卫星，3 颗是备份卫星)；地面控制部分——地面监控系统；用户设备部分——GPS 信号接收机。

第二节　连锁物流信息系统管理

一、连锁业物流信息系统概述

连锁企业在经营管理活动中存在着丰富的信息资源，它们既是企业经营管理活动的组成部分，又是企业经营管理的决策依据。商业信息的不断流动形成了商业信息流，它和商流、物流、资金流等密切相关并不断扩大，致使连锁企业各方面管理和决策难度加大，为

此必须利用信息技术进行信息化管理，以达到信息管理制度化、规范化、科学化。因此建立一套快速、灵敏、准确、高效甚至智能化的信息系统对于连锁企业来说非常重要。

(一)连锁物流信息系统的含义

连锁物流信息系统是指物流管理的人员利用一定的设备根据一定的程序对信息进行收集、分类、分析、评估，并把精确信息及时地提供给决策人员，以便他们做出高质量的物流决策。物流信息系统的目的是，不仅要收集尽可能多的信息，提供给物流经理以便做出有效的决策，还要与公司中销售、财务等其他部门的信息系统共享信息，并将有关综合信息传至公司最高领导处，协助他们制订战略计划。

(二)连锁物流信息系统的功能

物流活动过程中的各个环节通过信息流紧密地联系在一起，因此，物流信息系统要完成对物流信息进行收集、整理、存储、传输、处理、分析和利用的各项任务。它的基本功能可以归纳为以下几个方面。

1. 数据的收集与输入

物流信息系统首先要通过条码技术，EDI 技术及数据库技术采集与物流系统内外相关联的数据，集中整理后并转化为物流信息系统所能接受的形式，再输入到系统中。

2. 物流信息的存储

数据在系统中经过加工处理，成为支持物流系统运行的物流信息，这些信息需暂时存储或永久保存，以供系统使用。

3. 物流信息的传播

来源于物流系统内外的物流信息，需要按不同的物流管理职能进行信息传输。

4. 物流信息的处理

物流信息的处理工作，是对收集到的信息进行筛选、分类、加工及分析存储等活动。信息处理的手段既可以是简单的查询、统计，也可以是通过数据挖掘，获得决策的知识。信息处理能力的强弱是衡量物流信息系统的一项重要指标。

5. 物流信息的输出

物流信息的发布与输出是物流信息系统的一项基本功能，通过输出信息，用户可以及时了解物流系统的运行状况。

(三)连锁物流信息的原理

连锁物流信息系统必须结合以下六条原理来满足管理信息的需要，并充分支持企业制订计划和运作。

(1) 可得性，迅速的可得性对于消费者做出反应及改进管理决策是有必要的，可得性的另一方面是信息的存取。物流作业分散化的性质，要求对信息具有存储能力，并且能从国内任何地方得到更新，这样信息的可得性就能减少作业上和制订计划上的不确定性。

(2) 精确性，物流信息必须精确地反映当前状况和定期活动，以衡量顾客订货和存货水平。

(3) 及时性，物流信息必须及时地提供快速的管理反馈。

(4) 以异常情况为基础的物流信息系统，物流信息系统必须以异常情况为基础，突出问题和机会。

(5) 灵活性，物流信息系统必须具有灵活性，以满足系统用户和客户两方面的需求。

(6) 适当形势化，物流报告和显示屏应该具有适当的形式，这意味着它们用正确的结构和顺序包含正确的信息。

二、连锁物流信息系统模块结构

连锁物流信息系统是在商业连锁行业计算机管理经验的不断积累，行业的不断运用、不断完善而开发成功的商业信息管理系统。结合国内外优秀的管理理念，突出业务流程，细化过程，通过权限控制，达到整个集团的统一管理。现代连锁经营物流系统的运作如图 7-8 所示。

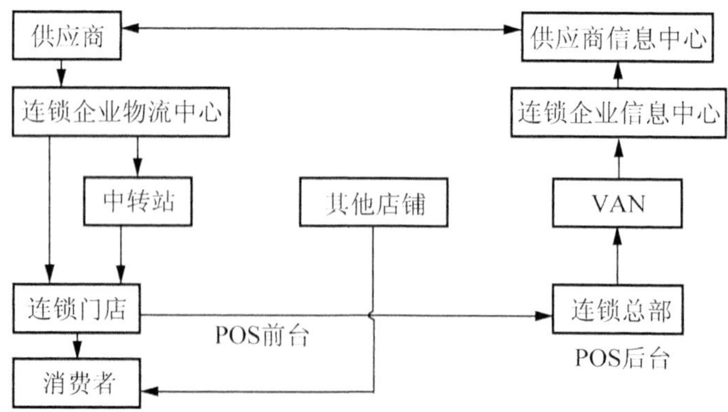

图 7-8　现代连锁经营物流系统运作

通过图 7-8 可以看到，连锁经营物流系统的运作必须提到信息流。可以说信息系统已经成为整个物流系统运作的基础，以信息为基础的订货、发货系统是整个系统的核心。

(一)连锁物流系统的运作模式

连锁物流系统的运作主要包括以下五个环节。

1. 连锁店环节

1) 通过 POS 终端来收集销售信息

即何种商品在几时几分向什么样的客户(男性、女性、年轻人、学生、中年人、老年人)销售了多少，货架上还剩多少。

2) 预测订货数量

即根据商品销售的情况、动向所做的预测。

3) 通过 EOS(E1ectronic Ordering System)向连锁总部订货。EOS 是利用店内手持订货终端(电脑网络终端)，经由电话线(或光缆宽带)传送至总部订货(当然有一部分商品也可采用传真形式)。采用 EOS 可以有助于实现多品种、多频率、少批量的商品配送，降低分店库存压力，减少缺货率。连锁分店通过 EOS 向总部订货，原则上有固定的时间，如每天中午 12 点到下午 17 点前。

2. 连锁总部环节

连锁总部设有计算机中心(或信息中心)，和店铺一起进行 POS 终端的管理，同时起指挥、协调的作用，从整体上把握连锁店的经营和管理。连锁总部在收到各连锁分店发来的电子订货后，以 EOS 的形式通过 VAN(Value Added Network)系统传至连锁企业的情报信息中心(有的连锁企业没有这一机构)。

3. 连锁企业情报信息中心环节

根据总部发来的电子订单，通过计算机联网批示物流中心出货。同时通过 EDI(E1ectronic Data Interchange)系统与厂商的信息中心随时保持密切联系，有时可直接将信息发给厂商订货。

4. 供应商环节

在规定的时间内，各厂商接受不同客户、不同商品种类的订货指示单，将各处的订货指示单汇总，开始制造订货商品或是调度库存，并做好出货准备，然后往配送中心送货。

5. 物流配送中心环节

大部分的物流活动都将在这一环节完成。物流配送中心将各地厂商运来的整货验收入库，并根据各连锁店的订货要求，通过自动化机械进行自动分货、拣货，再将各家店铺的货物都集中起来，安排卡车配送。

物流中心还会调查各连锁店的到货情况及运输车辆的有效利用情况。例如，调查商店

是否准确、及时地接到商品；在运输中是否有效地装卸货物；运输路线是否合理等。以日本大型连锁集团伊藤洋华堂为例，它对配送商品的交、接货实行高效率管理方式。其具体的手段是设立定时配送、划卡制度，即每一台配送车辆到店时要划卡，离店时也要划卡，到店至离店的时间为卸货和验货的时间。配送中心根据 POS 系统获取的信息、配送车辆的到店和离店的划卡时间，来分析交、接货的作业效率。如发现配送车辆比规定的时间早到或晚到店 15 分钟的话(早到无接货人员，晚到则会使商店失去最佳销售机会)，总部的职能部门就要按照合同规定，对运输公司的当事人处以罚款(委托运输的情况)。对配送车辆每到一店都实行同样的划卡制度，这样负责商品配送的物流配送中心就能掌握车辆的在途时间，从而规划较为合理的配送路线，以确保物流的通畅，使各连锁店能够顺利地运营。

国外的实践说明，要使连锁经营的物流系统能够真正有效地运作起来，不能再依靠单纯的物流活动(体力的、机械的)，而需要用信息系统像一根链条将它们串起来，做到准时、高度协调，否则整个物流系统就会瘫痪。

(二)物流信息系统模块结构

根据以上的连锁物流运作模式，可总结出物流信息系统的模块一般包括以下几个。

1. 接受订货系统

办理接受订货手续是交易活动的始发点，所有物流活动均从接受订货开始。为了准确地将商品送到，必须准确迅速地办理接受订货手续。接受订货系统是办理从零售商处接受订单、准备货物、明确交货时间、交货期限、剩余货物管理等的系统。

2. 订货系统

订货系统与接受订货系统、库存管理系统互动，库存不足时应防止缺货；库存过多或库存不合理时，生成“订货劝告”，以提示用户适时适量地减少订货。

3. 收货系统

收货系统是根据收货预定信息，对收到的货物进行检验，与订货要求核对无误后，计入库存指定货位等的收货管理系统。

4. 库存管理系统

库存管理系统是物流信息的中心。企业应该正确把握商品库存，这对于制订恰当的采购计划、接受订货计划、存货计划和发货计划是必不可少的。

5. 发货系统

如何通过迅速、准确的发货安排，将商品送到客户手中，是物流系统需要解决的问题。发货系统是一种与接受订货系统、库存管理系统互动，向保管场所发出拣选指令或根据不

同的配送方向进行分类的系统。

6. 配送系统

降低成本对于高效率的配送计划来说是非常重要的。配送系统是将商品按配送方向进行分类，制订车辆调配计划和配送路线计划的系统。

三、连锁物流信息系统管理的优势

连锁企业建立物流信息管理系统是全面提高企业竞争能力的关键，其意义表现在以下几个方面。

(一)提供准确及时的信息

借助计算机和现代通信网，可以实时采集市场、销售、库存等方面的信息，进行快速处理，及时传递给商品生产者、中介批发商、商场，以及商品的消费者。这种物理信息采集处理传输渠道，可以保证提供的信息及时性强、错误少、信息比较详细，使商场按需进货、中间批发商及时调整库存结构、商品生产者按照销售需要组织生产。同时，消费者也可以根据市场信息决定如何购买商品，及时得到商品的性能、特点、使用、保养知识，获得较好的售后服务。

(二)提高管理效率

物流管理信息系统的建立优化了商场的运作过程，提高了整个管理系统的效率。建立现代化的物流管理信息系统，不仅涉及信息的处理过程，还需要对商场的整个经营管理过程按照快捷、高效的原则进行重新改造组合，以适应信息时代的要求。

(三)提高计划和决策的可靠性

物流管理信息系统可向经营者提供的商品进、销、存及整个物流系统的信息，使商场经营者可以真正做到以销定进，以销定存，最大限度地降低商品的库存量，直至零库存。由于有计算机的帮助，才可能对商场成千上万种商品进行逐个跟踪管理，使单品管理得以实施，使经营计划和决策的可靠性得到很大的提高。

(四)促进经营方式和观念转变

信息系统采用计算机技术，极大地提高了信息处理的速度和经营管理的效率。物流信息的自动化、网络化，改变了信息传递的方式，使信息采集传递更加及时，达到实时的程度，如今 Internet 展示的网络广告、网上贸易、网上购物、网络银行和结算，将改变商品的流通方式和经营方式，使商品经营者的观念发生变化。

(五)能够促使物流企业提高竞争力

连锁企业只要解决信息的采集、传输、加工、共享，就能提高决策水平，从而带来效益，所以物流信息的开发和利用还需不断优化，为决策提供准确、及时的信息。随着信息技术的发展和利用，特别是供应链形成后，更重要的不是单一设施水平的提高，而是通过信息技术把资源整合到一起，来提高整体的运作效率。

第三节　E 连锁下的物流信息系统

一、任务引入

E 连锁是指借助于电子商务(Electronic Business，EB)平台开展连锁经营业务，进行B2C(Business To Customer，商家对客户)交易的模式。在这种模式下，从销售平台的搭建到E 连锁服务的开展，从订货单的产生到收货单的反馈都是由电子商务系统完成的，而该系统最重要的组成部分就是其物流信息系统的运作。

随着电子商务技术的发展和网络销售模式的成熟，网上零售连锁商店正以爆发式的速度增长。据不完全统计，我国每日网络交易量超过亿元，而且这一规模还在继续增长。E连锁市场的不断扩大，一方面促进了国民经济的繁荣和物流市场的发展，另一方面对其关系信息系统的处理能力、处理效率也提出了更高的要求，特别是网络销售平台与物流信息系统的协同运作。提高货物分拣、包装、发运的速度和质量，以提高客户服务水平是当前E连锁需要不断解决和完善的重点问题。

二、任务实施

(一)E 连锁下的物流系统模块

模块 1：在线销售平台

在线销售平台是拉动 E 连锁物流系统运作的基础，是消费者与 E 连锁商户交易的媒介。这一平台应有商品展示功能、会员注册功能、选购功能、在线支付功能，以及购买和销售信息查询、账户管理功能等。其中的购买和支付功能是拉动物流系统运作的需求源。

模块 2：订单信息处理

订单信息处理模块主要具有接受订单、修改订单、查询订单等功能，与配送信息模块和账款信息模块相连，还可以查询订购货物的配送情况和支付情况。

模块 3：库存信息管理

在 E 连锁环境下，库存信息模块数据通过前台销售系统和后台库房保管系统的对接，实时记录现有存货情况，同时还可对销售需求的规律予以统计分析，为采购决策提供科学的数据支持。存货信息管理是在E连锁经营模式下为保证避免缺货、最低存货和较高运营质量所必不可少的环节。该模块主要具有出入库管理和显示库存水平的功能。

模块4：配送信息管理

配送信息管理模块与存货信息及订单信息模块联动，订单生成后，如有存货，配送信息管理模块立即启动，进行分拣、打包、出库、送货等系列工作。

模块5：采购信息管理

传统的采购极其复杂。采购员要完成寻找合适的供应商、检验产品、下订单、接取发货通知单和货物发票等一系列复杂烦琐的工作。在E连锁环境下，连锁商店的采购过程会变得简单、顺畅。近年来，国际上一些大的公司已在专用网络上使用EDI，以降低采购过程中的劳务、印刷和邮寄费用。通常，公司可由此节约5%～10%的采购成本。

采购信息管理模块根据订单信息和存货信息模块提供的数据进行分析判断，到达订货点时即指令进行商品采购，有些零售企业的库存和采购模块对供应商开放，实行供应商管理库存(VMI)的方式进行采购订货，一旦到达订货点，供应商自动进行供应。

模块6：账款信息管理

账款信息管理模块主要管理E连锁商店销售应收账款及应付账款。应收账款包括在线支付的账款及快递送货上门收回的账款登记。应付账款是指采购所售商品需支付的货款。

模块7：逆向物流模块

逆向物流模块对于连锁物流信息系统是必不可少的，因为任何连锁企业都会遇到客户因商品质量问题、尺码问题等进行退换货的情况，那么物流信息系统就需对原已履行完毕的订单重新激活，进行退货或者换货的订单处理。

上述模块的结构一般适用于B2C的E连锁物流系统，如卓越、亚马逊、凡客诚品等E零售企业。因为其在线销售平台数据可以向后方物流系统开放，后方物流系统各项数据也可以与在线销售平台对接。

(二)E连锁下的物流信息系统运作模式

E连锁下的物流信息系统运作因其电子商务运作模式的不同而不同，分为B2C的运作模式和C2C的运作模式。

1. B2C的运作模式

在B2C的运作模式下，电子商务网站的经营人即是连锁企业，其电子商务系统是与其连锁物流系统相对接的。当一份订单生成时，通过其电子商务系统进行订单处理(如用户登记、价格核算、配送信息登记等)，然后再将数据传输到电子商务系统的几个辅助系统进行进一步的运作处理，包括核算的价格数据和用户账户数据传输到在线支付系统进行货款的在线支付并把支付信息反馈回电子商务系统；订单货品和用户配送信息数据传输到物流信息系统，进行查库、分拣、出库、打包、发货等物流运作；配送单号数据传输到快递公司或执行配送的第三方物流企业网站进行配送订单的跟踪；付款、发货、配送信息等数据与用户管理系统共享，接受客户的评价、反馈或投诉，同时，客户管理系统也接受退换货的申请和逆向订单与逆向物流数据处理和传输。其运作模式如图 7-9 所示。

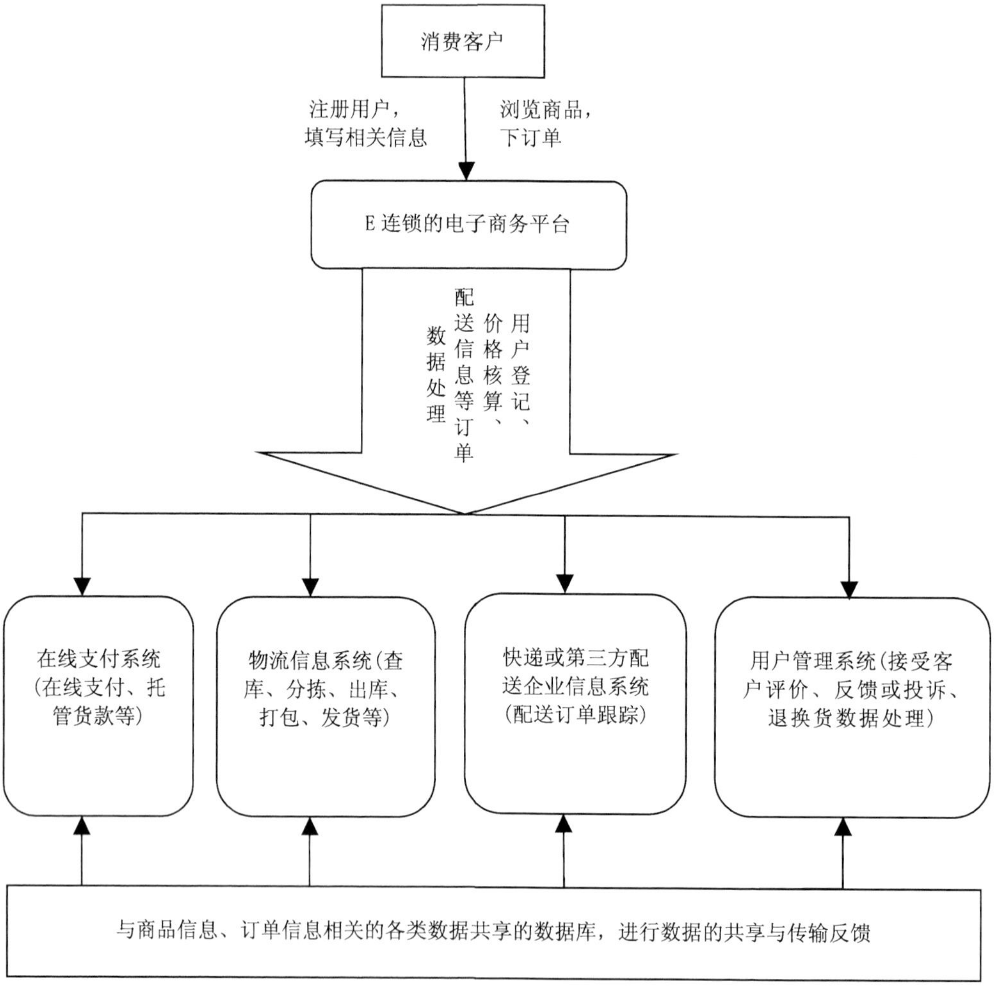

消费客户

注册用户，填写相关信息

浏览商品，下订单

E 连锁的电子商务平台

用户登记、价格核算、配送信息等订单数据处理

在线支付系统（在线支付、托管货款等）

物流信息系统（查库、分拣、出库、打包、发货等）

快递或第三方配送企业信息系统（配送订单跟踪）

用户管理系统（接受客户评价、反馈或投诉、退换货数据处理）

与商品信息、订单信息相关的各类数据共享的数据库，进行数据的共享与传输反馈

图 7-9　E 连锁电子商务系统运作模式(B2C)

因此，在这种运作模式下，E 连锁企业的物流信息系统是其电子商务系统的一部分，与电子商务系统联动运作，当销售订单发生后，其货品、数量、用户及配送数据会自动传输至物流信息系统，并开启库房的一系列物流服务活动，物流信息系统的运作模式如图 7-10 所示。

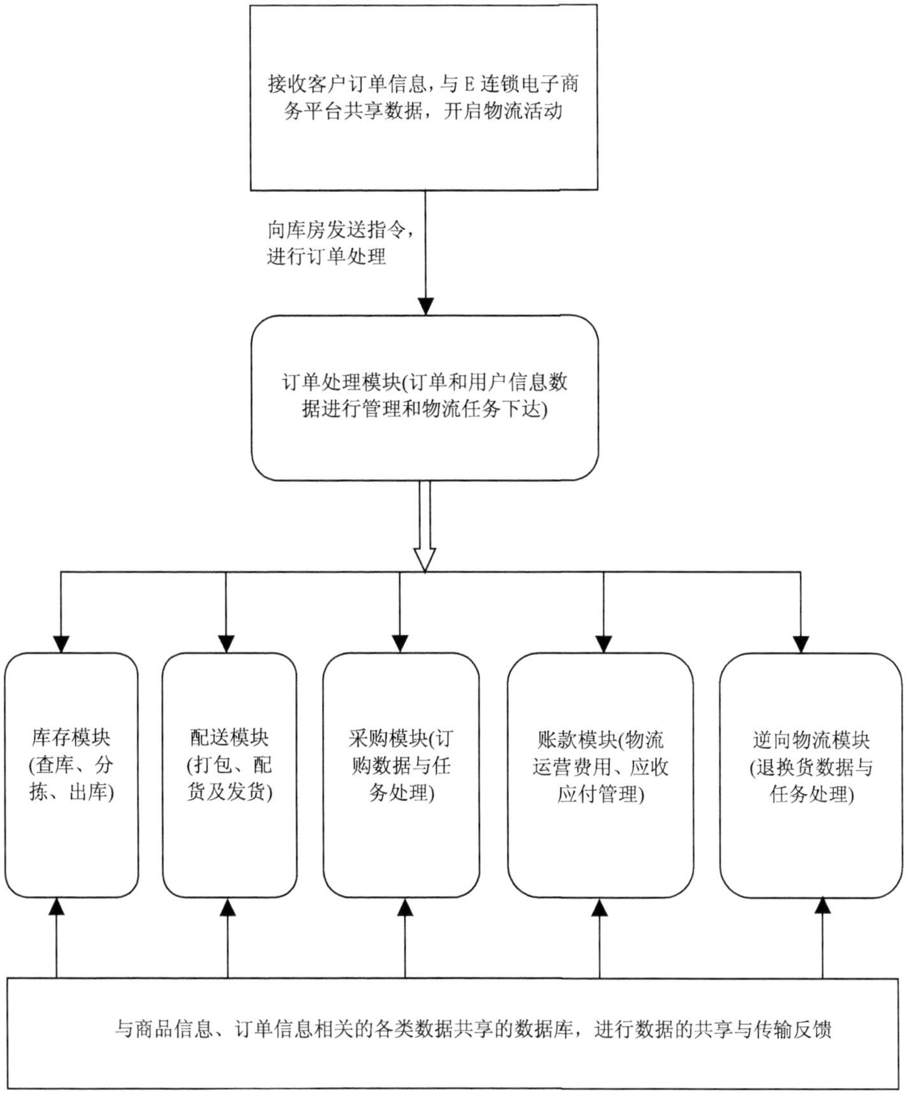

接收客户订单信息，与 E 连锁电子商务平台共享数据，开启物流活动

向库房发送指令，进行订单处理

订单处理模块(订单和用户信息数据进行管理和物流任务下达)

库存模块(查库、分拣、出库)

配送模块(打包、配货及发货)

采购模块(订购数据与任务处理)

账款模块(物流运营费用、应收应付管理)

逆向物流模块(退换货数据与任务处理)

与商品信息、订单信息相关的各类数据共享的数据库，进行数据的共享与传输反馈

图 7-10　E 连锁物流信息系统运作模式(B2C)

2. C2C 的运作模式

在 C2C 的运作模式下，电子商务网站的经营人不是连锁企业，其电子商务系统只是一个在线销售平台容纳大量的 E 连锁卖家开设电子商铺销售商品，而其数据与各个 E 零售商铺的物流系统是不对接的，当一份订单生成时，一方面在其电子商务系统进行订单处理，如用户登记、价格核算、配送信息登记与跟踪等，另一方面需通过 E 连锁企业的工作人员将订单输入其物流信息系统以进行库房和后台的物流服务活动。因此，在这种模式下，E 连锁的电子商务系统与 E 零售商家的物流信息系统是分离的，而不像 B2C 模式下，物流信

息系统是电子商务系统的一部分，两个系统的数据是互补开放和共享的，它需要人工对两个系统所需数据进行输入和处理。

这样的系统运作模式是由其商业模式决定的，因为在C2C模式下，无法建立统一的后台订单处理系统，也无法整齐划一的进行数据共享，这样的运作中也势必会导致订单处理不当、数据丢失或输入错误等问题发生，并且各个E连锁企业的订单处理能力和质量也不尽相同，用户在这样的模式下购买商品就要对商家信用和商品质量进行考查，因此，很多C2C的在线电子商务系统都会将客户对商家及货品的评价数据完全开放，以为客户购买时提供有效参考。其在线电子商务平台运作模式如图7-11所示。这种模式下的物流信息系统运作如图7-12所示。

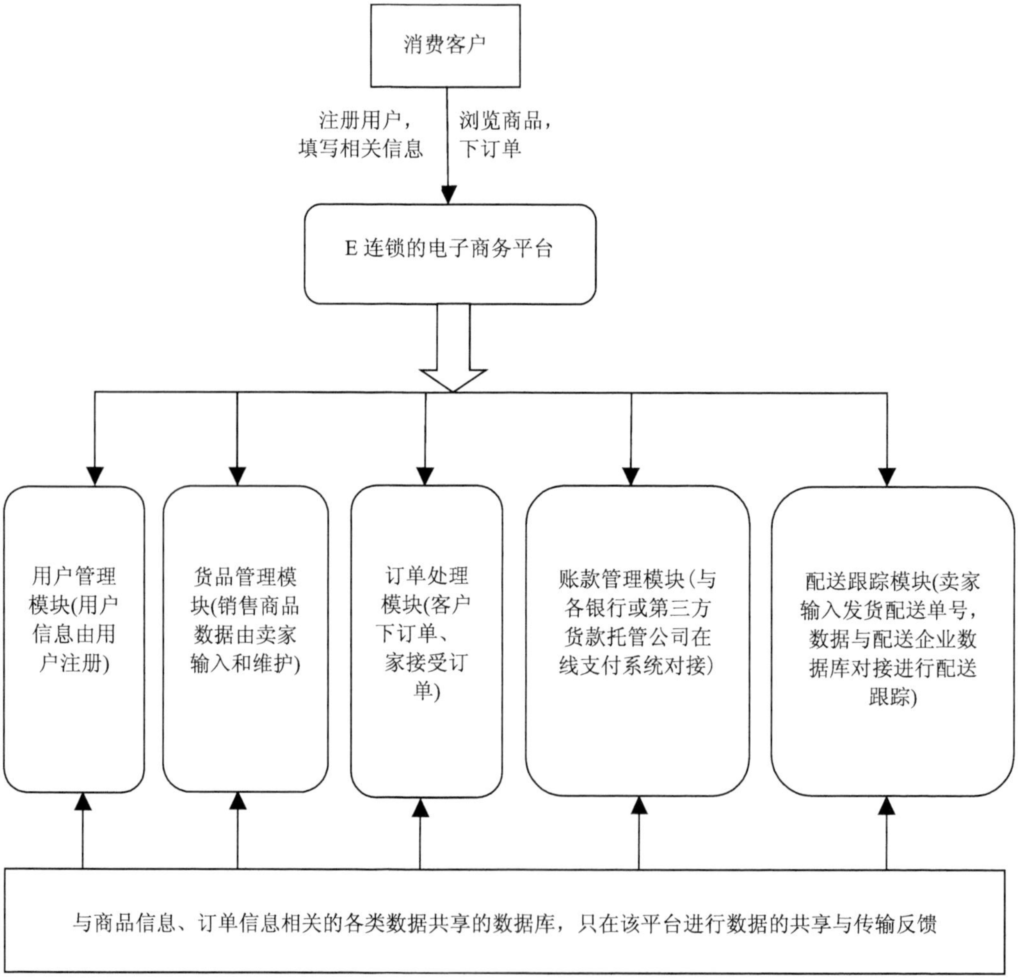

图7-11　E连锁电子商务系统运作模式(C2C)

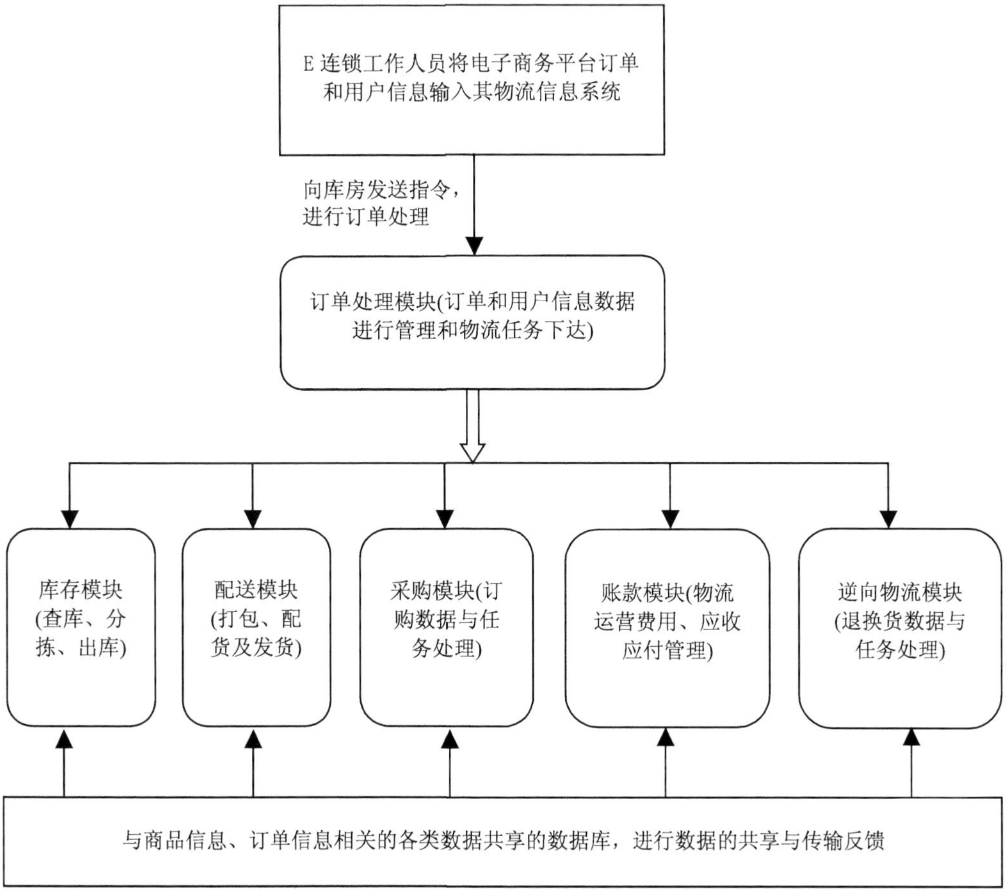

图 7-12　E 连锁物流信息系统运作模式(C2C)

第四节　连锁物流信息系统管理综合案例分析

一、沃尔玛物流信息系统管理案例

(一)案例引入

沃尔玛之所以成功，很大程度上是因为它至少提前 10 年(较竞争对手)将尖端科技和物流系统进行了巧妙搭配。早在 20 世纪 70 年代，沃尔玛就开始使用计算机进行管理；20 世纪 80 年代初，他们又花费 4 亿美元购买了商业卫星，实现了全球联网；20 世纪 90 年代，其采用了全球领先的卫星定位系统(GPS)，控制公司的物流，提高配送效率，以速度和质量赢得用户的满意度和忠诚度。

沃尔玛所有的系统都是基于一个叫做 UNIX 的配送系统，并采用传送带和非常大的开放式平台，还采用产品代码，以及自动补货系统和激光识别系统，所有这些为沃尔玛节省了相当多的成本。沃尔玛一直崇尚采用最现代化、最先进的系统，进行合理的运输安排，通过计算机系统和配送中心，获得最终的成功。

1. 建立全球第一个物流数据的处理中心

20 世纪 70 年代，沃尔玛建立了物流的管理信息系统(MIS)，负责处理系统报表，加快了运作速度。20 世纪 80 年代初，沃尔玛与休斯公司合作发射物流通信卫星，物流通信卫星使得沃尔玛产生了跳跃性的发展。1983 年的时候采用了 POS 机，即销售始点数据系统。1985 年建立了 EDI，即电子数据交换系统，进行无纸化作业，所有信息全部在计算机上运作。1986 年的时候它又建立了 QR，称为快速反应机制，对市场快速拉动需求。

沃尔玛在全球第一个实现集团内部 24 小时计算机物流网络化监控，使采购、库存、订货、配送和销售一体化。例如，客户到沃尔玛店里购物，然后通过 POS 机打印发票，与此同时负责生产计划、采购计划的人员及供应商的计算机上就会同时显示信息，各个环节就会通过信息及时完成本职工作，从而减少了很多不必要的时间浪费，加快了物流的循环。

2. 沃尔玛物流应用的信息技术

射频技术(Radio Frequency，RF)，在日常的运作过程中可以跟条形码结合起来应用。

便携式数据终端设备(PDF)，传统的方式到货以后要打电话、发 E-mail 或者发报表，通过便携式数据终端设备可以直接查询货物情况。

物流条形码(BC)，利用物流条码技术，能及时有效地对企业物流信息进行采集跟踪。

射频标识技术(RFID)，是一种非接触式的自动识别技术，它通过射频信号自动识别目标对象并获取相关数据，识别工作无须人工干预，可在各种恶劣环境中工作。

全球卫星定位系统(GPS)，强大的运输体系为沃尔玛的管理带来了困难，因此沃尔玛配送系统中的运输车队全部安装了全球卫星定位系统。通过卫星定位，配送中心可以随时掌握每一辆卡车的位置，每一件货物的状态，从而合理安排运输线路，避免空载，节省物流成本。沃尔玛还安装了公司专用的卫星通信系统，通过这个系统，沃尔玛每天直接把销售情况传送给 5000 家供应商，该系统的应用使得总部、分销中心和各商店之间可以实现双向的声音和数据传输，使配送中心、供应商及每一分店的每一销售点都能形成在线作业。在短短几小时内便可完成“填妥订单—各分店订单汇总—送出订单”的整个流程，大大提高了经营的高效性和准确性。不论是供应商管理系统、还是物流运输系统，在所有供应链的节点上，信息流都是双向的，它遵循了信息充分共享的原则，从而使沃尔玛的信息和货物的交换更加快捷、有效、可靠。凭借这些信息技术，使沃尔玛如虎添翼，取得了长足的发展。

(二)实体连锁物流信息系统管理要点

第一，管理者要拥有创新的管理理念和代表世界先进水平的管理思想。
第二，选择适合企业发展的有效方式——为企业的总体发展战略服务。
第三，改善供应链上各节点的关系——供应链上所有部门精诚合作。
第四，完善信息管理基础建设——加大资金投入，引进人才。
第五，收集、处理和传播信息的能力，以及对信息技术的充分利用。

(三)思考问题

请根据沃尔玛信息系统的应用案例，理解并分析物流信息系统的作用。

(四)案例分析

沃尔玛的成功既可以说是优秀的商业模式与先进的信息技术应用的有机结合，也可以说是沃尔玛对自身的“商业零售企业”身份的超越。通过以上对沃尔玛的分析研究可以发现，沃尔玛给人们留下印象最深刻的，是它的一整套先进、高效的物流和供应链管理系统。沃尔玛在全球各地的配送中心、连锁店、仓储库房和货物运输车辆，以及合作伙伴(如供应商等)，都被这一系统集中、有效地管理和优化，形成了一个灵活、高效的产品生产、配送和销售网络。这样减少了很多不必要的时间浪费，降低了物流配送成本，提升了企业的竞争力。可见，企业在物流信息系统上进行投资是可以得到良好回报的。

目前，我国已经有不少企业正在加紧信息化建设，其中有部分企业也在实施和应用供应链管理系统，但收效却很难与沃尔玛相比。原因在于，一方面，某些供应链管理软件更多的是由 IT 技术人员和程序员来开发，而代表了世界先进水平的管理思想和理念却很难模仿。另一方面，我国企业在构建全国范围内的供应链管理系统时，可能会遇到经验、人员、资金上的困难，更多的情况是面临着国内企业基础管理较弱、整体信息化程度不高的问题。在“沃尔玛现象”引发的全球物流与供应链管理建设潮流中，我国逐步成为世界的制造中心，正在迎来一个物流管理与供应链管理发展的好机遇。

二、看不见的“苏宁”

(一)案例引入

在客户付款的那一刻，相关产品的销售信息就已经传送至苏宁的 ERP 系统——即便身在苏宁的南京总部，只要权限足够，随时可以查询苏宁在全国任一座城市任一个店铺的实时销售状态。同时，苏宁的 ERP 系统已经与一些上游供应商实现了 B2B 对接，供应商可以随时掌握商品的销售与库存状态，获知用户信息。与此同时，苏宁客服系统立刻启动自动排程、自动配载等程序并传递至北京苏宁的物流基地，物流基地的工作人员就着手进行着包括商品分类等一系列发货准备，这一切都是依靠苏宁的信息化来实现的。

苏宁是国内家电连锁企业中着力信息化建设最早的企业，早在2000年商业资本刚刚抬头之时，苏宁就提出了“在全国建立1000家连锁店，做中国的沃尔玛”的目标。

要实现这一目标，苏宁电器选择了IBM咨询作为自己在信息化开发方面的合作伙伴。2004年至2010年，苏宁与IBM一直保持着战略合作伙伴关系，花费3亿元进行整个系统的优化管理和提高IT应用水平，实施多媒体监控指挥中心建设工程，建立了一个基于多维控制的信息平台。

苏宁的ERP信息平台的建设不仅针对内部，也对供应商开放。苏宁目前有900多家零售终端门店，供应商数量1万多家，供应链运作相当复杂。

最初，苏宁与三星分别拥有各自独立的信息化系统，当时的合作模式是：三星根据苏宁的订单供货，至于销售的情况只能在月度或季度对账时才能了解。这样造成的直接结果是，热销的产品缺货时往往不能及时补货，而滞销的产品只能在库房中慢慢贬值。

为了弥补上述的缺陷，苏宁通过B2B信息化技术直接与供应商进行对接。三星、海尔、摩托罗拉是最早与苏宁电器进行B2B对接的供应商，这些供应商可以随时进入苏宁的ERP系统(通过苏宁的一个公共平台实现双方 ERP 系统的对接)查看自己产品的销售进度和库存情况，减少业务沟通成本和劳动强度。同时，利用苏宁电器与消费者直接接触得来的市场信息，供应商可以更快地清除库存，生产适销对路的产品，供应链在这种循环当中得到完善。

正因如此，LG、三星的客服在第一时间就掌握了其商品用户的信息，可以及时按照各自品牌的要求对用户进行回访，更好地完善售后服务环节。

几年前，苏宁电器每年的开店速度在50家左右，但从2009年开始每年新开店超过200家。这样的高速度扩张有点类似于麦当劳的模式，但是对于体量更为巨大的家电零售商来说，面临着远比快餐企业更为复杂的问题。例如，新店面前期投资巨大、顾客初期购买率低、物流建设与配送成本高等都是不可回避的现实问题。

2009年报显示，苏宁电器2009年实现营业总收入583亿元，较上年同期增长16.84%，归属于母公司净利润达28.90亿元，增长33.17%。在实现店面快速扩张的同时，利润也实现了同步增长。这与零售业中，连锁销售企业的规模与利润率成反比的普遍现象形成了较大的反差。对此，中国连锁经营协会认为，苏宁电器近年来一直坚持外延式与内生式并行的两种增长方式，并且一直保持着家电连锁企业中最高的“单店盈利水平”，最重要的原因是苏宁基于后台信息平台系统的建设为内部管理带来一系列变革性的影响。

(二)虚拟连锁物流信息系统管理要点

在专注零售业务发展的同时，应当将企业 IT 应用与企业经营管理的整合能力提升到战略高度来看待，必须与能够将管理咨询和 IT 服务整合运用的最具实力的咨询服务公司进行紧密合作。

建立 E 连锁模式，通过 B2B 信息化技术实现直接与供应商和市场信息对接，在进货、销售、库存、售后服务等环节实现以客户为中心的协同效应。

对于下游业务，连锁企业需要通过分布在全国的门店，将商品销售给最终消费者；对于上游业务，连锁企业同时从商品、采购计划、订单、收发货、结算对账、信息交流等多方面需要和供应商进行沟通，包含物流、资金流、信息流等交叉作业。因此，供应链上的每一环节增值与否、增值的大小都会成为影响连锁企业，以及上游供应商各自的竞争能力。

(三)思考问题

请结合“长鞭效应”理论对此进行点评，简述有何启示？

(四)案例分析

企业在竞争中最直接　激消费者的手段之一就是各类营销活动的投放，如折扣、赠品、返现等，在本质上这些都是让商品价格发生波动，从而在短期内吸引消费者购买　望的行为。

这通常是我们看到的企业最表层的一面，然而真正使企业战胜对手的却是那些　后的力量，也就是供应链之间的竞争——企业和上游供应商之间的　契配合、无缝对接，从而使货品流畅运动，才能真正完成商品在最后销售环节的“惊险一　”。

像苏宁电器这样的零售商正是意识到：销售总会伴随着库存，合理的库存管理不仅可以消除不必要的物流成本、人工成本及资本价值占用，更为重要的是，能够为一线销售环节提供快速响应的可能，并消除因脱销而产生的客户流失。如果零售领域的信息不稳定，或者传递不及时，就会给上游供应商制造灾难。

供应链管理中有个著名的术语，叫做“长鞭效应”，是指信息流从最终消费者向上游最原始供应商传递时，由于无法有效地实现信息的共享，使得信息　　而逐渐误解、放大，导致了需求信息出现越来越大的波动，而制造商和零售商之间就是典型的长鞭效应的“头部”和“尾部”。

消除长鞭效应需要多种方法共同配合，最核心的就是要实现供应链成员之间的信息共享。在本案例中，为了提高销售与库存之间的高效衔接，作为零售端的苏宁电器与处于上游制造端的三星、海尔、摩托罗拉、LG 等制造商，利用 ERP 信息技术创造供应链管理的透明度，相互之间的数据对接，可以有效控制订单、缩短订货周期、降低物流各环节中的不确定性。这种利用物流信息技术的方式，还可以在沃尔玛身上找到共 ：在沃尔玛供应商指南版本的变迁中，我们看到每次的合作要求，都是在考虑如何更有效地与上游供应商之间实现高效率合作。

要想使物流信息技术手段发挥更大效用，一定规模的区域物流(配送)中心必须也要跟上步 ，这样才能将商品的物理空间和时间安排得有时有序。

本 章 小 结

面对外资企业现代化管理的挑战和同业态经营的激烈竞争，国内连锁企业不仅要以先进的管理理念和营销手段、长远的营销目标、完善的营销组织来应对多变的市场和客户需求，按照现代流通业的发展和管理要求实现对连锁企业各个职能部门和经营各环节的有效控制和规范，更要利用科学、先进的计算机信息管理系统，打造现代连锁经营的管理平台，确保整个连锁企业有序发展，有效规避经营风险。

连锁物流信息技术主要是使用物流信息设备完成各种信息采集、识别、读取、存储、传输、控制等，包括条码及扫描技术设备，射频技术设施与设备——RFID 系统，电子商务交换——EDI 所需设备，POS 系统设备，地理信息系统设备及全球定位系统设备等。

订货、发货系统是物流信息系统的核心。该信息系统连接公司的销售、财务及其他部门的信息系统，促进各部门的共享信息，并将有关综合信息传至公司最高领导处，协助他们形成战略计划。信息系统像一根链条一样将它们串起来，做到准时、高度协调，否则整个物流系统就会瘫痪。

随着电子商务技术的发展和网络销售模式的成熟，网上零售连锁商店正以爆发式的速度增长。E 连锁下的物流信息系统运作因其电子商务运作模式的不同而不同，分为 B2C 的运作模式和 C2C 的运作模式。E 连锁市场的不断扩大，对其关系信息系统的要求也不断提升，成为连锁企业信息系统研究的新课题。

复习思考题

一、简答题

1. 简述连锁物流信息化的基本概念。
2. 简述连锁物流信息技术设备的概况。
3. 简述连锁物流信息化的具体内容。
4. 简述连锁物流信息系统的优势。
5. 简述连锁物流信息系统的结构和功能。

二、案例分析题

某连锁企业是经营百货的零售业态超市，总部在佛山市，下属有 17 个门店，分布在全市各个地方。该公司配送时，每辆车一次满载可送 10 家门店，每天每车送货两次。配货中心由于供应品种较多，如何合理地调度这些送货车辆，总部如何管理好各分店的经营，在保证各门店要货能及时得到满足的前提下，使成本最低，效率最高呢？

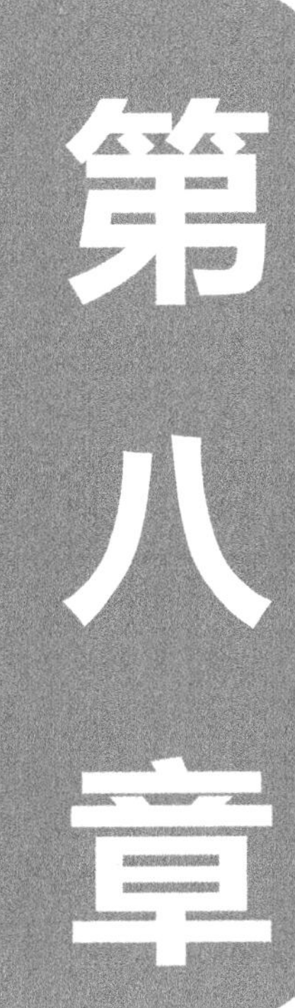

第八章 连锁业逆向物流管理

【学习目标】

通过本章的学习，主要了解逆向物流的概念；了解逆向物流形成的原因；掌握降低逆向物流成本的方法；熟练掌握逆向物流的操作流程。并通过理论知识学习和实训的学习能够自主完成逆向物流中心的规划设计。

【本章导读】

目前，家电产品被退货的现象几乎已经成为家电市场极为常见的现象，尽管大部分的家电公司都把退货服务看成是推动新的销售渠道及销售额增长所必须付出的成本，但随着退货现象的增加，一个让人不能满意的数据——无缺陷退货率(no defect found)也越来越高。无缺陷退货率在家电产品中占到了退货率的70%，PC产品中占退货率的85%。一些小家电的这一项数据更是超过了 90%。飞利浦家电公司的情况就明显反映了这一点，作为一家非常有名的家电公司，其退货率甚至比行业平均退货率还要高。为了运输这些退回来的产品，飞利浦家电公司和其零售商都付出了巨大的成本；再加上由这些退货现象衍生出来的索赔、反索赔等问题，使飞利浦公司每年都会造成几千万美元的损失。

在绝大多数国家，人们鼓励消费者通过和生产厂家直接联系维修损坏产品或是调换产品，但是在美国，飞利浦和其零售商就必须寻找一种别的途径来减少产品进入逆向物流供应链，特别是减少那些无缺陷产品的回流。

第一，统一退货衡量标准。

解决退货问题的关键是要形成统一的退货衡量标准。由于公司各部门缺乏沟通与合作，飞利浦缺乏一种通用的退货衡量体系。不但美国和世界其他国家或地区的退货衡量标准不一样，就连飞利浦公司内部的不同部门也使用不同的IT系统进行测算，公司各部门对按哪个时间段进行测量和如何对退货进行分类，无法集成信息。

第二，在产品简易性上需要做更多文章。

通过对供应链各环节中可能引起高退货率的因素进行逐一分析，公司发现并非是产品质量问题导致了退货现象的滋长，而是飞利浦产品使用的复杂性所致。为了降低产品使用的复杂性，使产品更加容易使用，飞利浦公司采取了很多措施：努力改善产品的售后服务，增加了网上的服务支持，改善电话咨询中心的服务水平，如常见问题解答(FAQ)、连线下载及DVD或其他数字产品的免费升级等；在产品的包装盒内附加“阻止性”说明书且说明书上都印有显眼的“阻止”符号，引导消费者在把商品拿回送零售商店之前应先和制造商联系。这些措施鼓励消费者通过直接联系制造商去解决产品问题，从而对减少退货现象起到了很大的帮助。同时，公司还增设了地区或中央维修中心，为消费者提供交换服务项目。根据这一项目，飞利浦向零售商或维修商支付一定的处理费，并让其把退货直接返回给公司。

第三，强化退货规定。

一些零售商现在都把有关的退货规定张贴在商场里显眼的位置，这些规定都提出了“重新进货费用”的概念，实际上已经有零售商开始收取这些费用了。Target和卡玛特等零售巨头也在强化实施“退货必须携带发票且必须在规定的退货期限内退货”的规定。为了解决退货问题，其他一些零售商还增加了新的举措。例如，向顾客提供制造商和本地服务商的联系方式等，并且事先声明并非在各种情况下都接受退货。

另外，随着电子类产品更新速度的加快，零售商们也意识到缩短退货期限是其减少退

货的一个重要措施。

第四，改善销售系统。

SiRAS 数据库系统是一个重要的软件系统。飞利浦也认识到 SiRAS 系统极具价值，它能存储产品出货的大量原始数据。电子注册允许所有零售商、生产商、服务商、退货中心及呼叫中心向终端用户提供相同的、公平的服务支持。所有的授权合伙人都可以轻松地接入 SiRAS 系统，获取所购产品的日期和地方。因为 SiRAS 系统是安装在销售时点信息管理系统(POS)，成本已最小化，生产商只需按使用次数付费。

第五，改善售后服务。

飞利浦把服务商“拉拢”进了阻击无缺陷产品退货的统一战线。对于服务商而言，这是一个“双赢”的格局。服务商很乐意通过对服务网络进行改造，为飞利浦公司提供一些额外的服务。

飞利浦公司通过强化实施退货管理规定等措施，使退货率达到了行业平均水平。通过对逆向物流的有效调整，飞利浦转危为安，以其优质的产品再次树立了家电行业卓越的形象。

(资料来源：靳生玺. 飞利浦控制退货率的秘诀[J]. 知识经济. 2004(12))

逆向物流主要是指回收物流，一般指不合格物品的返修、退货以及周转使用的包装容器从需方返回到供方所形成的物品实体流动。它可分为退货逆向物流和回收逆向物流两部分。

由于逆向物流的不确定性强、复杂性高、运作成本高，因此一直是物流管理的难点，所以逆向物流应以预防为主，防治结合的方法，尽量避免其产生，同时还要遵循绿色、效益、法制化、社会化等原则，使企业、社会各方面都认识到逆向物流的危害，并有意识的防止逆向物流的产生。

本章在介绍逆向物流概念与特征、原则、重要性等基本知识的基础上，重点介绍连锁业逆向物流的方式、类型及管理方法。

第一节　逆 向 物 流

一、逆向物流的概念与特点

(一)逆向物流的概念

对于逆向物流的概念，理论界有多种理解，主要有广义和狭义之分。所谓狭义逆向物流是指对那些由于环境问题或者产品已过时的原因，而将产品、零部件或物料回收的过程，它是将废弃物中有价值的部分加以分拣、加工、分解，使其成为有用的资源重新进入生产和消费领域，主要是指回收物流。所谓回收物流，是指不合格物品的返修、退货，以及周

转使用的包装容器从需方返回到供方所形成的物品实体流动。广义的逆向物流除了包含狭义的逆向物流之外，还包括废弃物物流的内容，其最终目标是减少资源使用，并通过减少使用资源达到减少废弃物的目标，同时使正向及回收物流更有效率。废弃物物流是指将经济活动中失去其原有使用价值的物品，根据实际需要进行收集、分类、加工、包装、搬运、储存等，并分送到专门处理场所时所形成的物品实体流动。

在连锁企业日常运营中，逆向物流分为退货逆向物流和回收逆向物流两部分。退货逆向物流是指顾客将不符合要求(目前部分超市已制定出只要是顾客不满意的产品，在一定的条件下都可退货)的产品退回给超市，再进一步退回给供应商的物流过程，其流向与常规产品的流向正好相反。回收逆向物流是指商品因过期而将其主动从超市货架撤柜并返厂的物流过程。

(二)逆向物流的特点

1. 逆向性

逆向物流中退回的商品或过期报废的物品的流动与正常的商品流动方向刚好相反，即从消费者→超市→供应商→制造商。逆向物流与正向物流的一样，是不可避免的物流方式。

2. 不确定性

与正向物流按量、准时和指定发货点的基本要求不同，逆向物流产生的时间和数量是不确定的。它受消费者的退货要求与商品销售速度及其他因素的影响，同时与生产、销售人员的工作认真程度也有关，因素相对较复杂。

3. 复杂性

连锁超市逆向物流的发生一般表现为无序、少量，难以统一集中地向超市物流中心转移；另外，退货商品或报废商品的处理过程复杂，从而导致逆向物流的管理也很复杂。逆向物流的管理成本较高，管理方法也相对复杂。

4. 成本高

一方面，逆向物流中的商品通常缺少规范的包装，又具有不确定性，难以充分利用运输和仓储的规模效益；另一方面，许多商品需要人工的检测、判断和处理，效率低下，极大地增加了人工的费用。因此，超市的逆向物流成本较高。

二、逆向物流的原则

(一)“事前防范重于事后处理”的原则

逆向物流在实施过程中的基本原则是“事前防范重于事后处理”，即以预防为主、防治

结合的原则，对回收的各种物料进行处理，这往往会给企业带来许多额外的经济损失，势必增加供应链的总物流成本，与物流管理的总目标相悖。因而对于连锁企业而言，要做好逆向物流，一定要遵循这条原则，循环经济和绿色经济都是实现这一原则的重要手段。

(二)绿色原则

绿色原则是指将环境保护的思想融入到物流管理的过程之中，也就是所谓的“5R”原则——refuse(拒绝)、reduce(减少)、reuse(再利用)、reform(再加工)、recycle(再循环)。

(三)效益原则

生态经济学认为，在现代经济、社会条件下，现代企业是一个由生态系统与经济系统复合组成的生态经济系统。物流是社会再生产过程中的重要一环，物流过程中不仅有物质循环利用、能源转化，而且有价值的转移和价值的实现。因此，现代物流涉及经济与生态环境两大系统，理所当然地架起了经济效益与生态环境效益之间彼此联系的桥梁。经济效益与环境效益是对立统一的，后者是前者的自然基础和物质源泉，而前者是后者的经济表现形式。

(四)信息化原则

尽管逆向物流具有极大的不确定性，但是通过信息技术的应用(如使用条形码技术、GPS技术、EDI 技术等)可以帮助企业大大提高逆向物流系统的效率和效益。因为使用条形码可以存储更多的商品信息，这样有关商品的结构、生产时间、材料组成、销售状况、处理建议等信息就可以通过条形码加注在商品上，也便于对进入回收流通的商品进行有效、及时的追踪。

(五)法制化原则

尽管逆向物流还只是一个新兴产业，但是逆向物流活动从其来源可以看出，它就如同环境问题一样并非新生事物，是伴随着人类的社会实践活动而产生的，只不过是工业化迅猛发展的过程使这一“暗礁”浮出水面而已。然而，正是由于人们以往对这一问题的关注较少，所以市场自发产生的逆向物流活动难免带有盲目性和无序化的特点。例如，近年来我国废旧家电业异常火暴，但据分析调查得出，这些企业往往是通过给旧家电“穿”新衣来牟取利润的，即以侵犯广大农户和城市低收入家庭等低收入消费群体的合法权益为基础的，这亟须政府制定相应的法律法规来引导和约束；而具有暴利的“礼品回收”则会助长腐败，是违法的逆向物流，应坚决予以取缔；还有废旧轮胎的回收利用。我国各大城市街区垃圾箱受损、井盖丢失、盗割铜缆等现象就与城市盗窃者长期逍遥法外不无关系，固体废物走私犯罪活动蔓延势头(如废旧机电、衣物及车辆的流通)，汽车黑市等违法的逆向物流活动都亟须相关的法规来约束。

(六)社会化原则

从本质上讲，社会物流的发展是由社会生产的发展带动的，当企业物流管理达到一定水平，对社会物流服务就会提出更高的数量和质量要求。企业回收物流的有效实施离不开社会物流的发展，更离不开公众的积极参与。在国外，企业与公众参与回收物流的积极性较高，尤其是在许多民间环保组织的巨大影响力下，已有不少企业参与了绿色联盟。

三、逆向物流的重要性

(一)提高潜在事故的透明度

逆向物流在促使企业不断改善品质管理的体系上，具有重要的地位。ISO9001：2000版将企业的品质管理活动概括为一个闭环式活动——计划、实施、检查、改进，逆向物流恰好处于检查和改进两个环节上。企业在退货中暴露出的品质问题，将通过逆向物流信息系统不断被传递到管理阶层，提高了潜在事故的透明度，管理者可以在事前不断地改进品质管理，以根除产品的不良隐患。

(二)提高顾客价值，增加竞争优势

在当今顾客驱动的经济环境下，顾客价值是决定企业生存和发展的关键因素。众多企业通过逆向物流提高顾客对产品或服务的满意度，赢得顾客的信任，从而增加其竞争优势。对于最终顾客来说，逆向物流能够确保不符合订单要求的产品及时退货，有利于消除顾客的后顾之忧，增加其对企业的信任感及回头率，扩大企业的市场份额。如果一个公司要赢得顾客，它必须保证顾客在整个交易过程中心情舒畅，而逆向物流战略是达到这一目标的有效手段。另一方面，对于供应链上的企业客户来说，上游企业采取宽松的退货策略，能够减少下游客户的经营风险，改善供需关系，促进企业间战略合作，强化整个供应链的竞争优势，特别是对于过时性和风险比较大的产品，退货策略所带来的竞争优势更加明显。

(三)降低物料成本

减少物料耗费，提高物料利用率是企业成本管理的重点，也是企业增效的重要手段。然而，传统管理模式对于物料管理仅仅局限于企业内部物料，不重视企业外部废旧产品及物料的有效利用，造成大量可再用性资源的闲置和浪费。由于废旧产品的回购价格低、来源充足，对这些产品回购加工可以大幅度降低企业的物料成本。

(四)改善环境行为，塑造企业形象

随着人们生活水平和文化素质的提高，其环境意识日益增强，消费观念也发生了巨大变化。另外，由于不可再生资源的稀缺及社会环境污染情况日益加重，各国都制定了许多

环境保护法规，为企业的环境行为规定了一个约束性标准。企业的环境业绩已成为评价企业运营绩效的重要指标。为了改善企业的环境行为，提高企业在公众中的形象，许多企业纷纷采取逆向物流战略，以减少产品对环境的污染及资源的消耗。

第二节　连锁业的逆向物流

一、连锁业逆向物流的特点与价值

(一)连锁业逆向物流的特点

我国零售业连锁经营从 1990 年发展到 2000 年底，已有连锁企业 2100 家，门店 32 000 多个，经营额突破 2200 亿元，约占全社会消费品零售总额的 6.5%。从市场需求及发展趋势来看，连锁经营是我国物流业今后相当长一段时期内的发展重点。随着规模的扩大，我国连锁企业正走向物流流程规范化，主要从原先由供应商配送到各个门店发展为供应商、配送中心或第三方物流企业配送到各个门店的模式；通过配送中心和商流系统、信息系统、营销系统的整合，实现集中各个门店需求进行统一采购、统一处理、统一配送、统一运作管理，以形成连锁经营体系的盈利模式。

但针对逆向物流，连锁经营企业的管理却十分松懈，绝大多数企业没有注意其重要性，没有明确规定逆向物流运作规范和流程，没有详细分析退货信息，缺乏处理退货和废弃物品的有效措施，延长了商品回流时间，造成商品的各种无形损失。随着连锁经营规模的扩大，“蛋糕”做到创业初的 50 倍、甚至 100 倍时，这种物流成本损失逐步显现出来，并呈现同步增长甚至加倍增长趋势。低效的逆向物流管理不仅导致企业物流成本的提高，还直接导致企业市场份额的下降。因此，企业必须正视逆向物流问题，剖析其特点、形成原因及存在问题，寻求适当的方法加以改进，建立自己的逆向物流体系，促进逆向物流与正向物流协调发展。从总体上看，我国连锁企业逆向物流还未形成一个体系，还没有得到企业重视，因此主要呈现以下几个特点。

1. 高增长率

美国研究逆向物流所涉及的企业当中，逆向物流成本大致占总物流成本的 9%，我国逆向物流所占比重应当比这一数值要大。1993 年国家正式提出发展连锁经营的决议并在全国推行，使我国的连锁企业经过十几年的发展取得了突破性进展。为了达到规模经济，连锁企业规模迅速扩大，门店数量迅速增加，逆向物流成本浪费呈现快速增长趋势。

2. 回流商品周转速度慢

据统计，2010 年我国企业流动资金周转速度为 2～5 次，而日本企业平均周转速度为

15～18 次，一些知名的跨国连锁企业(如沃尔玛、家乐福等)已达 20～30 次。我国库存商品沉淀资金占到 GDP 近 30%。据国际公认的库存商品与 GDP 比例，发达国家一般不超过 1%，发展中国家也不过 5%。严重的商品积压造成了大量资金占用，大大增加了物流成本，降低了企业竞争优势。

3. 复杂性

连锁企业经营商品复杂多样，而目前我国连锁企业配送技术水平不高，信息系统建设滞后，对逆向物流的重视更是不够，缺乏预见性，因此其逆向物流的处理系统与方式主要凭主观判断和手工进行，加之逆向物流产生原因、地点、时间和数量的难以预见性，这些问题导致企业逆向物流复杂化，使逆向物流成本在我国连锁企业隐性物流成本中占了较大比重。

4. 流向不同

正向物流是从供应商、连锁企业的配送中心、连锁门店到消费者的物流活动；而逆向物流则与正常的商品流的方向相反，即从消费者→连锁门店→连锁企业的配送中心→供应商。

5. 无法预见性

与正向物流按量、准时和指定发货点不同，逆向物流产生的时间、品种和数量是无法预见的，它受消费者的退货要求、商品销售速度及其他因素的影响，因此难以对它进行计划管理。

(二)连锁业逆向物流的价值

1. 社会价值

逆向物流的社会价值主要体现在其环保意义上。逆向物流在环境保护方面的社会价值也因此体现在两个方面：其一是企业通过对逆向物流的控制与管理，可以改善环境行为，减少环境污染，提高公众的社会价值；其二是为企业塑造了良好的公众形象，提高了企业自身的社会价值。

2. 企业价值

所谓逆向物流的企业价值，是指逆向物流在为企业创造利润方面所做的贡献，主要体现在以下三个方面。①逆向物流可以提高潜在威胁的透明度，进而促使企业不断改善品质管理体系。②逆向物流可以提高顾客价值，增加企业的竞争优势。③逆向物流可以降低物料成本、减少物料耗费，提高物料利用率。

二、连锁业逆向物流的成因和意义

逆向物流是对正向物流的反转，会造成物流成本的浪费。

对于企业而言，逆向物流往往出于以下动机：环境管制、经济利益(体现在废弃物处理费用的减少、产品寿命的延长、原材料零部件的节省等方面)和商业考虑。因而，管理者首先应认识到逆向物流的重要性和价值，其次要在实际运作中给予逆向物流以资源和支援，这才是发挥竞争优势的关键。

近年来，随着电子商务的快速发展，物流业已从传统的流通业中独立出来并日益受到人们的关注。随着人们环保意识的增强，环保法规约束力度的加大，逆向物流的经济价值也逐步显现。在我国经济发展水平较为落后的地区和时期厉行节约是首要选择，传统经济生活中的废品收购，如空桶、空瓶、空盘，废旧钢铁、纸张、衣物等的重复利用也是一种司空见惯的社会生活现象，因而，服务于废品回收再用的逆向物流并不是什么新东西。另外对产品零部件的回收再用或将上述包装回收后清洗再用都比买新的要便宜。只不过，由于过去十年中对环境保护的高度重视，逆向物流有了新的含义，如耐用产品和耐久消费包装。后来，新的资源再生利用技术的研究与推广大大降低了处理回收物品的成本，使逆向物流不仅意味着成本的降低，而且意味着经济效益、社会效益和环境效益的共同增加。

逆向物流的过程如图 8-1 所示。

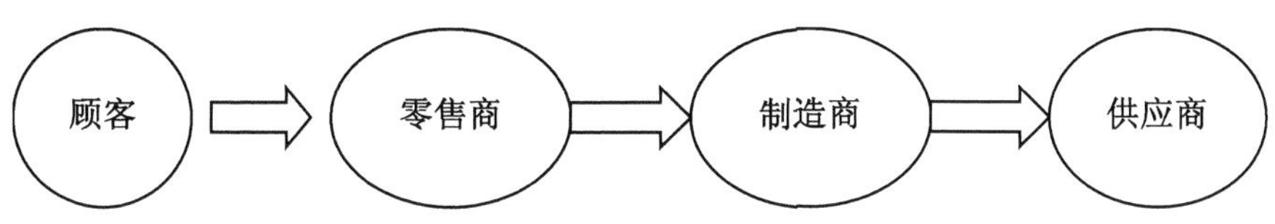

图 8-1 逆向物流的过程

三、连锁业逆向物流的类型

物流管理学家将回收类型精炼为商业返回、服务返回、使用结束返回和生命周期结束后返回四种情况，削减掉产品召回、担保返回和制造返回。商业返回和包装返回的产品经过检测后可以直接使用，放入新品库存，如滞销的书籍和电子产品等；服务返回和租赁到期返回的产品经过检测和维修，置入二手库存，如租赁期满回收的打印机及有缺陷的电器等；生命周期结束后返回的产品经过再制造和再循环置入零部件和原材料库存，如报废的计算机和轮胎等。

(一)商品返回

商品返回通常是消费者或者零售商退回未经使用的产品并获得退款。商业返回通常是一种营销的策略，如“三包”服务，目的是吸引零售商或消费者，增加产品市场份额占有率。对于购买者而言，商业返回是一种特别的权利，可以降低购买风险。

(二)维修服务返回

服务返回管理中主要是修理系统发挥作用。在修理中心，修理成功后的产品送回到消费者手中；对于修理不好的产品，消费者将获得赔偿，产品则被丢弃；如果消费者的工作一刻也离不开该产品，则用新产品直接补充坏掉的产品，坏掉的产品修理后进入库存。

服务返回的情况下，存在新产品市场和再制品市场两种不同市场的订单。维修服务返回管理中涉及修理能力的设置、修理层级及修理积累点。修理过程通常不是单级的，而是由多级组成的，确定每个层级上需要多少备件和多高的修理能力非常关键，直接决定着修理链的顺畅与否。

(三)使用结束返回

使用结束返回通常发生在以下两种情况：第一，租赁结束，如计算机或打印机的租赁，租赁合同期满时的回收；第二，包装材料和产品载体返回，如托盘、器皿等的返回，通常发生在分销渠道中。这两种情况下消费者的需求都是暂时的，产品的回收时间和回收比率可以提前预知，不确定性的是产品回收后的可用性。

第一种情况下，回收的租赁产品通常要进行检修和检测。第二种情况下，回收来的包装材料和产品载体只需要经过简单的检测就可以直接放到新品中，跟新品一样使用，类似于商业返回。

(四)生命周期结束后返回

生命周期结束后，通常是指产品功能完全丧失后回收处理的产品，如无法正常使用的电子设备、轮胎等。对生命周期结束回收产品的研究可以分为两类：第一类，对虽然过时但仍然可以发挥满意功能的产品进行再制造，将生命周期结束的产品分解出可继续使用的零部件，这将实现环境保护和生产零部件低成本的双赢效果；第二类，过时并且没办法分解出零部件的产品，对其进行再循环后再利用。

生命周期结束后回收品分解出来的零部件分为两部分，一部分拆卸后的零件或者是直接再制造成二手产品的，或者是跟其他零件一起，再制造出二手产品的，放入再制造库存中；另一部分再循环产生原材料，制造生产出新零件和新产品，放入服务库存。

四、连锁业逆向物流的管理方法

虽然连锁业逆向物流管理的重要性已逐步得到认可，但是由于逆向物流管理在我国还处于起步阶段，大多数企业并未对此给予足够重视。多数企业逆向物流管理混乱，甚至没有对逆向物流进行管理，这样就造成了企业逆向物流运行不顺畅，使得逆向物流成本偏高，

给企业造成巨大损失。

一般来说，企业实施逆向物流应注意以下几个方面。

第一，根据正向物流的结构建立逆向物流流程。一般的大型连锁零售企业都有自己完善的、正向的物流系统，企业可以依托正向物流系统来构建逆向物流系统，但是这样会在一定程度上影响企业正常的物流活动。因此，企业可以根据正向物流的结构和经验来建立独立的逆向物流系统，这样既可避免盲目性，又可与企业正常物流活动相辅相成。

第二，控制逆向物流的时间、频率、对象，定期实施逆向物流、定期结算、节约物流成本和人力成本。由于逆向物流发生的时间、地点、数量和质量都是不确定的，因此何时、何地、何种货品以何种频率实施逆向物流是必须明确的。频率高固然可以降低库存成本，但会增加逆向物流的固定成本；对于一些数量较少或者金额很小的商品，如果进行二次运输返仓则费用会过高，可不做返仓处理。

第三，建立返品信息库，对返品信息搜集、存储、分析、预测，指导生产。对于连锁企业来说，要使逆向物流运作更有效，就要建立返品信息库，必须加强对返品信息的搜集和存储，进行数据分析和建模；对逆流商品进行时间、数量、消费者情况等数据搜集并据此原因分析后，为正向物流供货商提供商品的生命周期、产品品质和性能改进方案等的参考资料，为供应厂商和连锁企业总部提供包括质量评价、产品生命周期、销售评价在内的各类营销信息，及时调整连锁企业的商品结构，减少逆向物流。

第四，利用第三方物流协助企业逆向物流管理。与正向物流类似，第三方逆向物流(如回收中心)将成为逆向物流发展的趋势。一般来说，第三方物流公司在专业技术、综合管理和信息等方面具有显著优势，通过把逆向物流外包给第三方企业，能够实现专业分工、提高运作效率，降低逆向物流成本。回收中心的具体逆向物流过程如图 8-2 所示。

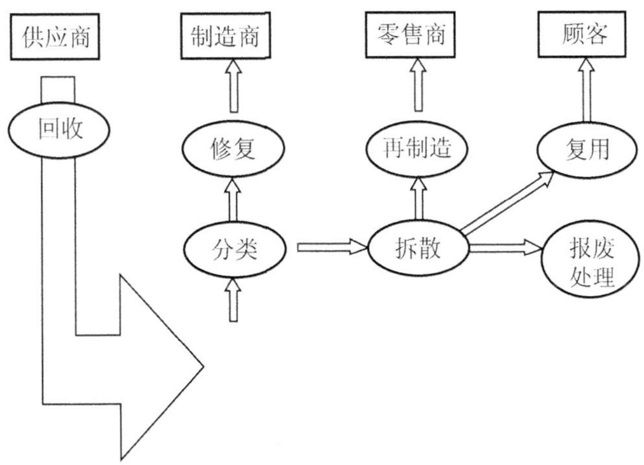

图 8-2　回收中心的具体逆向物流过程

第三节　连锁业逆向物流管理综合实训

一、任务引入

苏美超市的最早诞生要追溯到1994年，其业务从为其他企业做系统集成项目发展到自主开发一套专为超市设计的管理信息系统，即POS系统。产品研究出来了，接下来面临的就是销售，但当时国内没有大型连锁超市，几个创业者一商量，索性自己做个示范超市，然后作为试点让别人参观，促进销售。2004年苏美设立了第一家天津地区的连锁超市，此后又分别于2006年和2009年，设立了4家连锁超市，但是摆在面前的就是超市在经营管理过程中的逆向物流问题。

第一，企业的退货系统不完善，经常出现顾客投诉现象。

第二，商品的回收系统不完善，尤其是蔬果类产品的损失浪费严重，同时造成超市库存增加和超市环境问题。

第三，超市的托盘、购物车等物品存放不当。

根据现状，企业决策层决定设立专门的逆向物流中心，以解决上述问题，请根据企业的实际情况，组成设计小组，为该超市设计一个综合逆向物流中心。

二、知识要点

超市逆向物流管理的对策主要包括以下几个方面。

(一)重视超市逆向物流

对于超市而言，物流战略已是其整个战略体系的重要组成部分，但这个物流体系显然并没有包含逆向物流的概念。超市要在未来的竞争中取胜，希望通过对逆向物流的管理来增强企业竞争力，首先就要求从战略高度重视超市的逆向物流。对逆向物流的重视是保证超市逆向物流与其他业务协调的基础。管理者必须充分认识到逆向物流的重要性和价值，在实际操作中给予逆向物流充分的资源和支持，这是逆向物流发挥作用的关键；同时，由于超市平时正向物流流量很大，逆向物流很容易与其冲突，因此就需要各部门进行充分的协调、安排，使流程通畅，从而提高逆向物流效率。

(二)设立专门的逆向物流管理中心

逆向物流管理中心是逆向物流高品质运作的基础和前提。目前，外国跨国企业的配送中心都设有专门的退货集中地，逆向物流流程上所有的产品都会被先送到这里，经过分类、处理后，再送到其最终的归属地。未来的连锁企业必将以规模制胜。对于大型连锁超市而

言，可以设立专门的逆向物流管理中心，日常逆向物流渠道上的所有产品被送到逆向物流中心进行分类处理，这种逆向物流的地点可以设在超市的物流中心。但由于逆向物流中的商品与正向物流的商品业务在加工、库存、配送等环节都可能会相互冲突，超市为了确保正向物流商品的正常运作而可能会影响逆向物流的运作。因此，最好采取两种产品业务流程分离的办法，以提高回收品业务的运作效率。

(三)建立逆向物流联盟

正向物流已成为一些超市的核心竞争力(如沃尔玛)，但是对于逆向物流而言，由于物流量少且不确定，它不能构成超市的核心竞争力。超市可与第三方物流企业建立联系，将逆向物流中的运输等业务外包，利用第三方物流服务商帮助超市降低逆向物流成本；另一方面，还可选择恰当的其他企业，双方使用共同或相近的运输路线、仓储设施和技术平台，充分利用运输和仓储的规模经济。

(四)与制造商共同管理逆向物流

逆向物流产生的主要原因之一就是消费者退货，而退货的重要原因又在于产品质量、产品设计等。因此，超市需要和制造商共同关注产品，以供应链思维来进行产品设计，充分满足消费者的需求；同时，在产品设计时要考虑如何使回流产品的后续处理更容易，以便于产品的翻新、再制造或原料的回收。通过在产品设计、制造环节等源头尽可能地考虑退货因素，以减少逆向物流的发生率。逆向物流产生的另外一个主要原因就是商品到期，超市必须将其撤柜返厂，对于这种类型的逆向物流，超市可与制造商依据超市的逆向物流成本和制造商的处置成本，在商品即将到期前就联合制定恰当的产品促销策略，尽量提高商品的流通速度，从而减少逆向物流的流量，降低逆向物流成本。

三、任务实施

第一，根据要求设立设计小组，每个小组五六名同学，设计物流中心。

第二，要求有物流中心的结构图、职能部门、部门职责等。

典型连锁业物流过程和双向物流配送中心业务流程如图 8-3 和图 8-4 所示。

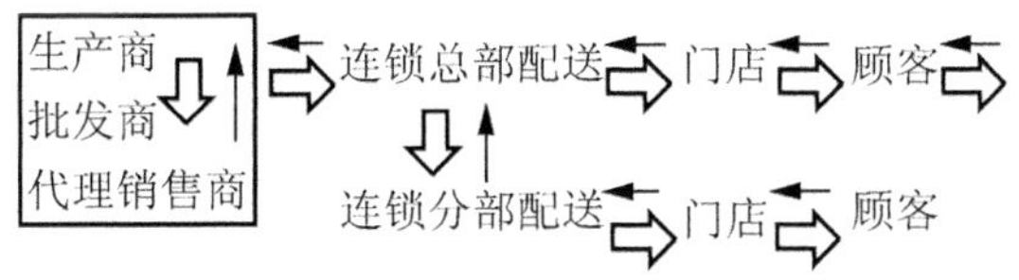

图 8-3　典型连锁业物流过程

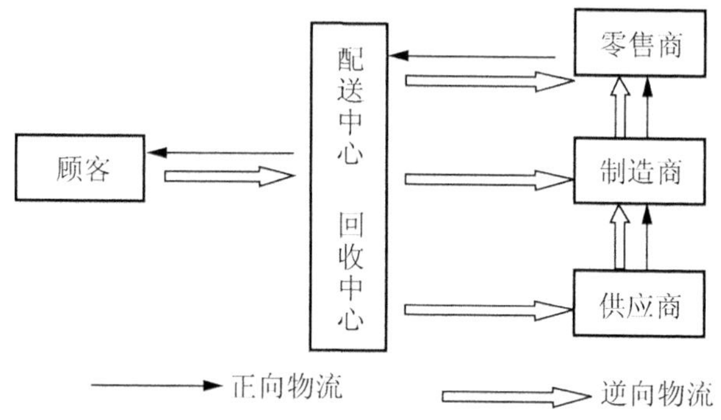

图 8-4　双向物流配送中心业务流程

四、技能拓展

引入逆向物流系统的原因，举例说明如表 8-1 所示。

表 8-1　逆向物流典型案例

引入逆向物流系统的主要原因	使用逆向物流系统的典型例子
为获得补偿或退款而退还产品	不能满足客户期望的 VCR 被退回，以得到退款
归还短期或长期租赁物	当天租赁的场地、装备的返还
返回制造商以便修理、再制造或返还产品的核心部分	返还用过的汽车发电机给制造商以期被再制造和再销售
保修期返回	电视机在保修期内功能失灵而被退还
可再利用的包装容器	返回的汽水瓶、酸奶瓶、饮料瓶被清洗和再使用
寄卖物返还	寄存在商店的音箱没有变卖又返还给物主
卖给顾客新东西时折价回收旧货	出售新车时代理商回收旧车准备再卖
产品发往特定组织进行升级	旧电脑被送往制造商以安装光盘驱动器
送还	不必要的产品包装或托盘在不需要时被送还
普遍的产品召回	由于安全带失效、汽车被返还给代理商
产品返还给制造商进行检查或校准	医学设备被返还以检查和调校仪表
产品没有实现制造商对客户的承诺	如果电视性能与承诺的不一致则可以退还

本 章 小 结

有效地评估和控制逆向物流组织中的各种风险不仅对于连锁零售业提高服务水平、降低运营成本起着重要的作用，而且对于整个闭环供应链能否成功运营具有特别重要的意义。

作为连锁零售经营的基础和重要保证的物流系统，应当形成正向物流和逆向物流无缝对接的闭环供应链系统。

随着人们环保意识的增强，环保法规约束力度的加大，逆向物流的经济价值也逐步显现。另外，新的资源再生利用技术的研究与推广大大降低了处理回收物品的成本，使逆向物流不仅仅意味着成本的降低，而且由于它能带来资源的节约就可能意味着经济效益、社会效益和环境效益的共同增加。逆向物流因有了新的含义而被关注，但是由于逆向物流管理在我国还处于起步阶段，大多数企业并未对此给予足够重视。多数企业逆向物流管理混乱，甚至没有对逆向物流进行管理，这样就造成了企业逆向物流运行不顺畅，使得逆向物流成本偏高，为企业带来巨大损失。因此，逆向物流、类型及管理方法的研究对降低企业成本有重要作用。

复习思考题

一、简答题

1. 简述逆向物流的方式。
2. 简述逆向物流的原则。
3. 简述逆向物流管理的策略。

二、案例分析题

索尼爱立信(简称索爱)公司是日本索尼公司和瑞典爱立信 AB 公司共同成立的合资公司，索爱公司自成立起，已经历过五年半的沉浮。在紧跟消费者需求的战斗中，不仅需要面对诺基亚、摩托罗拉这样的强劲对手，同时，还要面对不断缩短的产品生命周期。它一直寻找在手机市场的竞争优势，其解决方案是：对退货和维修处理的重整。缺陷手机的退货、处置、维修和置换都会给逆向供应链产生巨大的影响。

事实上，由于业务的快速增长及对现状的不满已使得公司的南美单元——索尼爱立信移动通信公司对于处理这部分服务的方式重新进行了一番审视，索爱公司在美国和加拿大所建立的逆向物流已不能满足消费者的需要。索爱公司需要一个快速、可靠、灵活的系统，这个系统能够管理生命周期为九个月的手机。同时，它也需要降低其成本结构，而且随着手机价格下降到 100 美元以下，降低管理费用的压力也在增加。

原来，索爱公司一直依赖一家单独的电子生产服务商。此服务商不仅处理手机的制造，而且还处理手机的维修，手机的正向和逆向物流，他们一直鼓吹通过一个合作伙伴就能提供全套服务的便利性。从概念上说，这种观点很好，可是对于索爱公司却不起作用。由于没有物流方面的专家，这家电子生产服务商将运输和经济业务部分转包，这使得索爱公司和关键的物流操作部分又隔了一层，因此促使索爱公司想寻找一个更为直接的服务关系。

手机维修方面同样存在许多问题，同时手机变得越来越复杂，这些都促使索爱公司决定找专家来做这项工作。更为复杂的情况是索爱公司坚持将维修定在墨西哥来处理，这样做的原因是省钱，但同时又产生了另外的复杂性。

(资料来源：李富. 论逆向物流及对企业竞争优势的强化[N]. 山东工商学院学报. 2004(3))

思考：索爱公司如何从顾客处接受退货，把它们送过南边的边境来修理，并在几天的时间里把修理过的手机取回到美国？

第九章 连锁业冷链物流管理

【学习目标】

通过本章的学习，主要掌握冷链物流的概念；了解冷链物流的特点；掌握冷链物流管理的原则与方法；熟悉生鲜产品、乳制品、冷冻食品的物流过程。并通过理论知识学习和实训的学习学会对特殊商品连锁物流案例进行分析。

【本章导读】

光明乳业全国物流配送网络系统是博科正在实施的一个大型第三方物流配送网络系统。乳制品的仓储与配送属于冷链物流，特点是保鲜度要求高，特别是新鲜牛奶，保质期短、温度控制严格、即产即配、配送时间要求高(有限制)、配送线路和配送点多、配送总量大等，因此对系统的实时性和处理能力有很高的要求。例如，新鲜牛奶当日生产当日配送，产品的实际产量会有一定的动态变化。因此，配送系统应如何根据实际产量、配送点(客户)的优先级别和线路来合理调整订单的实际配送量问题、单车成本核算问题、各种指标的达成率问题、员工考核问题等。

2001 年 10 月，博科的第三方物流管理信息系统(WMS)在光明乳业上海的 RDC 正式运行。到目前为止，系统稳定、数据正确，并实现了与光明乳业的 ERP 系统(Oracle)的连接。博科的第三方物流管理信息系统作为光明乳业的 ERP 系统的一个辅助系统，对仓储配送进行精细的管理，从而有力地支持了 ERP 主系统。WMS 系统快速、准确地为各事业部的业务管理提供了有效的汇总数据和分析数据，大大提高了各事业部的管理效率，使各事业部的管理纳入有序轨道。

光明物流目前有近 300 辆运输车，其中大部分是冷藏车，负责光明乳业产品的配送和瓶箱的回收，运输成本很高，较难控制，因此集团要求 2003 年财务上实现单车成本考核。为此，光明物流事业部与上海博科资讯股份有限公司共同努力，完成了车辆管理系统(TMS)的开发，并于 2003 年 7 月正式上线运行，解决了单车运输成本动态考核的难题，为降低物流成本提供了基于原始数据积累的数字依据。车辆管理系统中除了对经济指标考核外，还对车队的服务指标、质量指标、安全指标、操作指标进行全面考核，为车队管理和降低运输成本提供了可靠的数据，把车队的整体水平提高一大步。

整个物流系统的运转为光明乳业的进一步腾飞奠定了坚实的基础。

(资料来源：郑光财. 连锁企业物流管理[M]. 北京：电子工业出版社，2005)

随着居民生活水平的提高，人们对快速食品、生鲜半成品和冷冻食品的需求增大。对连锁超市而言，生鲜品质量的好坏决定超市的盈利能力。生鲜食品冷链物流任何一个环节出现问题，都会影响生鲜食品的产品质量。由以上案例可知，企业应该由影响生鲜冷链物流中产品质量的各个因素展开分析，制定系统的生鲜冷链物流中产品质量风险防范的各项举措。

本章在介绍冷链物流的特点、商品类别、装运设备及冷链物流的管理原则与方法等基本知识的基础上，重点介绍生鲜商品、乳制品、冷冻食品三大类典型商品的冷链物流管理过程。

第一节　冷链物流概述

一、冷链物流的概念

由于物流专业技术的发展，人们对购买商品品质要求的提高，现代物流业务中冷链物流被广泛应用于食品、药品、饮料产品的物流活动中。进行冷链物流的目的是通过温度-时间控制，降低分解反应速度和限制微生物的生长速度来延长货架期。通过降低化学反应速度、生化反应速度和微生物的生长繁殖速度，低温储藏能够延长保鲜期和加工食品的货架期。

冷链物流(cold chain logistics)泛指冷藏冷冻类食品在生产、储藏运输、销售，到消费前的各个环节中始终处于规定的低温环境下，以保证食品质量，减少食品损耗的一项系统工程。它是随着科学技术的进步、制冷技术的发展而建立起来的，是以冷冻工艺学为基础、以制冷技术为手段的低温物流过程。

冷链物流的建设要求将所涉及的生产、储藏、运输、销售等各种经济性和技术性问题集中起来考虑，协调相互间的关系，以确保易腐商品的生产、储藏、运输和销售的安全性。由此可见，冷链物流是一个跨行业、多部门有机结合的整体，发展冷链物流有助于诸多相关产业的合作，形成完善的冷链工业体系。

二、冷链物流的特点

冷链物流的目的是为了保证易腐生鲜物品的品质，并在此基础上实现增值，这就决定了它和其他物流系统有所区别，冷链物流有以下特点。

(一)复杂性

冷链物流必须遵循 3T 原则，即物流的最终质量取决于冷链的储藏温度(temperature)、流通时间(time)和产品本身的耐储藏性(tolerance)。冷藏物品在流通过程中质量随着温度和时间的变化而变化，不同的产品都必须要有对应的温度控制和储藏时间，这就大大提高了冷链物流的复杂性，所以说冷链物流是一项庞大的系统工程。

(二)协调性

由于易腐生鲜产品的不易储藏性，要求冷链物流必须高效运转，物流过程中的每个环节都必须具有协调性，这样才能保证整个链条的稳定运作。

(三)高成本性

为了确保易腐生鲜产品在流通各环节中始终处于规定的低温条件下，必须安装温控设备，使用冷藏车或低温仓库；为了提高物流运作效率又必须采用先进的信息系统等。这些都决定了冷链物流的成本要比其他物流系统成本偏高。

三、冷链物流的商品类别

冷链物流过程的商品基本分为以下三大类。

第一类：初级农产品，包括蔬菜、水果；肉、禽、蛋；水产品、花卉产品。

第二类：加工食品，包括速冻食品、禽、肉、水产等包装熟食、冰淇淋和奶制品；快餐原料。

第三类：特殊商品，包括药品。

四、冷链物流的装运设备

冷链食品的保质期较短，因此冷链对时间的要求就更高，再加上食品冷链要估计加工、运输、储藏、销售等各个环节，所以保证冷藏品最终质量难度相比也要大得多。冷链物流的高效运行依赖于冷链物流设备的匹配。设备的配置是否合理对于提高冷链物流的效率，保持产品的质量，节约能源和降低运营成本具有重要的作用。

零售企业在选择冷链设备的原则是技术上先进、经济上合理、使用上安全适用、无污染、主要能量消耗少、噪声水平低、运行费用低等。

冷链物流过程中经常使用的设施设备主要有以下几种。

(一)冷链物流设施

冷链物流设施主要有冷库(见图 9-1)和制冷系统，这两类设施都在冷链物流的投资中占有较大的比重。

(二)冷链物流设备

冷链物流设备包括冷链物流运输工具、储运设备、储运包装和冷链物流辅助设施配件。

1. 运输工具

运输工具主要有：冷藏车(见图 9-2)、保温车(见图 9-3)、冷冻车、奶罐车(见图 9-4)、食品物流车、冷藏船(见图 9-5)等。

2. 储运设备

储运设备主要有：冷藏集装箱(见图 9-6)、冷藏运输箱(见图 9-7)、保温集装设备等。

3. 储运包装

储运包装主要有：冷冻包装盒、保温箱(见图 9-8)、冷藏包、冰袋(见图 9-9)等蓄冷材料。

图 9-1　冷库

图 9-2　冷藏车

图 9-3　保温车

图 9-4　奶罐车

图 9-5　冷藏船

图 9-6　冷藏集装箱

图 9-7　冷藏运输箱

图 9-8　保温箱

图 9-9　冰袋

4. 冷链物流辅助设施配件

冷链物流辅助设施配件主要有：车用冷藏机组及部件、移动冷库、数字温度控制器和数据记录仪等。

五、冷链物流的管理原则与方法

冷链物流应遵循 3T 原则，3T 原则指出了冷藏食品品质保持所允许的时间和产品、温度之间存在的关系。由于冷藏食品在流通中因温度的变化而引起的品质降低的累积和不可逆性，所以对不同的产品品种和不同的品质要求都有相应的产品控制和储藏时间的技术经济指标。

食品冷链由冷藏加工、冷藏储藏、冷藏运输及冷藏销售四个方面构成。

(一)冷藏加工

冷藏加工包括肉禽类、鱼类和蛋类的冷却与冻结，以及在低温状态下的加工作业过程；也包括果蔬的预冷；各种速冻食品和奶制品的低温加工，等等。在这个环节上主要涉及的冷链装备有冷却、冻结装置和速冻装置。

(二)冷藏储藏

冷藏储藏包括食品的冷却储藏和冻结储藏，以及水果蔬菜等食品的气调储藏，它是保证食品在储存和加工过程中的低温保鲜环境。在这个环节主要涉及各类冷藏库/加工间、冷藏柜、冻结柜及家用冰箱等。

(三)冷藏运输

冷藏运输包括食品的中、长途运输及短途配送等物流环节的低温状态。它主要涉及铁路冷藏车、冷藏汽车、冷藏船、冷藏集装箱等低温运输工具。在冷藏运输过程中，温度波动是引起食品品质下降的主要原因之一，因此运输工具应具有良好性能，在保持规定低温的同时，更要保持稳定的温度，远途运输尤其重要。

(四)冷藏销售

冷藏销售包括各种冷链食品进入批发零售环节的冷冻储藏和销售，它由生产厂家、批发商和零售商共同完成。随着大中城市各类连锁超市的快速发展，各种连锁超市正在成为冷链食品的主要销售渠道，在这些零售终端中，大量使用了冷藏/冻陈列柜和储藏库，由此逐渐成为完整的食品冷链中不可或缺的重要环节。

第二节　连锁业典型冷链商品物流管理

一、生鲜商品连锁物流

(一)生鲜食品冷藏链体系建设

食品冷藏链是在20世纪随着科学技术的进步、制冷技术的发展而建立起来的一项系统工程。它建立在食品冷冻工艺学的基础上，以制冷技术为手段，使易腐食品从生产者到消费者之间的所有环节，即从原料(采摘、捕捞、收购等环节)、生产、加工、包装、运输、储藏、销售、流通的整个过程中，始终保持适合的低温条件，以保证食品的质量、减少食品的损耗。生鲜食品冷藏链体系是生鲜食品安全控制和物流优化的基础保障体系，根据各类生鲜食品的不同要求，通过对时间——温度控制和微生物控制，应用生鲜食品原料的快速预冷技术、减菌化处理及微生物控制技术、商品化加工技术、商品化包装技术、冷藏过程中的质量控制技术、配送过程的冷链管理技术、销售管理和质量预测技术等，提高生鲜食品的安全性和质量要求。

生鲜食品冷藏链由生鲜食品冷冻加工、冷冻储藏、冷冻运输和冷冻销售四个方面构成，如图9-10所示，在相关设备的支持下构成了生鲜食品的安全保障体系。

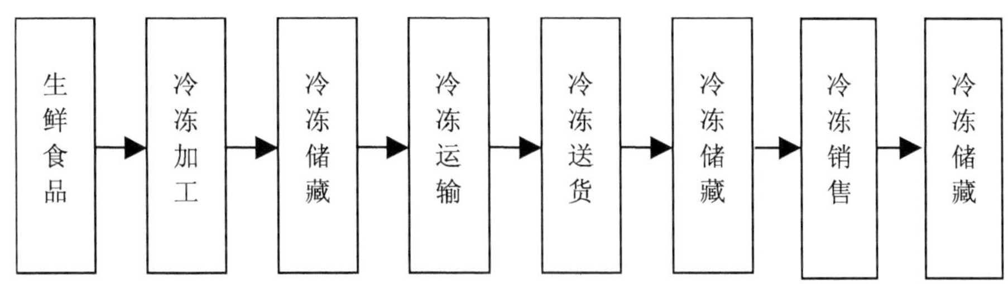

图9-10　生鲜食品冷藏链的构成

(二)生鲜食品安全检测体系建设

生鲜食品安全检测体系是在蔬果加工配送中心和冷藏链体系的基础上，对生鲜食品加工配送全程实时监控，保证食品安全和冷藏链的正常运营。

根据生鲜食品的种类不同，可将其分为储存型(如水果类中的苹果)、中转型(如蔬菜类中的黄瓜、西红柿)、直送型(如蛋品类)和加工型(如豆制品、面制品、卤菜和半加工制品)四种商品类型。不同的商品类型及不同的加工工艺和保存要求，对生鲜食品安全检测的流程不同，具体的检测流程如图9-11所示。

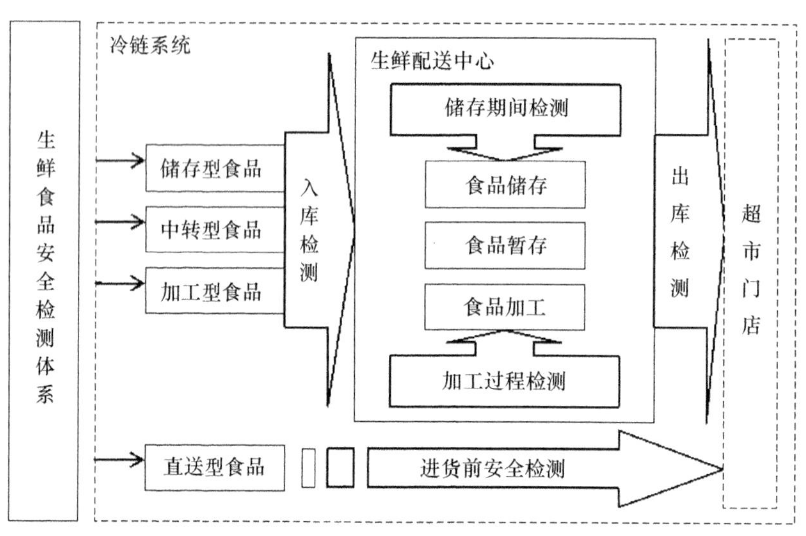

图 9-11　生鲜食品安全检测流程

生鲜食品安全检测采取常规工作和随机抽检相结合的方法。对于商品的包装、供应商的资质材料和感官检查等采取常规必检，对于农药残留、兽药残留、抗生素、污染物等理化检验和微生物检验采取随机抽检的方式。随机抽检的频率根据现实情况而定，安全状况差的抽检频率要高，安全状况好的抽检频率相对要低。

(三)生鲜食品安全管理标准体系建设

食品安全标准体系规定了食品生产、加工、流通和销售等过程中必须遵循的标准，以及食品性能等方面的质量安全基本要求和具体指标。食品安全标准体系的实施，可以使食品安全生产全过程标准化、规范化，保障和提升食品质量安全水平。生鲜食品本身对时间——温度控制和微生物控制有着各种严格的要求，建立完善的生鲜食品安全管理标准体系有着更加重要的现实意义。

采购是保证生鲜食品质量最重要的一个环节，运作成功的大型连锁超市在生鲜食品采购上都会以生鲜食品的采购特点为依托，严格遵循生鲜食品的采购原则，针对不同区域消费者的特点提供不同季节需求的不同生鲜食品组合。生鲜食品供应链的高效运作，与其精细的生鲜采购运作制度是分不开的，因此，严格的生鲜食品采购标准要求尤为重要。生鲜食品加工也应该严格遵从生产过程标准化、生产配方标准化，生产过程遵循清洁标准、包装流程标准化等安全标准。

(四)连锁超市生鲜农产品物流现状特点分析

生鲜农产品主要包括蔬菜、水果、禽、蛋、水产品、肉、奶制品等。传统的生鲜农产

品物流一般都会经过以下几个主要环节：农户—经销商—产地批发市场—销地批发市场—农贸市场 (零售商)—消费者。连锁超市经营生鲜农产品要想获得竞争优势，不仅要具有传统农贸市场的经营内容，又要在品质、安全性和便利性上高于传统的农贸市场。生鲜农产品物流连接众多农户生产与家庭消费，是复杂的农业产业链条中不可或缺的环节。

(五)我国超市连锁企业生鲜农产品的物流领域存在的问题

1. 农产品供应链环境下主体的利益难以得到保障

由于农产品供应链中各主体地位上的不平等，各主体拥有的信息量不同，再加上信息传输条件的限制，特别是农村地区信息相对闭塞，使得各主体间无法达到信息的共享。农民的组织化程度低，具有独立产权的能够代表农民利益的经济组织数量少、规模小、实力弱、市场覆盖率低，生产者大多是无组织分散状态进入市场，无法充分掌握农产品流通中的全部信息，更不能根据这些信息安排生产，只能被动听从经销商或中间商的安排。超市和农户之间通常采用订单等松散的契约形式进行合作，也就是“公司+农户”的运营模式。为了最大限度地争取利益，农户往往会在生产中偷工减料，提供质量不合格的农产品，造成超市生鲜农产品货源不稳定，利益难以保障，从而导致供应链环境下各主体很难实现真正的长期合作。

2. 缺乏规范的生鲜配送体系

在连锁超市企业经营中，配送中心具有重要的地位，是整个生鲜农产品供应链上的一个关键性“枢纽”。只有充分发挥配送中心的作用，连锁经营才能够实现商品的统一采购，货物的集中管理；有效地连接各分店的需求，充分发挥出连锁经营的规模效益作用。但目前，许多连锁企业的配送中心，规模较小、机制不健全、配送效率低，不能够有效组织企业统一采购、配送、分装、加工、仓储和调运，大部分“连锁店”各自进货，享受不到价格折扣，超市所经营的生鲜农产品不具有价格优势，经营效益不乐观。 因此，随着连锁业的快速发展，配送中心的建设十分紧迫。

3. 食品卫生和品质难以管理

近年来，很多连锁超市企业纷纷推出自有品牌，自有品牌商品是超市经营的“双刃剑”，一方面，据中国连锁经营协会发布的《超市自制食品安全调查报告》显示，在超市的总销售额中，自制食品正在逐年增加，83%的零售企业中，自制食品销售额占总销售额的 1%以上，54%的超市连锁企业中，自制食品销售额同比增长超过 10%。自制食品依靠超市本身的销售体系，能够迅速形成销售规模，为连锁超市企业赢得丰厚利润。另一方面，与超市建立联系的委托加工贴牌企业的质量一旦控制不好，在销售终端造成的食品安全问题，会很容易给自有商品的发展及超市的声誉蒙上一层阴影。

4. 缺乏与供应链上各利益主体的战略联盟

生鲜农产品属于生活必需品，需求弹性小，配送频率高。连锁超市生鲜农产品物流链的畅通，很大程度上取决于和供应商的关系。超市与供应商维持良好的厂商关系是供应链顺畅的重要保证。除此之外，作为核心企业，超市更应该注重在供应链下游市场营销观念的运用，用现代化管理分析手段不断关注、分析和挖掘消费者及消费行为，并与自身的经营创意相结合，把生产者推动的生鲜农产品供应链向顾客需求拉动的生鲜农产品供应链转移，通过整合供应链上各个环节的资源，来指导超市生鲜的采购、销售服务和整体经营工作。

(六)优化连锁超市生鲜农产品物流的建议

1. 规范农产品供应链上各主体间的利益机制

农户—农产品批发市场—生鲜加工配送中心—超市—消费者及农产品采购基地—生鲜加工配送中心—超市—消费者，是目前连锁超市企业主导的两种生鲜农产品物流模式，各主体位于农产品供应链的不同节点，存在相互依存的有机联系。通过培育市场流通中介组织，把分散的农户连接起来，可以解决小生产与大市场的矛盾，增强农民抵御自然风险和市场风险的能力，推进农业的规模化和产销的衔接。

2. 加强物流配送中心的建设

随着超市规模的扩大，生鲜农产品经营面临着从单店经营式向连锁模式转变。规范连锁超市的生鲜配送体系，比较现实的解决方案就是建立生鲜加工配送中心。连锁超市生鲜加工配送中心向生产基地或产地批发市场集中采购生鲜农产品，减少中间环节，建立直接、有效的流通渠道，是一种符合生产者和消费者利益的流通方式，如图 9-12 所示。

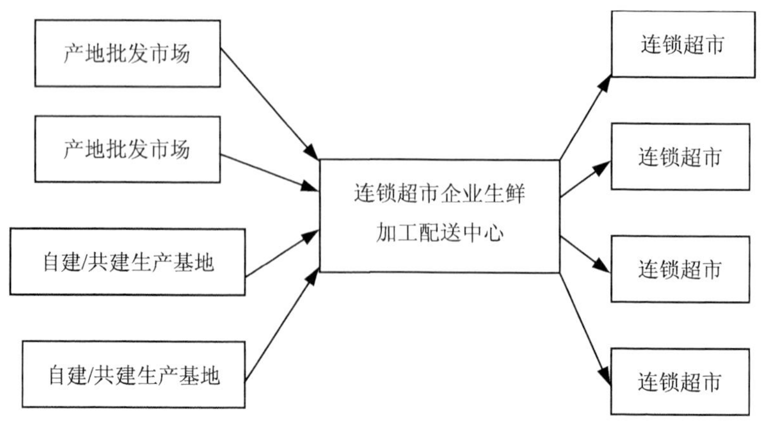

图 9-12　生鲜加工配送中心的桥梁枢纽作用

3. 强化农产品质量安全检测力度，严把市场准入关

超市的自有品牌源于超市自制和超市委托加工贴牌生产，这两种渠道都使超市自有品牌形成价格优势。超市打自有品牌，就注定出产贴牌产品的供应商大多为中小型企业，而国家 QS 制度的实行，恰恰是要从严格控制委托加工贴牌企业食品直接进入超市的“门槛”，淘汰一批小型、杂牌企业，从而保障食品质量安全。因此，超市应该按照《超市食品安全操作规范》对这两种渠道的生鲜农产品实行检测，从严要求自身经营管理，实行追溯制度，确保销售的生鲜农产品质量符合国家有关标准和技术规范。

4. 引入供应链思想，优化农产品物流

生鲜农产品供应链管理是围绕连锁超市为核心企业进行的系统化、全局化经营的管理模式，随着连锁超市的不断壮大，超市主导的核心能力逐渐从开始的内部生产和设计能力转到对整个供应链上游、组织内部和供应链下游各参与主体之间的物流、信息流、资金流的协调和管理能力上来。生鲜供应链各环节参与者的组织机制、协调性和对市场的响应速度是农业现代化发展的必然要求，也是在市场竞争中取胜的关键。

二、乳制品连锁物流

(一)乳制品物流的基本状况

从我国整个乳品产业产值发展的角度来看，现代乳业是贯穿第一产业(奶源基地)、第二产业(乳品加工)和第三产业(终端网络)的纵向延伸的产业链。乳品产业的健康发展必须是奶源、加工、销售的协调发展，而奶源和消费市场是我国乳品产业发展中非常重要又相对薄弱的两个环节。奶源是乳品产业发展的基础，消费市场是乳品产业发展的拉动力。乳品加工企业是承前启后的关键环节。

从纵向的角度来看，乳品行业的供应链相对比较清晰，由原料的生产到乳品加工企业，再通过市场渠道到达消费者。图 9-13 描绘了目前我国乳品供应链的组织结构体系。在原料奶生产环节，我国目前主要存在三种生产组织形式：农户家庭散养、奶牛养殖小区和现代化牧场，其中又以农户家庭散养为主。

乳品供应链中乳品加工环节主要是由有自己品牌的乳品企业来完成的，乳品企业往往同时具有加工和销售两个环节。

销售环节主要有三种组织模式：一是乳品加工企业自建的销售渠道；二是利用商场超市等零售网点进行销售；三是通过经销商或代理商进行销售。这三种模式各有利弊。

在上述三个环节之间存在两个联结点。原料奶生产与乳品加工之间的连接主要有三种形式：自由市场交易、合同交易和纵向一体化；乳品加工与销售之间的连接除了乳品加工企业建立自营渠道直接进行市场销售外，主要以合同销售为主，也有极少数乳品企业与销售商建立了战略合作关系。

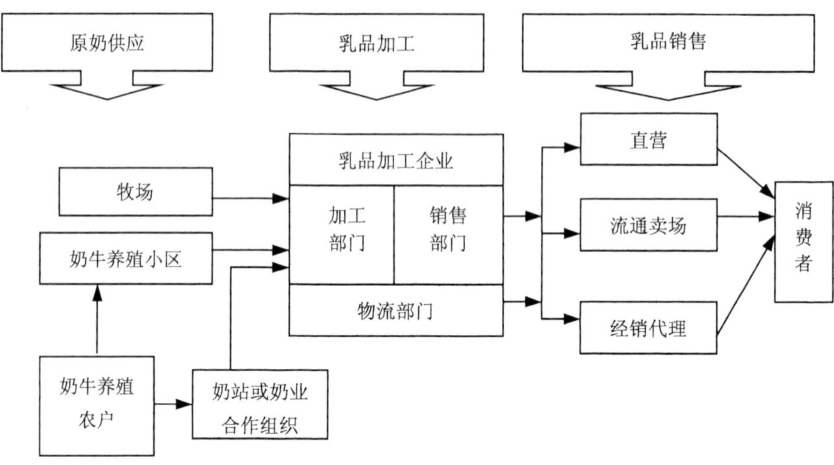

图 9-13　乳品行业现行供应链组织结构

(二)乳制品冷链物流体系结构的特点

1. 我国原料奶生产的组织经营模式

从我国奶牛饲养以小规模生产、分散的农户饲养为主来看，规模越大单产越多，说明规模化的养殖，对于提高产奶水平具有作用，这主要是因为管理水平比较高，但是利润率却呈现相反的变化趋势。奶牛养殖利润率低于小规模的养殖，主要是由于其生产成本远远高于小规模，所以现阶段农户散养和小规模养殖仍然具有很大的利润空间。需要强调的是，我国奶牛养殖在食品卫生方面做得远远不够，在奶牛卫生防疫、非机械化挤奶、非冷链多环节都存在着不卫生的情况。从长远来看，农户散养仍将是中国原料奶的生产经营形式，所以问题的关键是尽快提高奶牛散养户的组织化程度，使他们能够成为原料奶生产环节稳定安全的经营主体。我国的原料奶生产主要有以下几种组织经营模式。

1)　“公司+基地+农户”的模式

这种模式融合了原有的“公司+农户或+规模牧场”两种模式。“公司+农户”的模式多见于一些中小乳制品企业以新秀长富乳业的崛起为代表。“公司+规模牧场”的模式虽然能够严格实现对奶源的全程监控，确保牛奶完美品质，但是由于目前规模牧场数量的局限，难以承载大规模企业巨量的奶源供给，况且一次性投入较大，投资周期又长，所以这种模式还难以经受现行市场的考验。

2)　“奶农协会(奶农合作社)+农户”的组织经营模式

这种模式在政府的倡导下，以农户为主，在自愿的前提下进行生产，便于充分调动农户的积极性。奶农技术协会是一个以社会化服务为宗旨，自我管理、自我服务、自我保护的新型经济合作组织，从国外的经验来看，未来这种模式在我国肯定会有很好的发展。它主要开展以下几方面的工作：传达政府的信息；推广国内外先进的饲养技术；提供乳品企

业市场信息，签订牛奶产销合同；帮助奶农引进良种，供应饲养食草，疾病防治等。

3)　私人或者国有的奶牛场独立生产的组织经营模式

这种奶牛场一般是“小而全”，拥有一定数量的奶牛和自己的加工设备，产品的特点是品种单一，经济效益不稳定，在扩大生产规模上的潜力很有限。

2. 我国乳业的物流体系结构的特点

我国乳业经营呈现出“一快一多一大”的特点。“一快”，即乳业发展速度、增长速度、产品开发速度越来越快。“一多”，即生产、销售同一种乳制品的厂商越来越多。“一大”，即买方市场已经形成，消费者选择品牌的余地越来越大。乳业市场竞争格局为分散竞争，在一定程度上呈现出无序状态，各企业位置变化的可能性很大。我国乳业的物流体系结构特点主要表现如下几点。

1)　完全的订单+纵向整合的组织形式

与其他的农牧产品不同，乳业供应链中，原奶到加工之间不存在批发市场这个流通环节，其生产与加工是高度整合的。原奶生产由原奶企业基地、奶农完成。原料到加工的运输有多种形式，对于小型乳业企业，原料物流主要通过经纪人和个体运输户完成；而大型乳业企业一般有自己的生产基地，并配备相应的物流体系。在市场竞争中，奶源的争夺和整合是重中之重。大型乳业进入一个新的市场多是从奶源开始，力求本土化经营，以提高供应链资源整合效率。

2)　对保鲜的要求很高

我国乳业在物流上是完全的冷链系统，从原奶、生产到加工都在24小时内，整个物流过程都要求有低温冷藏设备。为了争夺市场，乳业企业向零售商免费提供冷藏设备。

3)　供应链较短，流通半径小

大部分液态奶产品以奶源为中心辐射2～4小时车程，而乳制品产品结构中以液态奶和奶粉为主，奶酪、黄油、炼乳等深加工产品比例较低，从而限制了奶产品供应链的长度。我国北方的乳业企业，在进入南方及长三角地区市场时，具备奶源优势后，就需要建立完善的物流配送体系，加大产品的配送半径，提高产品的包装、运输等物流能力。

4)　相比其他农牧产品，乳业供应链在加工的环节上具有相对较高的柔性

加工企业可以通过调整生产保质期不同的产品比例来应对市场需求变化。奶粉和液态奶占我国乳品的主要部分，如临近春节时市场需求下降，就将过剩奶加工成奶粉。但乳业供应链的柔性还是有限的，如倾倒原奶事件，这与企业和奶农之间未建立协调的利益机制有关。

5)　乳业供应链的整合主要是以加工企业为核心向上下游的整合

从奶源看，主要是采取纵向整合方式，由于对原奶的新鲜度要求高，则事先就近开辟奶源则显得很重要。例如，上海光明在山东兴建奶源基地，北京三元在呼伦贝尔建奶源基地，四川新希望收购重庆天友和华西乳业，等等。另一方面，在销售渠道向下游整合方面，

加工企业主要是通过与超市、销售代理和销售大户建立长期合作关系。

(三)乳制品冷链物流的运营模式

我国现行的乳品业供应链有两种模式，即资源型供应链运作模式和都市型供应链运作模式，二者在奶源、加工和销售渠道方面拥有各自鲜明的特征优势，运作模式各有不同。

1. 资源型供应链运作模式

资源型供应链运作模式一般以资源型乳品生产企业为核心，这样的企业原奶资源十分丰富，但问题是远离消费市场，所以产品一般是以 UHT 奶(超高温瞬时灭菌奶)和奶粉为主，以便于产品的远距离运输和市场投放。资源型企业的代表是蒙牛和伊利，他们要把远在呼和浩特生产的乳制品推向全国甚至世界市场，则对供应链下游渠道的控制能力非常重要。这种模式的运作模型如图 9-14 所示。

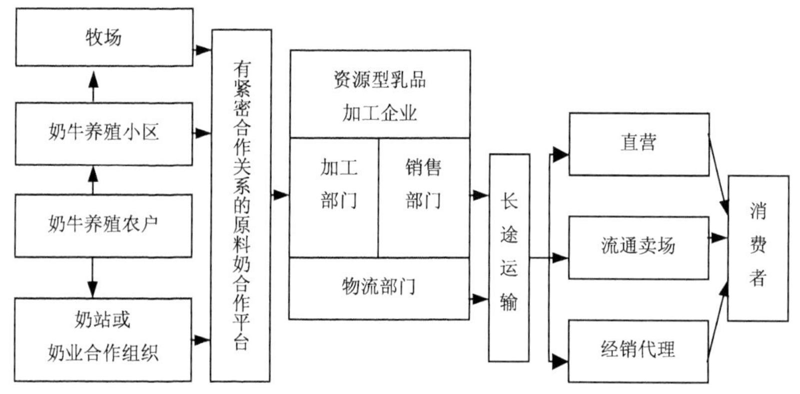

图 9-14　资源型供应链运作模型

由图 9-14 可以看出，资源型供应链运作模式的核心竞争力在于对复杂的全国经销渠道的把握。因此，在实际运作中，有两种常用的方法使企业实现这样的控制能力：一方面利用扩大生产规模来构筑进入壁垒，形成庞大的产能，给后来的都市型企业制造压力；另一方面也通过收购或新建的方式逐步渗透城市保鲜乳品市场，对市场型企业的生存空间进行挤压。

2. 都市型供应链运作模式

都市型供应链运作模式一般以身处都市的乳品生产企业为核心，尽管我国现在人均牛奶的消费还很低，但天津、上海等大城市的人均牛奶消费已经达到了较高的水平。都市型企业拥有成熟的市场和便捷的直营渠道，缺陷是只能依赖城市周边有限的奶源，如上海光明和天津海　。在这种模式下对供应链上游渠道原料奶的控制能力非常重要。这种模式的运作模型如图 9-15 所示。

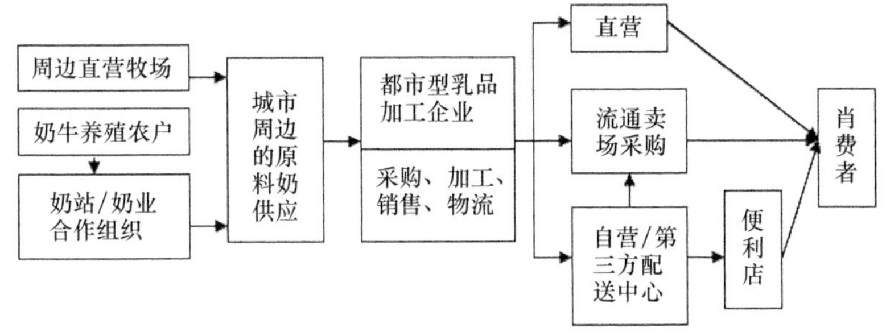

图 9-15　都市型供应链运作模型

由图 9-15 可以看出，都市型企业的竞争优势在于对核心市场奶源和直销网络的控制，并形成强大的进入壁垒，垄断当地市场。从发展战略看，一是复制，通过兼并、收购或新建工厂把对都市奶源和直销网络进行控制的知识和经验复制到其他城市市场。例如，上海光明已经在广东、 西、江苏、 江、黑龙江、内蒙古等战略要地进行布局。二是出 ，到奶源带去和资源型企业争夺资源，生产 UHT 奶和奶粉，抵御资源型企业的竞争。例如，北京三元在澳大利亚建立了基地，利用当地的奶源。三是开拓国际市场，以削减国内市场竞争激烈所造成的压力。例如，伊利、蒙牛，大力开拓出口市场，但问题是，一旦开拓国际市场，供应链的渠道部分更加延长，这就要求企业对渠道有相当的控制能力。

(四)理想的供应链模型

理想的供应链模型应从以下几个方面进行改善：①加工企业应建立有效的运营机制与原料奶供给源建立紧密合作的、专业化供给的、形成利益共同体的合作管理。②加工企业应建立完善的供应链管理平台，并引入信息化管理系统，在原料订购、配送信息、自动补货、库存控制等方面提供快速、有效的一手信息，以促进企业核心竞争力的形成。③建立以加工企业为核心的供应链资源运营体系，完善供应链上下游成员间的利益分配机制和风险化解机制，通过有效的上游原料奶合作组织控制供应链的供给源运营，通过自营或第三方运营的高效配送中心对供应链下游需求渠道进行有效整合。④建立信息共享激励机制，使上下游企业实现真正的物流、资金流、信息流三流合一，实现敏捷、灵活、协同的供应链。

因此，建立理想的供应链模型可分为无第三方物流企业参与和有第三方物流企业参与的供应链两种情况。

1. 无第三方物流参与的理想的供应链运营模式

1)　理想的外部供应链运作模型

这个理想的外部供应链运营模型是以乳品加工企业为核心企业来进行资源整合和运营，如图 9-16 所示。核心企业的主要业务部门包括加工部门、销售部门、物流部门和信息

系统维护部门，这些部门都是在供应链系统管理平台的运作基础上，分别整合供给源、需求源及进行物流和信息流的运作。同时，借助内部的信息资源，打造一个面对外部不确定需求的对外电子商务交易平台，处理网上订货和订单处理，并实现对外平台与供应链内部系统平台、配送中心的信息对接。

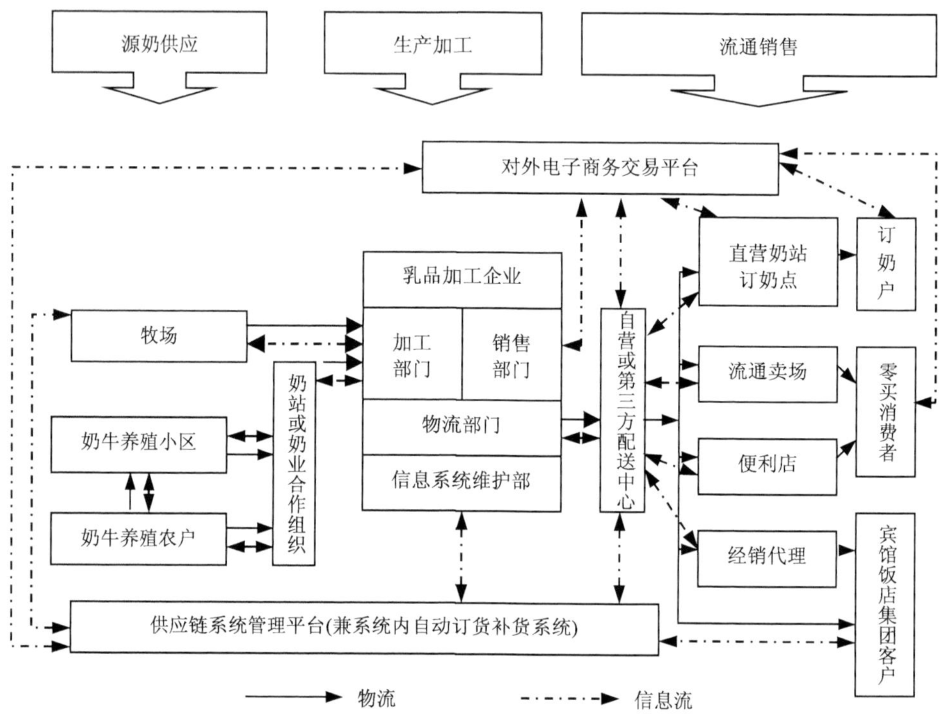

图 9-16　理想的乳品业供应链运营模型

由图 9-16 可以知道，从上游的奶源供应环节看，加工企业与奶源采用紧密的整合方式。奶源可以是农民合作组织，也可能是纵向整合的生产基地或原奶企业，分散农户的小规模生产必须通过采用合作经营方式进行组织。加工部门的需求计划直接给整合后的合作组织或原奶基地发送，上游渠道得到化简，同时有利于与原料奶供给源建立紧密合作的、专业化供给的、形成利益共同体的合作关系。

从下游的流通销售环节来看，加工企业的配送物流交给专业配送中心完成，以发展其核心竞争力。配送中心不仅提供物流配送服务，而且负责产品营销、客户管理等工作。为了保证加工与配送有效协调，配送中心与加工企业之间必须建立完善的供应链管理平台。在该供应链模式下，加工企业必须对物流配送中心具有较强的控制力。一般地，配送中心由企业原有的内部物流通过内部整合形成，从而保证整合的稳定性。

从整体的物流来看，理想的乳品业供应链运营模型由牧场或奶业合作组织整合的“原料供给源——核心企业加工部门——核心企业物流部门及其整合的配送中心——需求源”，上下游的物流运作都进行了整合，有利于形成快速、协同、通畅的供应链运营机制。

从整体的信息流来看，理想的乳品业供应链运营模型有一个重要的信息节点，即通过供应链管理信息系统平台实现对整条供应链上需求与供给资源的信息整合。其中，平台上设有四个重要的信息通道(见图 9-17)，一是与核心企业各部门之间的信息采集、管理与交互的通道，以实现原料订购、加工、销售、流通等环节的顺利进行；二是核心企业与奶源组织或牧场的交互通道，以实现原料奶订购，最好在这样的信息平台基础上，建立原料奶的自动补货机制；三是核心企业与配送中心的交互通道，以完成需求源拉动下的物流进程，同时形成需求信息数据库，有利于实现加工和原料采购的最优配置；四是与外部电子商务平台对接信息和传递、处理订单的通道，利用电子商务在当今时代的影响力，来树立企业高效、开放、柔性的品牌形象，同时也可以逐渐取代奶站的作用，降低核心企业建立直营奶点的成本。

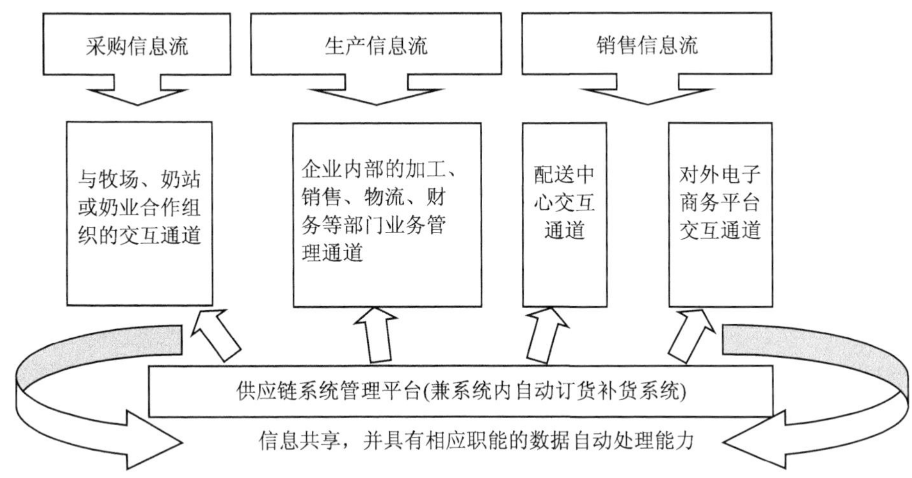

图 9-17　理想的乳业供应链信息系统管理平台

因此，乳品企业要提高顾客服务水平、围绕核心企业组织供应链资源，应该采用先进的物流供应链管理方式，建立信息共享激励机制和平台，建立协调的利益一体化的供应链合作伙伴关系等方面对牛奶产品供应链进行优化和整合。

2)　理想的内部供应链运营模式

对于乳品加工企业，要想建立强大的供应链，实现敏捷(agility)、灵活(adaptability)和协同(alignment)的特点是非常重要的。敏捷的供应链对需求和供应快速变化的行业尤为重要，乳品行业就具备这样的特性。供应链传统的方法是用成本来换取速度，而敏捷的供应链可同时实现对变化的快速反应和保证成本的有效性。大多数企业往往是在市场或者战略发生变化时调整供应链，而灵活的供应链可使管理者根据最新的数据提前发现这样的变化，过滤干扰的噪声，并跟踪主要的趋势。优秀的企业还会把供应链网络上合作伙伴的利益与自己的利益协同起来，创建激励机制来激发供应链更加优秀的表现。

理想的乳品业内部供应链运营模型(见图 9-18)是要说明，核心企业要想建立实现上述特点的供应链，需要从以下几个层面对内部供应链运营模式进行整合。

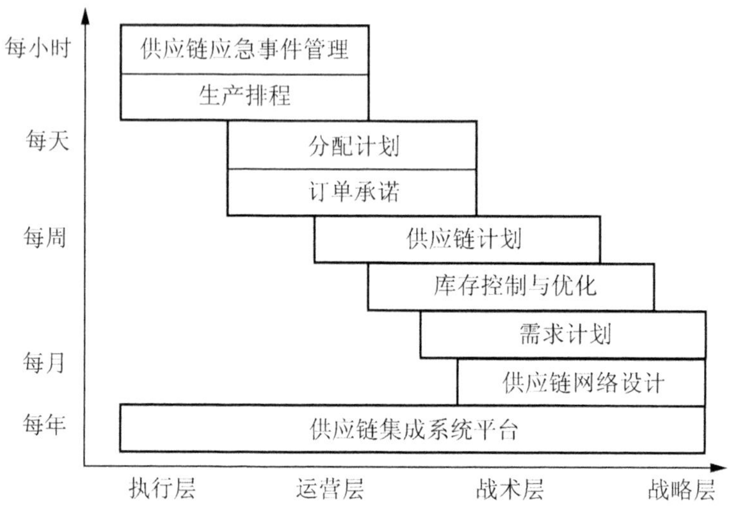

图 9-18　理想的内部供应链运营模式

(1)　战略层。从战略层的角度，企业需要制定的是一个长期的规划。这主要是从整个供应链网络的角度出发，进行整个供应链网络的设计或者改进，这样的规划一般每半年或者每个月进行一次。例如，工厂的产能、分配中心的分布，或者提供动态的寻源规则，在市场与供应网络之间，以成本最小化、利润最大化为目标建立动态补货关系(如北京市需要由哪几个区域分配中心进行配货，并且在产品组合上如何进行划分)。这样的寻源规则通过优化及不同的情景分析找到最佳方案之后，就可以用来指导具体的配货计划及生产计划。

乳品行业的供应网络节点较多，地域覆盖广，供应源有限，而终端销售网点在不断地、快速地增加，通过这样全局的设计供应链网络，可有效地屏蔽网络中的风险，增强供应链网络的灵活性和容错性。

(2)　战术层。在战术的层面，企业在了解目前网络资源及原材料供应的情况下，通过需求计划准确地捕　市场的需求信息，并因此建立适当的库存规则及产品组合来最有效地完成财务目标,其中包括需求计划、库存优化及供应链计划等。

如前所述，目前乳品行业面临的一个比较紧迫的问题是奶源紧张，而乳品的产品种类却越来越多，包括液态奶、酸奶、奶粉、冰淇淋和干酪等。在奶源有限的情况下，生产过程中如何进行原奶的分配，是一个非常关键的问题。如果分配不合理，就会造成某些产品断货而另一些产品却发生库存积压的现象，由此造成极大的浪费，且不能实现预期的利润目标。同时，不同产品的利润空间和成长空间是不一样的，经过近几年乳品市场激烈的竞争，目前白奶的行业平均毛利率在 18%左右，能控制在 25%左右就已经算是很好；而酸奶

的行业毛利率可以达到 35%～40%，经营稍好的企业此项指标一般都在 40%以上。那么，在有限的原奶供应下，找到最优的产品组合及库存规则，在实现降低库存的前提下，完成令人满意的订单完成率，并保证利润最大化是乳品企业面临的一个很大的挑战。但是，解决了这个问题，就为企业战胜竞争对手创造了机会。

(3) 运营层。在运营层面上，企业需要考虑每一个工厂在什么时间生产什么产品，并进行需求和供应的具体匹配。将不同的需求按照优先级进行划分(如客户订单的优先级高过预测)，并且决定在每一个仓库具体存放多少库存，每个工厂的产能计划以及物流运输资源的计划等。当出现库存紧张的情况时，这些库存首先应满足优先级高的需求，这就产生了分配计划。运营层面的计划一般是每周进行更新(如分配计划、生产计划等)，即人们常说的主计划。这个过程将企业目标与具体执行紧密地结合起来。

(4) 执行层。执行层的计划就是短期的、每日的计划，根据具体资源的可用性将每天的计划细化到每个小时、每张订单。生产排程要考虑每条生产线的产能及已经分配的任务，而运输计划则是将每张订单的路线、运输模式、承运商、成本及运输时间等计划出来。这一步将会在了解具体资源及需求的情况下进一步降低整个供应链的成本。

每一个供应链的活动，无论结果如何，都来自于一个计划，而这些计划都是由需求预测来驱动的。供应链计划就是通过协调企业的资产，优化从供应商到客户产品交付的流程及服务，实现需求和供应的平衡。产品的销售预测就是通过一些手段来预报产品未来的销售数量。预测是会存在一些误差的，问题不是预测错了怎么办，而是预测的误差到底是多少。准确的产品预测是最重要的，也是衡量一家企业供应链管理熟练程度的指标。做好需求预测，并用它来有效地驱动其他计划的制订，将加速企业实现敏捷、灵活、协同供应链的速度。

2．有第三方物流参与的供应链运营模式

目前，也有一些乳品加工企业尝试着以物流外包的形式整合供应链上下游的资源，进行供应链运营模式的优化，而核心企业自身只进行乳品加工技术和新产品多样化的研发，以应对中国奶业发展过程中，品种短缺、研发薄弱、与国际市场对接困难、国际市场竞争力差的问题。同时，乳品业供应链又属于低温冷链物流，在物流技术上有一定的专业性，如果能有一支专业的物流团队来经营整体物流活动和业务，将给核心生产企业乃至整个供应链上的诸多成员带来巨大的效益。

提出这样一个模型，目的是解决以下几个问题：①核心加工企业业务种类繁多，无法专注生产与研发，这也是造成目前我国本土企业的乳品同质化严重，缺乏科技含量高、个性化强、多样化的高端产品，国际市场竞争力弱的原因。②乳品行业属低温冷链物流，需要更加专业、高效地进行物流运营。③我国本土企业未来要参与国际竞争，走向国际市场，必须降低成本，提高利润空间，同时还需整合国际上的行业资源，使物流流通的链条大大延长，在这种情况下，实行物流外包是一个很好的办法。④中国需要在不同领域培育更多

的、专业化程度高的第三方物流企业。有第三方物流参与的供应链运营模型，如图 9-19 所示。

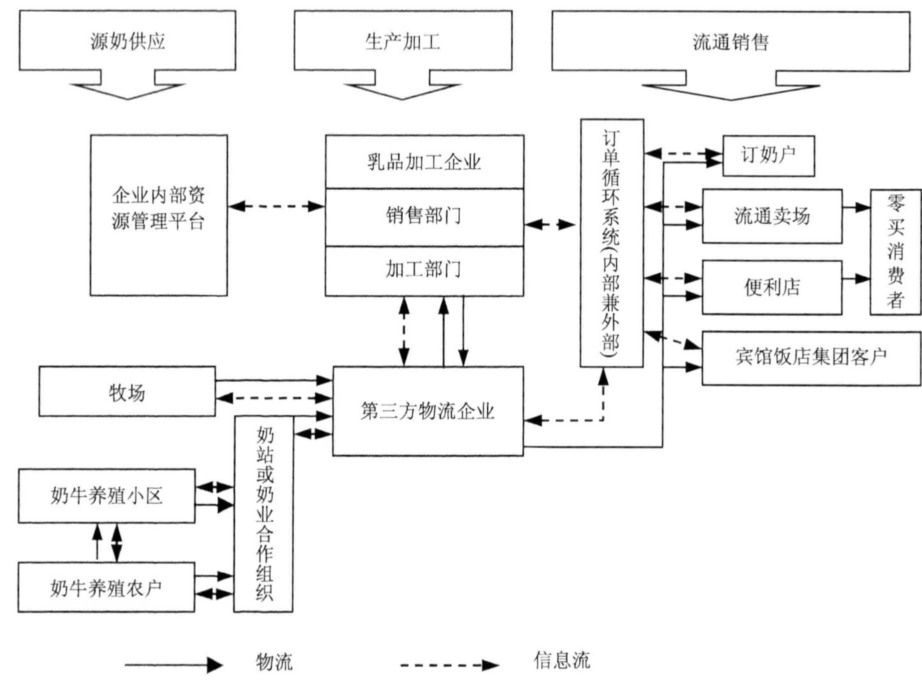

图 9-19　有第三方物流参与的供应链运营模型

由图 9-19 可以看出，核心生产企业在原料供应物流和销售流通物流上都无需太多的投入了，只需要建立一个与第三方物流企业及外部客户共享的订单循环系统，以接受订单等需求信息；建立一个企业内部资源管理平台，以进行企业内部资源的计划和管理，其他与物资流动相关的项目均外包给专业的第三方物流企业。由第三方物流企业与牧场或奶业合作组织联系形成密切的合作利益关系，以整合上游资源，同时，将核心生产企业的生产成品配送给下达订单的各类用户也由第三方物流企业经营。这样需求源信息会通过订单循环系统传达到核心企业和第三方物流企业，而供给源信息直接与第三方物流共享，通过第三方物流企业送达生产企业，于是第三方物流企业变成一个关键的物流节点和信息节点。

一般来说，当行业细分后形成专业化程度较高的分支，通常可以提高效率、降低成本、提升服务质量。因此，这个有第三方物流参与的供应链运营模式势必会给整个乳品行业带来成本的降低和利润空间的增加。当然，经营这项业务的第三方物流企业要实现赢利也必然要走规模化的道路。因此，要实现这样的运营模式，还需在现有市场内培育更加专业的，能够有能力整合农牧业、加工业和流通零售业这三大产业客户资源的第三方物流企业迅速成长，从而实现核心生产企业重点投入科研，开发高端化、多样化的产品，第三方物流企业专注于以成本更低、效率更高、专业化更强、服务更好地传递物资。

第三节　冷冻食品连锁物流

一、冷冻食品物流的基本情况

根据冷冻食品对冷链的要求，超市、卖场和便利店等现代流通业态中的终端销售也是冷冻食品的特殊储存形式。因此，需要制定“冷冻食品零售型储存”温度，以保证冷冻食品的物流品质和安全。根据世界食品物流组织(WFLO)制定的操作要求，“冷冻食品应该在冷冻条件下运送，通常的输送温度为-18　或者更低。如果冷冻食品的温度超过-12　，那么仓库部门或者仓储经理就应该拒绝接受这批货物，如果要接受这批货物，在货物销售之前必须坚持测温，以保证货物的质量”。

二、冷冻生鲜的配送

(一)连锁企业的配送中心将增加或加强冷冻生鲜食品的配送功能

随着零售连锁市场的竞争加剧，居民生活水平的提高，人们对快速食品、生鲜半成品和冷冻食品的需求增加，大型零售企业设立食品加工中心和配送中心是物流配送的一个趋势。

(二)以批发为主导型的食品配送中心

以批发为主导型的食品配送中心将出现有实力的食品批发企业，以组织商品、面向独立经营的单体超市门店开展以食品为主的配送服务，也将是我国专业化物流配送中心建设发展的趋势。例如，肉类、蛋类、菜类、牛奶、面包、冰淇淋等专门经营这些新鲜食品的物流配送企业，将伴随消费者生活水平的提高和对这些商品质量的要求，形成集物流、常温仓储、冷藏、包装、流通加工、配送为一体的多功能物流中心。

三、冷冻冷藏业冷链物流存在的问题

(一)冷冻冷藏技术落后、设施陈旧

目前国内各个冷冻冷藏企业的制冷技术仍处于一个较为落后的阶段，冷冻冷藏质量监控、车间环境温度和洁净度控制、卫生管理和包装技术仍与国际标准有较大的差距，另外冷藏仓储基础设施滞后，现代化的冷冻冷藏车严重不足，而目前运营中的冷藏运输设施陈旧，大多是机械式的速冻车皮，制冷技术和工艺落后，缺乏规范式的保鲜冷藏运输车　和

温度控制设施。

(二)冷冻冷藏配送运输效率低

我国冷冻冷藏产品的配送运输现状是不容乐观的，首先冷冻产品的装车、装船大多是在露天操作而未按照国际食品标准在冷库和保温场所操作，其次是物流各个环节信息传递不畅，使库存、装卸、运输等缺乏透明度，造成冷冻冷藏产品在配送、运输途中发生无谓，风险及成本增加。

(三)冷冻冷藏业尚未形成较为完整的冷冻冷藏链

我国目前尚未形成完整的冷冻冷藏链，从起始点到消费点的流动储存效率和效益无法得到控制和整合，对于处于下游的连锁超市生鲜经营者来说，其上游始终是处于运作不顺畅、不稳定的状态，并且在生鲜经营管理流程中会更多地考虑生鲜冷冻加工和经营过程本身，而对生鲜冷冻供应链上游的冷冻冷藏商品采购环境和物流配送的影响却疏于认真考虑。

(四)冷冻冷藏业缺少组织化的新产品开发机制

从我国冷冻冷藏经营产业链条的现状看，销售终端的消费信息采集、分析、加工，形成生鲜产品开发及引导，再到新产品返销到市场，整个流程的信息不畅，提炼不够，反应迟　，使冷冻冷藏供应链上缺少组织化的新品开发机制。无论是连锁企业的加工配送的新形式，还是冷冻冷藏经营联合体形式，这个开发组织机制的建立和运作状况将很大程度地影响着冷冻冷藏经营的持续发展和盈利来源。

四、冷冻冷藏业冷链物流发展的建议

(一)利用先进的技术改进冷藏运输及储藏管理

我国应积极建立有统一标准数据的计算机管理信息系统和电子交换系统，对各种冷藏车的运输进行全面的动态监控，简化冷藏车运输的计划、审批手续和空车调配环节。保鲜是消费者对冷冻冷藏产品的第一要求，由于冷冻冷藏产品的品种越来越繁多，储藏也就比较麻烦，通过计算机系统可将产品与其储架的货位输入到冷冻冷藏产品的数量及储放位置，及时地提货和补货，同时可及时了解到产品的保质期、库龄等信息，从而提高冷链物流的作业效率与管理水平。

(二)发展先进的冷藏运输设备

我国冷藏运输应积极发展适应小批量、多品种的小编组机冷车，满足市场对多品种、小批量货源运送的需要，同时应积极发展机械冷板冷藏车和冷藏集装箱。

(三)开展冷冻冷藏产品的多式联运，缩短冷藏运输的运达期限

多式联运能够降低运输成本、提高货物运输速度，对促进经济发展具有极为重要的作用。贸易的发展对冷藏运输的多式联运的要求日益增强，而冷藏集装箱及相关信息技术的采用又为多式联运的发展提供了有力的支持。冷藏运输应积极发展铁路、公路、水路的联合运输网，形成多式联运体系，同时加大对装卸冷藏运输车辆的停时、中时的考核力度，严格冷藏运输车辆在途时间的考核标准，缩短冷藏运输的运达期限，缩减作业环节，建立直接、有效的流通渠道。

(四)建立冷冻冷藏品加工配送中心，推进集约化共同配送

物流配送战略的主要目标是提高服务水平与降低配送成本，目前冷链物流转向多品种、小批量的运输已成必然趋势。通过生鲜加工配送中心的建设和运作，可以提高门店冷冻冷藏产品的质量控制水平，有效地建立起统一的冷冻冷藏品采购验收标准并在经营中统一执行，以冷冻冷藏品加工配送中心为核心，向冷冻冷藏供应链的上游延伸，使卖场、连锁超市、便利店等与供应链上游的沟通更加顺畅，商品采购供应更有保障。共同配送可提高车辆装载运输效率，形成规模效应，从配送成本角度考虑，共同配送较厂家直送、一般配送更为经济，是比较理想的选择。

(五)建立低温冷链物流系统

要发展冷冻冷藏品流通业主要是建立产品的冷冻冷藏供应链，将易腐、生鲜食品从产地收购、加工、储藏、运输、销售，直到消费的各个环节都处于适当的低温环境之中，配套发展储藏、运输、销售不中断的“冷链化”物流，以向社会开放、市场化经营、增加配销功能为指导原则，加速冷库的技术改造、经营管理和全方位服务工作，提高冷库利用率和社会服务面，大力倡导冷藏集装箱运输和按规定温度展示销售产品的新形式。

第四节　特殊商品连锁物流综合实训

一、蒙牛物流管理案例分析

(一)任务引入

物流运输是乳品企业的重大挑战之一。蒙牛乳业集团目前的销售范围遍布全国各个角落，包括香港、澳门，甚至还出口东南亚。蒙牛要如何突破配送的瓶颈，把产自大草原的奶送到更广阔的市场呢？另外一个重要的问题是，巴氏奶和酸奶的货架期非常短，巴氏奶

仅10天，酸奶也不过21天左右，而且对冷链的要求最高。从牛奶挤出运送到车间加工，直到运到市场销售，全过程巴氏奶都必须保持在0℃～4℃之间，酸奶则必须保持在2℃～6℃之间储存，这对运输的时间控制和温度控制提出了更高的要求。

思考：问蒙牛要采取怎样的措施，实现在最短的时间内、有效的储存条件下，以最低的成本将牛奶送到商场、超市的货架上？

(二)知识要点

低温市场首先看的是产品，在乳业市场主要产品就是酸奶。运作酸奶产品，考验的是企业新品研发、冷链建设、渠道管理三大能力。酸奶的保质期短，一般是14～21天，而且对冷链要求非常高。从牛奶挤出运送到车间加工，直到运到市场销售，全过程都必须保持2 ～6 之间储存。建设冷链配送系统要求冷藏罐、冷藏车等，人力、物力成本投入非常大。但也有企业将此项业务外包给物流公司，从而降低投入、运作成本，风险相对也能降低。

(三)任务实施

解决方案1：缩短运输半径

对于酸奶这样的低温产品，由于其保质日期较短，加上消费者对新鲜度的要求很高，一般产品超过生产日期三天以后送达商超，商超就会拒绝该批产品。因此，对于这样的低温产品，为了保证产品及时送达，蒙牛尽量缩短运输半径，要保证在两三天内送到销售终端。

解决方案2：合理选择运输方式

目前，蒙牛产品的运输方式主要有两种，汽车和火车集装箱。蒙牛在保证产品质量的原则下，尽量选择费用较低的运输方式。

对于路途较远的低温产品运输，为了保证产品能够快速的送达消费者手中，保证产品的质量，蒙牛往往采用成本较为高 的汽车运输。

为了更好地了解汽车运行的状况，蒙牛还在一些运输车上装了GPS系统，可以跟踪了解车辆的情况，给物流及相关人员包括客户带来了方便，避免了有些司机在途中长时间停车而影响货物未及时送达或者产品途中变质等情况的发生。

解决方案3：全程冷链保障

低温奶产品必须全过程都保持2 ～6 之间，这样才能保证产品的质量。蒙牛牛奶在“奶牛—奶站—奶罐车—工厂”这一运行序列中，采用低温、封闭式的运输。在零售终端，蒙牛在其每个小店、零售店、批发店等零售终端投放冰柜，以保证其低温产品的质量。

解决方案4：把每一笔单子做大

物流成本控制是乳品企业成本控制中一个非常重要的环节。蒙牛减少物流费用的方法是尽量把每一笔单子做大，形成规模后，在运输的各个环节上就都能得到优惠。

此外，蒙牛的每一次运输活动都经过了严密的计划和安排，运输车辆每次往返都会将

运进来的外包装箱、利乐包装等原材料和运出去的产成品做一个基本结合，使车辆的使用率提高了很多。

(四)技能拓展

内蒙古蒙牛乳业泰安有限公司乳制品自动化立体仓库，后端与泰安公司乳制品生产线相衔接，与出库区相连接，库内主要存放成品纯鲜奶和成品瓶酸奶。该库库区面积 8323 平方米，货架最大高度 21 米，托盘尺寸 1200 毫米×1000 毫米，库内货位总数 19 632 个，其中，常温区货位数 14 964 个；低温区货位数 46 687 个。入库能力 150 盘/小时，出库能力 300 盘/小时。出入库采用联机自动。

根据用户存储温度的不同要求，该库划分为常温和低温两个区域。常温区保存鲜奶成品，低温区配置制冷设备， 温 4 ，存储瓶酸奶。按照生产—存储—配送的工艺及奶制品的工艺要求，经方案模拟仿真优化，最终确定库区划分为入库区、储存区、托盘(外调)回流区、出库区、维修区和计算机控制 六个区域。

1. 入库区

入库区是由 66 台链式输送机和 3 台双工位高速 车组成，其中链式输送机负责将生产线码垛区完成的整盘货物转入各入库口，双工位穿 车则负责生产线端输送机输出的货物向各巷道入库口的分配、转动及空托盘回送。

2. 储存区

储存区包括高层货架和 17 台巷道堆垛机。高层货架采用双托盘货位，完成货物的存储功能。巷道堆垛机则按照指令完成从入库输送机到目标的取货、搬运、存货及从目标货位到出货输送机的取货、搬运、出货任务。

3. 托盘(外调)回流区

托盘(外调)回流区分别设在常温储存区和低温储存区内部，由 12 台出库口输送机、14 台入库口输送机、巷道堆垛机和货架组成，分别完成空托盘回收、存储、回送、外调货物入库、剩余产品及退库产品入库、回送等工作。

4. 出库区

出库区设置在出库口外端，分为货物暂存区和装车区，由 34 台出库输送机、叉车和运输车辆组成。叉车司机通过电子看板、RF 终端扫描使叉车完成装车作业，反馈发送信息。

5. 维修区

维修区设在穿 车轨道外一侧，在某台空 车更换配件或处理故障时，其他穿 车仍旧可以正常工作。

6. 计算机控制室

计算机控制　设在二楼，用于出入库登记、出入库高度、管理和联机控制。

自动化立体仓库现已投产运行，全库设备运行稳定，得到用户的良好评价。

拓展问题：请根据上述工艺流程与库区布置，把工艺流程图和库区布局示意图画出来。

二、荔枝冷链物流案例分析

(一)任务引入

荔枝供应链现状分析(以茂名市为例)

荔枝通常有四条销售途径，一是当地市场鲜销；二是加工成荔枝干，不过占荔枝产量的比重不大；三是出口；四是组织北运，主要运往北京、上海等大城市。本案例着重分析最后一种销售方式下荔枝的物流和供应链情况。

荔枝是一种娇果，因此，荔枝在储运过程中的保鲜处理显得特别重要，而果品的保鲜通常采用的是低温技术，这就要求荔枝的整个物流过程都要在低温下进行，这种低温下的仓储和配送被称为低温物流，相应的供应链就是冷链。一般来说，荔枝的冷链物流中，要求荔枝要进行产地预冷、冷藏运输和销售冷藏，才能保证荔枝的鲜销。因此，构建一条完善的冷链是保证荔枝正常、高效供应和市场推广的关键。就目前荔枝的市场供应情况来看，荔枝的这条冷链显然还存在很多的问题。荔枝上市时间比较集中，又是生鲜易腐产品，因此，在荔枝上市季节经常出现“丰年果贱”的烂市现象。但是，从我国和世界对鲜荔枝的潜在需求来看，荔枝产量却远没有达到满足全国需求的程度，之所以出现烂市现象，主要在于鲜荔枝在产地集中上市，局部市场过量供给与局部有限的需求对比，失衡不可避免。这种失衡与物流保障能力落后、冷链物流不足、不能有效解决保鲜和运输问题有直接关系。

目前，茂名地区荔枝远销的供应模式是：果农以收购价将荔枝卖给收购商，收购商将荔枝运到外地卖给当地批发商，批发商再批发给零售商，最后才到达当地消费者的手里。物流模式如图 9-20 所示。

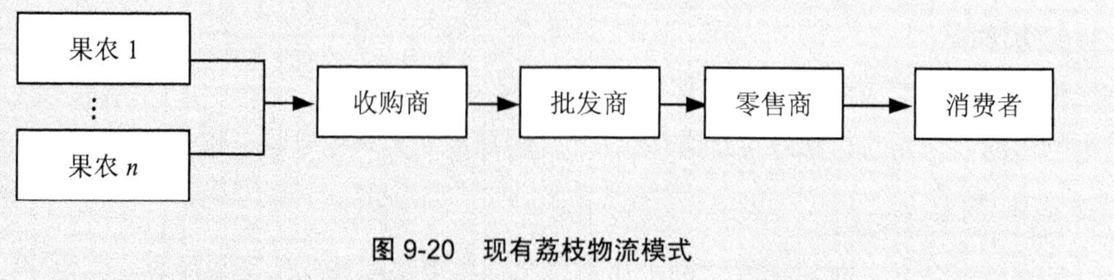

图 9-20　现有荔枝物流模式

请应用合理的冷链物流优化现有荔枝物流模式，并做出优化方案。

(二)知识要点

在这样一条供应链中，起主导作用的是收购商，因为包括冷藏保鲜和组织运输等基本都是由收购商完成的。但是，这其中很重要的一个问题是，很多收购商都是一些零散的无组织的个人(如当地的农民或者是外地来的果商)，只要他们能够联系到外地的批发商就可以成为收购商，运输也是临时找一些个体运输户来完成。由于很多收购商和运输商既没有必要的冷藏设备，也没有很强的冷藏保鲜意识，而作为个体散户的果农在这方面就更缺乏了。

因此，整条冷链从源头开始就缺“冷”。果农在采摘完荔枝后，并没有进行任何的预冷就转到收购商的手中，也并不是所有的产地都是这样简 地处理，一些做得稍好的地区会对荔枝采用 冰水降温预冷、化学防腐保鲜冰块降温或冷藏车运输的方式，但是冰水预冷 箱加冰的方式也存在弊端。首先是预冷时间、预冷温度无法控制在合适范围，荔枝的田间热和呼吸热并未降低到可行范围；另一方面，运输过程中由于冰块融化， 箱及车 温度不断提高，荔枝的环境发生变化，导致呼吸热抬升，荔枝发生变色变味难以避免。因此，荔枝的保鲜总是不能达到标准，这就直接影响到收购商的利润，有这样一种说法：做三车水果，一车亏，一车平本，一车赚钱，利润少，风险大。

另外，这条供应链还存在一个问题，它是一条相当松散甚至可以说是一次性的供应链，因为供应链中各个角色之间并没有长期固定的合作关系，收购商每年都不同，负责运输的车辆也不固定，所以，果农与收购商之间的利益关系是一次性的，收购商与批发商也没有固定的合作伙伴关系。 这就造成供应链极不稳定，供应链中利益相关的概念没有形成，彼此之间的合作显得相当无力。

再有就是在这条供应链里缺乏一个可以掌控全局的核心企业。如果一条供应链上没有一个核心的力量，那么将很难协调各方的利益，和确保全体成员的目标一致性。但是，供应链上各成员的利益都有密切的相关性，任何一方没做好都会出现问题。不过因为在现有的供应链中，根本就没有一个商家是可以控制全局的，所以果农没有意识也没有办法确保中下游的成员能够按荔枝的保鲜要求去进行保鲜，中下游的成员同样也无法控制上游成员，因此整条供应链就很容易出现问题。

(三)任务实施

在分析了荔枝的供应链现状和了解了供应链上存在的问题之后，下面尝试着提出荔枝冷链物流的解决方案。

名地区荔枝供应链的现状最重要的一点是“缺冷”，冷链物流的构建首先就要解决这个问题，这包括冷藏技术的运用、冷藏运输设备的配备和冷藏标准的统一，另外还要解决供应链内的合作和协调问题。 要解决好这些问题，靠现在这个供应链模式是无法完成的。因为整条供应链内没有一个具备足够实力的成员去解决技术和设备问题，并达到控制整条供应链的效果。所以这就要求必须有第三方的介入，改变供应链的现有格局，如图 9-21

所示。

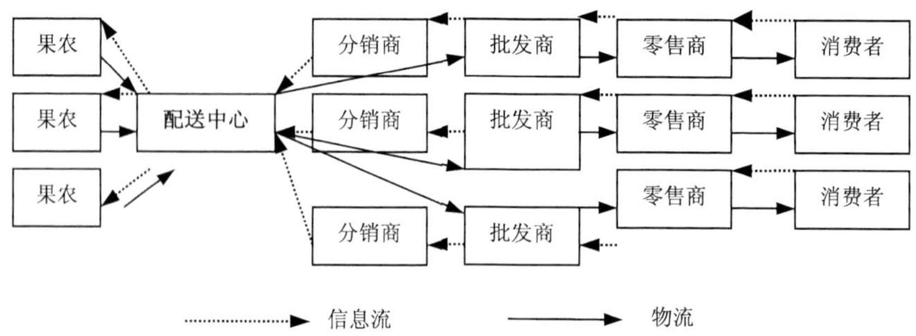

图 9-21　荔枝物流的供应链模式

这条供应链与原来的供应链最为显著的区别是设置了一个荔枝的配送中心，这个配送中心的性质应该是集荔枝的采后预冷、加工、包装和冷藏运输等业务于一体的企业，并且应该设在离产地较近的区域，方便果农在采摘完荔枝后能够马上送到配送中心进行杀菌预冷等处理。

这是一条以配送中心为核心力量的荔枝冷链，其运作模式分两个时期，并采取不同的策略：建立初期主要是以“推式”模式为主；到了供应链运作模式比较成熟的阶段，各成员之间的合作关系比较稳定之后则采取“拉式”模式。

“推式”模式：配送中心每年以一定的配额向果农收购荔枝，并对采摘时间和质量提出一定的要求→果农按要求将荔枝送到配送中心 →配送中心将荔枝按照保鲜技术的要求进行杀菌、冷水处理、选果(气调包装)、入库预冷等步骤→配送中心联系分销商(可以是原来意义上的收购商或者其他水果商)开展销售工作→分销商负责联系各地批发商下订单→配送中心负责冷藏运输荔枝至各地批发商处→经批发商到零售商最后到消费者手中。

“拉式”模式：零售商进行需求预测后提前向批发商下订单→批发商向分销商下订单→分销商向配送中心下订单→ 配送中心汇总订单后向果农下配额收购荔枝后进行冷藏储运等工作。

“推式”模式主要是考虑到荔枝的市场覆盖还不广、以往荔枝的供应品质不高和供应链成员之间的关系不稳定等问题，因此采取“推式”模式主要就是为了开拓市场和建立稳定的合作关系。在经过一段时间的合作之后，供应链各成员之间已经对彼此有了相当的了解，而且市场培育也已经基本完成，市场需求量趋于稳定的状态，这样就可以采取“拉式”模式，以市场为主导，避免在上游出现的需求预测失误造成的供不应求或者供过于求的现象。

(四)技能拓展

该案例在供应链构建时应注意以下几个问题。

1. 配送中心的成立问题

由于这是主导供应链的核心成员，故配送中心能否成功建立是关乎这个方案能否成功实施的关键。此外，配送中心又承担着解决荔枝由生产、采摘到运输等各个环节的技术问题，特别是冷藏储运技术和设备、冷藏运输车辆等问题，可以说是任重而道远。因为投资相当大，所以必须由有实力的第三方的加入才有可能实现。在这个过程中应该发挥当地政府和行业协会的力量，开展广泛的招商引资工作，吸引有实力企业的加盟。

2. 配送中心的技术和设备问题

无论是“推式”还是“拉式”模式，都必须依靠大量的技术设备去解决供应链内“缺冷”的问题，包括前面提到的预冷技术、气调包装、冷藏运输、冷藏储存等问题，而且单纯掌握好这些技术还不行，关键是要形成一套可以执行的标准，将由种植到销售整个过程中要规范的问题以标准化的形式固定下来，并在供应链内执行。

3. 供应链内各成员之间的关系

以配送中心为核心，果农是生产商和供应商，按照配送中心的需求供应荔枝；分销商承担的是开拓异地市场的业务，联系下家后向配送中心下订单，配送中心负责荔枝的冷藏运输；批发商和零售商将荔枝逐级销向消费者。 这里面的一个核心是各成员之间应该是一种稳定的合作关系，而不再像以前那样是临时性的、一次性的交易。果农可以以会员的形式与配送中心签订供应合同，而分销商也是与配送中心有合约关系的，或者可以看做是配送中心销售部的人员。只有将关系固定下来，才有可能形成一条“利益链”，巩固彼此的合作。

4. 供应链内除了物流以外，还应该注意信息链的构建

信息链的构建包括消费者的需求信息的回流、各地批发商和零售商的销售和库存状况、运输车辆的跟踪和温度控制等。另外，还有比较重要的一点是荔枝冷藏储运的技术和标准等信息的共享问题，应该让果农、批发商、 零售商都能够了解并按标准执行。

5. 销地冷藏问题

配送中心可以解决采后杀菌、预冷到冷藏运输等问题，却未能解决在销售环节，包括批发商和零售商对荔枝的冷藏保鲜问题。因此，应该通过供应链内的契约关系约束销地的冷藏保鲜，使批发商和零售商都能按荔枝冷藏标准进行冷藏。另外，在北方等冷源比较丰富的地区可以充分利用当地富余的冷库进行荔枝的冷藏保鲜。

本 章 小 结

生鲜商品连锁物流体系的建设包括三个，即生鲜食品冷藏链体系建设，生鲜食品安全检测体系建设及生鲜食品安全管理标准体系建设。我国冷链物流发展相对滞后，流通过程中缺乏规范的生鲜配送体系、流通环节过多、食品卫生和品质难以保障，致使生鲜食品的损耗大，农产品供应链环境下主体的利益难以得到保障。

近年来，生鲜商品连锁物流体系的建设受到连锁业的关注，一些连锁企业引入供应链思想，优化农产品物流，规范农产品供应链上各主体间的利益机制，加强物流配送中心建设，同时，政府强化农产品质量安全检测力度，严把市场准入关。

本章主要针对超市、卖场和便利店等业态中常见的生鲜商品、乳制品、冷冻食品三大类典型展开，分析其组织经营模式、物流体系结构特点、运营模式、供应链运营模式等，提出存在的问题并给出发展建议。

复习思考题

一、简答题

1. 简述冷链物流的特点。
2. 简述冷链物流管理的原则与方法。
3. 简述生鲜产品、乳制品、冷冻食品物流过程。
4. 简述冷链物流的发展建议。

二、案例分析题

1999 年 10 月，苏果在大中型超市中推出了生鲜加工、面点熟食、净菜配菜服务的“家庭厨房工程”，将老百姓的厨房搬进超市。自苏果超市实施保障食品安全战略以来，生鲜食品经济效益大幅增长。

为此，苏果超市建立了以生鲜配送中心为关键控制点的食品安全追溯机制，创建以市场经济规律和企业自主运营为基础的“从农田到餐桌”的双向全程食品安全管理和技术体系，在食品安全领域构建了“苏果模式”，为消费者创建了一个健康、安全、高效、透明的服务模式。在生产、加工、物流(储运)、销售整个过程中都进行了有效的控制。其具体举措包括：建立了食品安全生产基地；生鲜配送中心的投入使用，为食品安全增加了一个新的关键控制点，在降低总成本的同时提高了货物的流通效率；开发出了食品安全保鲜技术及其配套装备，建立了加工流通技术操作规范；建立了食品安全信息系统，加强食品安全检

测体系建设，实施食品安全全程监控；食品安全培训取得了初步成效；食品安全管理实施效果的宣传取得进展。

尽管各大超市都在生鲜食品安全保障方面投入了巨大的人力、物力和财力，但各类食品安全问题频频出现，防不胜防。例如，尽管苏果超市花资金购置了一些农药检测设备，也按照要求对生鲜食品进行了检测，但仍然有可能发生食品安全问题；无公害(绿色、有机)质量体系产品的开发是为了给消费者提供安全放心的食品，但在超市热衷购买质量体系产品的消费者并不多，而且增长速度缓慢，高昂的投入代价和微薄的回报阻碍了它的发展；生鲜食品冷藏链体系发展需要各种技术上的支持，但具体的实践问题远落后于理论；食品安全已经成为一个带有普遍意义的社会问题，仅依靠零售企业的内部控制来保障食品安全是很困难的，从企业自身来看也缺乏动力，需要有一个统一的标准来保障食品安全，而中国还没有形成一整套完整的、规范的体系来监管食品安全。深刻的教训不断警示人们，大型连锁超市需要建立更加完善的食品安全保障体系，苏果超市保障生鲜食品安全的成功案例将给人们留下深深地思考。

(资料来源：李玉辉，邵光亚. 连锁经营的供应链管理[J]. 商业研究. 2010(3))

1. 为什么说保障生鲜食品安全是一项复杂的系统工程？影响大型连锁超市生鲜食品经营成功的因素有哪些？

2. 苏果超市在保障生鲜食品安全方面做了哪些尝试？有哪些值得在其他大型连锁超市中推广借鉴的经验？为什么？

3. 苏果超市在未来生鲜经营发展道路上，对于食品安全还应该注意哪些事项？

4. 在食品安全“综合杠杆控制方法”中，政府、行业和社会应该发挥怎样的作用？为什么说企业的主体作用不容忽视？

第十章 连锁物流成本管理

【学习目标】

通过本章的学习，应了解物流成本的构成及物流成本的核算方法与控制手段。并通过实训的学习基本掌握作业成本法的核算过程和方法。

【本章导读】

布鲁克林酿酒厂在美国分销布鲁克林拉格和布朗淡色啤酒，当时虽然在美国还没有成为名牌,但在日本市场却已创建了一个每年2000亿美元的市面。Taiyo资源有限公司是Taiyo石油公司的一家国际附属企业。在这个公司的Keiji Miyamoto访问布鲁克林酿酒厂之前，该酿酒厂还没有立即将其啤酒出口到日本的计划。Miyamoto认为，日本消费者会喜欢这种啤酒，建议布鲁克林酿酒厂将啤酒航运到日本，并通过广告，宣传此进口啤酒具有独一无二的新鲜度。这是一个营销战略，也是一种物流作业，因为高成本使得目前还没有其他酿酒厂通过航空将啤酒出口到日本。为此布鲁克林酿酒厂着手对物流成本进行管理。

1. 布鲁克林酿酒厂运输成本的控制

布鲁克林酿酒厂于1987年11月装运了它的第一箱布鲁克林拉格啤酒到达日本，并在最初的几个月里使用了各种航空承运人。金刚砂公司之所以被选中，是因为它向布鲁克林酿酒厂提供了增值服务。金刚砂公司在J.F.K国际机场的终点站交付啤酒，并在飞往东京的航班上安排运输，通过日本报关行办理清关手续。这些服务有助于保证产品完全符合新鲜要求。

2. 布鲁克林酿酒厂物流时间与价格的控制

其啤酒之所以能达到新鲜的要求，是因为这样的物理作业可以在啤酒酿造后的1周内，将啤酒从酿酒厂直接运达顾客手中，而海外装运啤酒的平均订货周期为40天，新鲜度的啤酒能够超过一般价值定价，高于海运装运啤酒价格的5倍。虽然布鲁克林拉格啤酒在美国是一种平均价位的啤酒，但在日本它是一种溢价产品，获得了极高的利润。

3. 布鲁克林酿酒厂包装成本控制

布鲁克林酿酒厂将改变包装，通过装运小桶装啤酒而不是瓶装啤酒来降低运输成本。虽然小桶质量与瓶装啤酒相等，但减少了玻璃破碎而使啤酒损毁的机会。此外，小桶啤酒对保护性包装的要求也比较低，这将进一步降低装运成本。

(资料来源：李伊松，易华. 物流运作管理[M]. 北京：清华大学出版社，2007)

在连锁经营中，物流成本是产品成本的一部分，物流成本的高低受到企业竞争、产品特性、企业网点布局、企业管理成本开支大小、资金利用率、货物的保管制度、物流管理合理化程度、企业的物流决策、企业外部市场环境的变化等多方面因素的影响。以上案例表明，物流成本管理不仅是布鲁克林酿酒厂的物流作业，也是一个营销战略，是关系到企业开辟新市场成败的关键因素。因此，在连锁企业管理过程中，首先要将物流成本分离出来，采用先进有效的物流成本管理方法，以全局的角度进行系统管理。

本章主要在学习连锁企业物流成本的构成、分类和特性及物流成本核算方法相关知识的基础上，以某计算机有限公司(下称A公司)的产销流程中物流成本的核算为例，详细介绍了物流成本管理方法的原理、使用方法及局限性。

第一节　连锁企业物流成本

一、物流成本概述

(一)物流成本的含义

物流成本是指在生产经营过程中，商品从原材料供应开始，经过生产加工，到产成品和销售，以及伴随着生产和消费过程所产生的废物回收利用等过程所发生的全部费用。

在《物流技术用语》一书中，对物流成本是这样解释的：用金额评价物流活动的实际情况为物流成本，物流成本的大小取决于物流活动的范围和采用的评价方法。物流成本的范围是由三方面因素决定的：第一是物流成本的计算范围，即物流的起止问题。物流的范围是相当大的，它包括原材料物流；工厂内物流；从工厂到仓库、配送基地的物流；从配送基地到顾客的物流等部分。第二是物流活动环节。运输、储存、装卸、搬运、包装等诸种物流活动，以哪几种活动作为物流成本的计算对象问题。以所有的物流活动为对象计算出来的物流成本，与只以其中的运输、储存等部分活动为对象计算出来的物流成本当然是有差别的。第三是费用性质。运费、保管费等企业外部支付的物流费，或人工费、折旧费、修缮费、燃料费等企业内部的费用支出，究竟其中的哪一部分列入物流成本中进行计算，将直接影响到物流成本的大小。

(二)物流成本的形成机制

物流的大部分责任不在物流管理部门，而在发生物流作业的部门，即采购、仓储、制造和销售部门。在物流成本这一问题上，销售部门或生产部门决定着物流成本的一大半，因此，它们是物流成本的决定者。这是由于物流的系统结构在很大程度上，受销售和生产部门制约的缘故，所以物流系统结构一经决定，超过一半的物流成本就自行定下来了。

(三)物流成本的影响因素

1. 竞争性因素

企业所处的市场环境充满了竞争，企业之间的竞争除了产品的价格、性能、质量外，从某种意义上来讲，优质的客户服务是决定竞争成败的关键，而高效物流系统是提高客户服务的重要途径。如果企业能够及时、可靠地提供产品和服务，则可以有效提高客户服务水平，这都依赖于物流系统的合理化。客户的服务水平又直接决定物流成本的高低，因此物流成本在很大程度上是由于日趋激烈的竞争而不断发生变化的，企业必须对竞争做出反应。影响客户服务水平的因素有以下几个方面。

l)　订货周期

企业物流系统的高效必然可以缩短企业的订货周期，降低客户的库存，从而降低客户

的库存成本，提高企业的客户服务水平和竞争力。

2) 库存水平

存货的成本提高，可以减少缺货成本，即缺货成本与存货成本成反比。库存水平过低，会导致缺货成本增加；但库存水平过高，虽然会降低缺货成本，但是存货成本会显著增加。因此，合理的库存应保持在使总成本最小的水平上。

3) 运输

不同的运输工具，运输能力大小不等，成本高低不同。运输工具的选择，一方面取决于所运货物的体积、重量及价值大小，另一方面又取决于企业对某种物品的需求程度及工艺要求。选择运输工具要同时兼顾既要保证生产与销售的需要，又要力求物流成本最低两个方面。企业采用更快捷的运输方式，虽然会增加运输成本，却可以缩短运输时间，降低库存成本，提高企业的快速反应能力。

2. 产品因素

产品的特性不同也会影响物流成本，主要有以下几个方面。

1) 产品价值

一般来讲，产品的价值越大，对其所需使用的运输工具要求越高，仓储和库存成本也随着产品价值的增加而增加。高价值意味着存货中的高成本，以及包装成本的增加。

2) 产品密度

产品密度越大，相同运输单位所装的货物越多，运输成本就越低。同理，仓库中一定空间领域存放的货物也越多，库存成本就会降低。

3) 易损性

物品的易损性对物流成本的影响是显而易见的，易损性的产品对物流各环节(如运输、包装、仓储等)都提出了更高的要求。高质量的产品可杜绝因次品、废品等回收、退货而发生的各种物流成本。

4) 特殊搬运

有些物品对搬运提出了特殊的要求。例如，对长、大物品的搬运，需要特殊的装载工具；有些物品在搬运过程中需要加热或制冷等，这些都会增加物流成本。

3. 空间因素

空间因素是指物流系统中企业制造中心或仓库相对于目标市场或供货点的位置关系。进货方向决定了企业货物运输距离的远近，同时也影响着运输工具的选择、进货批量等各方面。若企业距离目标市场太远，则必然会增加运输及包装等成本。若在目标市场建立或租用仓库，也会增加库存成本，因此空间因素对物流成本的影响是很大的。

4. 其他因素

除上述因素外，影响企业物流成本的因素还包括企业管理成本开支大小、资金利用率、货物的保管制度、物流管理合理化程度、企业的物流决策、企业外部市场环境的变化等方面的因素。

二、连锁企业物流成本的构成

(一)物流成本的构成

生产企业的主要目的是生产能够满足社会需要的产品，以此换取企业的利润。为了进行生产经营活动，企业必须同时进行有关生产要素的购进、仓储、搬运及产成品的销售等。另外，为保证产品质量，给消费者提供优良产品，企业还要进行产品的返修和废品的回收。因此，生产型的企业物流成本是指企业在进行供应、生产、销售、回收等过程中所发生的运输、包装、配送、回收方面的费用。生产企业物流成本的构成主要包括以下部分：①供应、仓储、搬运和销售环节的职工工资、奖金及各种形式的补贴等；②生产材料的采购费用，包括运杂费、保险费、合理损耗成本；③生产过程中所发生的物流费用；④产品销售费用，如广告费、运输费、展览推销费、信息费；⑤仓库保管费，如仓库维护费、搬运费等；⑥有关设备和仓库的折旧费、维修费、保养费等；⑦营运费用，如能源消耗费、物料消耗费、折旧费、办公费、差旅费、保险费、劳动保护费等；⑧财务费用，如仓储物资占用的资金利息；⑨回收废品发生的物流成本。

(二)物流成本的分类

人们通常所说的具有三种“面目”的物流成本分别是指按物流范围计算的成本、按支付形态计算的成本和按物流功能计算的成本。

1. 按物流范围计算的成本

所谓物流范围的分类方法也就是按物流的流动过程进行分类。这种分类方法强调物流的先后次序，便于分析各个物流阶段中物流费用的情况，无论在专业的物流部门还是在综合的物流部门及各种形式的企业物流中都具有较大的实用性。

按照这种方法，物流成本可以分为供应物流费、生产物流费、企业内物流费、销售物流费、退货物流费和废弃物流费等六种。因为生产物流费包含在制造成本中，所以没有列入物流成本计算范围。

把物流成本按照以物流特性划分的范围来分类，即为物流范围计算的成本。这里所说的物流范围，是以物流的主角——“物”为标准划分的，可分为原材料(批发和零售时相当于采购商品)、产品、废弃物流三类。其中产品物流进一步划分，可分为：①尚未向顾客销售的产品物流(从工厂到仓库、配送基地这一段的物流)；②接受顾客订货到向顾客交付产品的物流(从配送基地到配送给顾客的物流)；③上述两种物流活动的反向物流，即退货物流。

2. 按支付形态计算的成本

支付形态计算的成本是物流成本的第二种“面目”，其物流成本是按照财务会计中的费用分类方法进行计算的。财务会计费用中的人工费、材料费和公益费，都是按费用的支付形态进行分类的。物流按支付形态分类，大体上可以划分为支付运费、仓库保管费等向企业外部支付的费用和人工费、材料费等企业内部物流活动的费用。其相关定义如下。

1) 材料费

材料费是指包装材料费、燃料费，以及消耗性工具、器具、备品费等随物品消耗而发生的费用。

2) 人工费

人工费是指工资、薪水、补贴、奖金、杂费、退职金积累、福利费等劳务费。

3) 公益费

公益费是指向电力、煤气、自来水等提供公益服务部门支付的费用。

4) 维护费

维护费是指使用和维护土地、建筑物、车辆、搬运工具等支出的维修费、消耗材料费、课税、租赁费、保险费等费用。

5) 一般经费

一般经费是指差旅费、交通费、会议费、交际费、教育费、杂费等一般支出。

6) 特别经费

特别经费是指采用不同财务会计计算方法所计算出来的物流费用，包括折旧费和企业内利息。

7) 委托物流费

委托物流费是指向企业外支付的包装费、运费、保管费、出入库装卸费、手续费等物流业务费。

3. 按物流功能计算的成本

物流成本的第三种“面目”是按照运输、保管、包装等物流功能进行分类。这种分类方法是根据物流活动构成的几个基本环节为依据，大体上把物流费用分为物流环节费用、情报流通费用和物流管理费用三个方面，也有人主张把它分为包装费、运输费、保管费、装卸费、流通加工费(以上是物资流通费)、情报流通费、物流管理费等七类。按这种分类方法便于检查物流构成的各个环节费用支出的情况，对于物流资金的安排，衔接各环节的关系有十分便利的作用，便于综合性的物流部门使用。

1) 物流环节费用

物流环节费用包括包装费、运输费、保管费、装卸费和加工费。

2) 情报流通费用

情报流通费用包括情报流通过程中的一切费用。

3) 物流管理费用

物流管理费用包括物流管理费和机构物流管理费。

(三)物流成本的特性

在进行企业物流成本管理的时候，管理者必须掌握物流成本的特性，通过运用系统、科学的管理手段来降低物流系统的总成本，这样才能够获得真正的“第三利润源”。与产品的制造成本相比较，生产制造企业的物流成本存在如下特性。

1. 系统性

物流成本产生于企业从事物资流动业务所耗费的资源。企业的物资流动具有整体系统性，贯穿企业的整个核心制造业务的始终，随之发生的物流成本虽然分布于企业的各个职能部门，但是从物资流动的整体性观点来看，企业的物流成本系统实际是由采购、生产、销售等子系统的物流成本共同构成的。从整个系统的考察来看，各物流职能系统间的物流成本关系往往存在着此消彼长的现象。例如，为降低运输包装环节的成本而选用次等包装物对产品进行运输包装，往往会导致在运输过程中出现较高的产品损毁率，从而导致运输环节成本的增加。从系统的角度来看，只有通过对系统运行的协调和配合，才能达到物流成本管理的目的。

2. 分散性

产品的制造成本通常发生在企业的生产制造部门；质量成本主要发生在企业产品生产部门及与质量管理相关的监测部门。与上述的两种成本相比，物流成本的产生并不单纯集中在某个或几个职能部门，而是跨越了涉及企业的全部物资流动活动的范畴，包括企业的采购、生产、销售及其他的相关部门。由于物流成本的产生与企业物资流动密切相关，而物资流动的范围是跨越了企业的众多职能部，因此使得物流成本的形态呈现出比较分散的态势。另一方面，在传统的财务会计处理中，往往将涉及物流活动所发生的支出作为企业的期间费用进行处理，掩盖了企业物流活动所发生的成本之间的相互关系及其实质，也造成了人们对物流成本的认识存在偏差，并对物流成本的确认产生了散乱的感觉。

3. 战略性

物流成本的大小往往与企业所实施的竞争战略有关。例如，销售环节所发生的物流成本规模往往与企业为客户提供物流服务水平密切相关。为客户提供物流服务的水平是由企业实施的营销战略所决定的。物流成本管理的目的不是单纯地强调物流成本绝对值的降低，而是要通过寻求物流服务与成本间的最佳平衡点，使物流活动达到相对的合理化。

4. 独特性

由于每个企业在经营理念、资源结构、业务发展方向等方面都存在一定的差异，因此往往各个企业所具备的竞争能力是不一致的。具体到企业的物流服务能力方面，由于企业在地理位置、业务流程构造、人员能力、资产结构等许多方面存在的差异性，决定了企业的物流能力不具模仿性。根据物流的一般理论，物流能力的高低决定物流成本的构成，因此，即便是两个企业的物流成本总额相等，其总成本的具体构成也必然存在着差异性。

通过以上对企业物流成本特点的探讨，我们看到，在对企业的物流成本进行管理的过程中，不应采取传统的以职能部门为单位进行的划分和分别管理的模式，而是应该建立专门的物流管理部门，通过对物流活动的整体系统化管理，协调其各个环节之间的效益背反关系，从而才能够达到对物流总成本的有效管理。

第二节　连锁业物流成本核算方法的选择

一、按流程步骤核算

按流程步骤核算又称会计核算法，就是采用一种或多种货币作为核算物流成本的计量标准，通过建立物流成本科目、生成凭证、登账、依据科目汇总表编制物流成本会计报表等会计方法对物流成本进行连续、系统地计量、记录和报告来核算物流成本的方法。在这种方法下具体包括两种形式：一是结合财务会计体系的物流成本核算模式，即原有的会计科目和财务体系不变，只是增设核算物流成本的科目、账簿等以完成日常物流成本核算；二是独立的物流成本核算模式，即在原有的财务会计核算体系之外建立起一套全新的物流成本核算体系来独立完成日常的成本核算。

二、按作业功能核算

(一)作业成本法的产生和发展

由于 20 世纪 80 年代以来，在高新技术基础上形成的生产高度自动化，极大地改变了产品成本的结构，直接材料和直接人工在成本中的比重下降，而制造费用比重却大幅上升，这使得传统的成本计算方法——采用单一的数量标准分配制造费用已不适应。因此，为迎接挑战、解决目前成本管理会计中成本信息失真、不具决策相关性的困境，以美国为代表的西方学者经过大量研究后，提出了以作业为基础的成本计算，即作业成本法(Activity Based Costing，ABC 法)，又称作业成本计算。作业成本法是将间接费用和辅助资源更准确地分配到作业、生产过程、产品、服务及顾客中的一种成本计算方法。在作业成本法下，许多组织资源的使用并非用于构成产品的实物形态，而是用于为各种辅助作业活动提供一个广泛合理的安排，以便能够为各类顾客提供不同的产品和服务。

作业成本法主要目标是为了能够正确提供有关产品成本差异的信息，提高成本信息的及时性、相关性与准确性。它着眼点于扩大间接成本的范围，并强调了成本动因，改进间接费用的分配方法，使企业得到更准确的成本信息。作业成本法专注于对作业的分析，其思路是产品消耗作业，作业消耗资源，其核心在于在对作业的分析，依据作业对资源的消耗将成本分配到作业，再由作业依据成本动因追踪到产品成本。但又不仅仅局限于方法的改变，而是把成本控制深入到每一个作业中去，以作业为核心，进行成本作业分析，并以成本动因为基础进行成本控制。因此，作业成本法已成为企业管理重大变革的重要组成部分之一。

(二)作业成本法的基本概念

1. 作业

作业是指企业为提供一定的产品或劳务所发生的，以资源为重要特征的各项业务活动的统称。不同类型的企业，其作业活动的领域不同，通常企业的作业可分为以下四类。

1)　与产量相关的作业

这类作业成本与产量是相关的，或属于以产量为基础的变动成本。例如，装配与冲压的直接人工成本。

2)　与批次相关的成本

这类作业成本与批次相关，但是与特定批次的产量无关。就生产批次而言，成本的性质为变动成本，但是对某一批产品，它属于固定成本。例如，机器的调整与材料处理成本。

3)　与项目相关的作业

这类作业成本与产品项目有关，但与某种产品的生产数量和生产批次无关。换句话说，此类成本随着产品品种的增长而相应增长。但对某种特定产品来说，它属于固定成本。例如，各种产品材料清单的设定、产品设计成本就属于此类。

4)　与设施相关的作业

这类作业成本与生产环境有关。它属于各类产品的共同成本，与产品项目多少、某批产品的产量、某种产品生产批次无关。例如，厂房的拆旧、厂房设备的维护与修理费用等都属于此类。

2. 成本动因

成本动因是指导致企业成本发生的各种因素，也是成本驱动因素。它是引起成本发生和变动的原因，或者说是决定成本发生额与作业消耗量之间的内在数量关系的根本因素。例如，直接人工小时、机器小时、准备次数、产品数量、材料移动次数、订购次数、收取订单数量、返工数量、检验次数等。成本动因按其对作业成本的形成及其在成本分配中的作用可分为作业动因和资源动因。

1) 作业动因

作业动因主要用于将各归于成本库中的各种成本在各产品之间进行分配。它是各项作业被最终产品消耗的原因和方式。它反映的是产品消耗作业的状况，是将作业中心的成本分配到产品、劳务中的标准，是资源消耗转化为最终产出的成本中介。

2) 资源动因

资源动因主要用于在作业成本库之间分配资源。按照作业会计的规则，作业量决定着资源的耗用量，资源耗用量与最终的产品量没有直接关系。资源消耗量与作业量的这种关系称为资源动因。

资源动因反映着资源被各种作业消耗的原因和方式，它反映某项作业对资源的消耗情况，是将资源成本分配到作业中去的基础。例如，搬运设备所消耗的燃料，直接与搬运设备的工作时间、搬运次数或搬运量有关，那么设备的工作时间、搬运次数或搬运量即为该项作业的资源动因。

3. 作业中心与作业成本库

作业中心是成本归集和成本分配的基本单位，它由一项作业或一组性质相近似的作业组成。

一个作业中心就是一个生产流程的组成部分。依据管理要求，企业可以设置若干作业中心，设立方式同成本责任单位相似。但作业中心与责任单位的不同之处在于：作业中心是以同质作业为设立原则，是相同的成本动因引起的作业集合。

由于作业消耗资源，所以作业中心也就成为一个资源成本库，也称作业成本库。

(三)作业成本法的基本原理

作业成本法作为一种分配制造费用、计算产品制造成本的方法被提出，是一种以“成本驱动因素”理论为基本依据，根据产品生产经营过程中的产品与作业、作业链同价值链的关系，对成本的动因加以系统化的分析，选择“作业”为计算对象，归集和分配生产经营费用的一种成本核算法。

作业成本法的基本原理是：①产品消耗作业，作业消耗资源；②生产导致作业的发生，作业导致成本的发生，如图 10-1 所示。

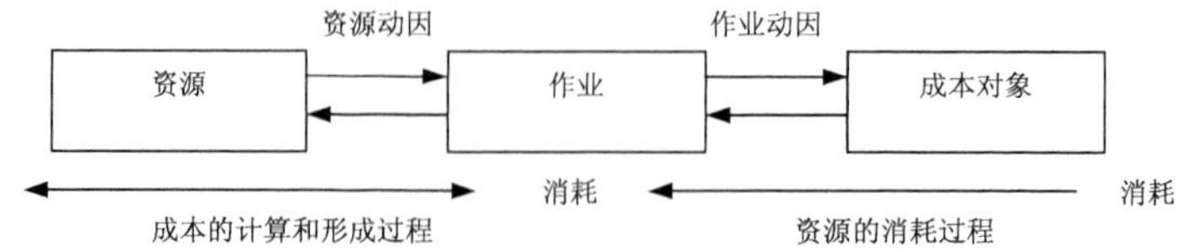

图 10-1　作业成本法的基本原理

综上所述，作业成本法的基本原理可以概述为：利用不同的成本动因分别设置作业成

本库，再以产品所消耗的作业量分摊其在成本库中的作业成本，然后汇总各种产品的作业总成本，最后计算各种产品的总成本和单位成本。由此可见，作业成本计算法着眼于作业，以作业为一种过渡的成本对象，依据作业对资源的消耗将资源成本分配给作业，再根据成本动因追踪到成本的形成和积累的过程，由此得出最终产品的成本。

如果对作业成本法原理进一步分析，其内涵主要包括了以下三个方面。

1. 产品和劳务的生产和销售是产品成本的构成要素

企业的一切活动都应服务于产品和劳务的生产和销售，因而应将其视为产品成本的构成要素，所以，作业成本法下的产品成本是完全成本，而非传统成本核算法下的产品制造成本。

2. 作业成为沟通企业资源和企业最终产品之间的一座桥梁

在每个企业作业链中存在着这样一种关系："资源—作业—产品"，即作业耗用资源，产品耗用作业，作业成为沟通企业资源和企业最终产品之间的一座桥梁。

3. 作业成本法分为短期变动成本和长期变动成本

作业成本法将传统变动成本法下的变动成本进一步划分为短期变动成本和长期变动成本两类。短期变动成本(如直接材料、直接人工等)，应采用"数量相关的成本驱动因素"(如直接材料成本、直接人工工时等)，而长期变动成本与企业产品产量没有关系，只是受作业量的变动而变动，故应采用"作业量相关的成本驱动因素"。

在作业成本计算制度下，企业的成本计算体系不再按各生产部门进行，而是在整个企业范围内将产品的直接材料成本、直接人工成本再加上由各作业分配而来的作业成本计算求得。这一成本计算体系可以如图 10-2 所示。

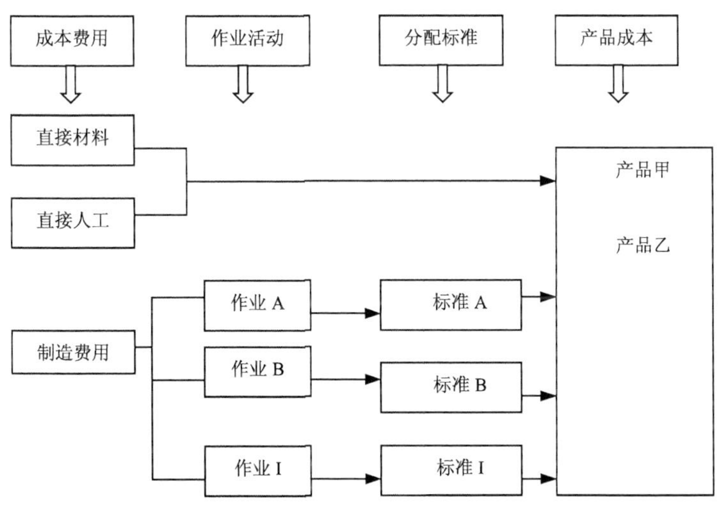

图 10-2　作业成本法核算体系

(四)作业成本法的应用现状

作业成本法由最初的美国、加拿大、英国，迅速地向澳洲、美洲及亚洲国家扩展。在行业领域方面，也由制造行业扩展到商业批发、零售业、保险机构、金融、医疗卫生等公用品部门，以及会计事务所、咨询类机构乃至物流等服务行业。而且从服务业间接成本占总成本较大比例的成本构成特点看，服务行业应用作业成本法可提高间接费用的分配精确度，使间接费用的分配更为合理，从而提高服务行业成本决策的准确性。

目前，作业成本法在西方呈现出飞速发展的势头。绝大多数企业对作业成本法在本企业的使用表示满意，实施作业成本法有助于改善企业的管理状况，并能够增强企业的获利能力。

与作业成本法在西方国家广泛应用形成对比的是，我国企业还没有真正认识到实行作业成本法的重要性，很少有企业在应用和正在考虑应用作业成本法。

(五)对作业成本法的评价

1. 作业成本法的优越性

作业成本法在企业当中被广泛地使用，正在成为企业成本核算的一种重要的成本核算方法，同时在企业管理中不断动摇传统成本核算方法的统治地位，究其原因，主要源于作业成本法与传统成本法在核算体系上存在着较大的区别。作业成本计算法与传统成本计算法的主要区别如表 10-1 所示。

表 10-1　作业成本计算法与传统成本计算法的主要区别

	会计核算法	作业成本法
核算对象不同	产品	产品、作业中心、作业、市场、顾客等
费用经济内容不同	制造成本	完全成本
理论基础不同	成本平均分摊	成本驱动因素论
分配标准不同	单一标准	多标准
成本管理方式不同	产品管理	作业管理

作业成本法相对于传统成本法有以下优点：①根据成本因果关系来分配间接费用，为企业提供较为可靠、真实的成本信息，向管理层提供及时、相关、准确的成本信息，是成本会计系统的重要职能。传统成本核算提供的产品成本信息失真，极易导致决策方向的错误，而作业成本法将制造费用按成本动因分配到各个产品，使成本信息的准确度大大提高。②作业成本法拓宽了成本核算的范围，把作业、作业中心、顾客和市场均纳入了成本核算的范围，形成了以作业为核心的成本核算体系，抓住了资源向成本对象流动的关键，便于企业合理计算成本，有利于全面分析企业在特定产品、劳务、顾客和市场及各相应作业的

盈利性和差别。③作业成本法通过对成本动因的分析，揭示了成本发生和资源耗费的前因后果。从前因看，成本是由作业引起的，追踪到产品的设计环节，正是产品的设计环节决定了产品生产的作业组成和作业的预期资源消耗水平，以及产品最终可对顾客提供的价值的大小。从后果看，作业成本法进行成本动因动态分析，可以提供给企业有效的信息，促进企业改进产品设计、提高作业完成的效率和质量水平，在各个环节上减少浪费，并降低资源消耗，寻求最有利的产品及相应的最有利的投资方向，并将企业置于不断改进的环境中，全面提高有利的产品生产，经营整个价值链的价值。④作业成本法有利于建立新的责任会计体系，调动各部门挖掘盈利潜力，进行业绩评价。企业的作业链同时也是一条责任链，以成本作为企业新的责任中心，分析评价该成本库中费用发生的合理性，以能否为最终产品增加价值作为合理性的标准，并按是否提高价值链的价值为依据进行企业业绩评价，充分发挥资源在价值链中的作用，以促进企业经济效益的提高。

2. 作业成本法的局限性

作业成本法也存在一些局限性的问题：①尽管作业成本法大大减少了传统成本核算体系在产品成本计算上的主观分配，但其并没有从根本上清除成本核算的主观性，在一定程度上还带有一些主观因素。作业成本法核算包括确认资源和作业、为每一个成本库选择最佳的动因、将成本分配到作业、根据作业估计实际效果等诸多步骤。而成本动因与作业制造费用相关程度越低，成本动因确认的难度越大；对产品要求的精度就越高，产品复合的复杂程度越高，成本的动因划分越细致，所需成本动因就越多；成本计量中成本动因资源越不容易获取，则确认就越困难。这就导致了作业成本法对成本动因的确认具有较大的主观随意性，难免带有主观性和一定程度的武断性，从而降低了作业成本法的精确度，而成本动因作业成本会计的核心内容，其确认是否合理，直接关系到作业成本核算的应用效果。②企业采用作业成本法，必须以作业为基础来设置责任中心，这不仅对成本计算和企业成本管理的体系提出了新的要求，而且不可避免地增大了成本的计算量，特别是间接成本分配的工作量，从而使为企业提供成本信息的代价加大。③作业成本法目前的主要研究方向还集中于企业制造领域发生的间接成本的分配过程，而对于非制造领域的间接成本的处理方法，还有待于进一步地研究。

第三节　连锁物流成本控制与管理

一、连锁物流成本管理原则

物流成本管理原则是指对物流相关的费用进行计划、协调和控制等管理活动应遵循的基本要求。

(一)管理有用原则

管理有用是指物流成本计算要为物流成本管理服务，不是简单的为计算而计算。要求会计计算的物流成本数据能够为企业进行科学的管理决策和业绩考评提供帮助。因此，企业物流成本计算要与成本管理融为一体，应结合企业经营特点和管理机制有针对性、有选择地确定成本计算模式，并通过这种成本计算模式提供对管理有用的财务信息。

(二)经济可行原则

经济可行是指企业所选择的物流成本计算模式要坚持成本—效益原则，即为获取有关管理方面的信息应充分考虑经济上的合理性。如果花费了大量人力、物力和财力，事无巨细地追求过于详尽或精确的成本计算，那样所得到的成本信息，可能是得不偿失的。事实上，我们没有必要去花费很大的代价追求一些微不足道的成本信息，而这些微细的成本信息可能对成本管理并无意义，这样增大了会计核算的工作量，而且可能是一种无价值的努力，最终将导致经济上的浪费。我们只要通过物流成本计算能够直接提供或间接的生成满足成本管理所需要的信息，一般就可以认定该成本计算模式是较为有效的。

(三)相容性原则

物流成本与物流服务是一种此消彼长的关系。不计后果地追求降低物流成本，提高经济效益，不仅可能损害客户的利益，最终将导致企业自身的毁灭；而无限度地追求提高物流服务水平，会导致物流成本迅速上升的同时，引发物流服务的效率下降。因此，物流成本管理就是要使处于竞争状态的企业，在物流成本一定的情况下，实现物流服务水平的提高；或在降低物流成本的同时，实现较高的物流服务水平。

(四)协调性原则

物流的各个部门活动常常处于一种相互矛盾的体系之中，由于物流效益背反是客观存在的，所以协调性原则要求为追求企业的最佳利益，应妥善协调各部门之间的关系，从而实现成本最小化、效益最大化的管理目标。

二、连锁物流成本控制方法

(一)物流成本控制的概念

控制是调节系统能达到预期目标的一切手段。物流成本控制是采用特定的理论方法、制度等对物流各环节发生的费用进行有效的计划和管理。

(二)物流成本控制方法的发展现状

1. 传统的物流成本控制方法

传统的物流成本控制方法只是把物流成本作为企业营运总成本的一个部分来进行绝对的成本控制。由于物流成本与其他各种成本混在一起，企业实际上进行监控的主要是产品成本，也就只是把少量计入产品成本的物流成本纳入控制范围，而更多的物流成本却被承认其发生是合理的，以致使这些隐藏在冰山下的物流成本并没有采取应有的控制措施。

2. 以作业为基础的目标物流成本控制方法

物流目标成本是企业一项重要的经营管理目标，既是一个目标概念，又是一个成本概念。作为目标概念，它是目标的一种具体形式，是企业预先确定的、在一定时间内所要实现的成本目标，即想要达到的成本水平、数值或指标，是企业成本管理工作的奋斗目标。实质上，物流过程就是不同物流作业的集合体，物流各项功能几乎就是一项作业，在理论上最适合采用作业成本法来核算。又由于物流成本的准确核算是确定合理的目标物流成本的基础，因此可以认为以作业为基础的目标成本法是用来控制物流成本的最佳方法。

(三)实施降低企业物流成本控制的对策

1. 树立现代物流成本控制理念，加强员工的成本管理意识

企业物流成本控制必须从整体着眼，进行合理整合，进而使物流系统最优化。因此，应该根据企业整体发展战略对物流成本的各个环节进行控制，使其达到总目标下的成本最小化，提高物流效率和物流的合理化程度。要保证物流成本控制组织合理化，实行统一领导、分级控制，就必须把降低成本的工作从物流管理部门扩展到商业企业的各个部门，并从供应商、销售部门，物流中心全生命周期中，进行物流成本管理，使企业员工具有长期发展的战略性成本意识。

2. 重视培养高素质的物流人才

在物流理论中，人的要素被认为是核心要素，也是系统的第一要素。提高物流服务质量和物流效率，需要专业的人员去实施。要想发展企业物流，实现现代化物流，就必须重视物流人才的培养，给他们创造一个良好的工作环境，并制定培养人才、留住人才、使用人才的人才管理办法。强化物流管理和物流操作人员的业务培训，大力推进网络布点、流程优化和提升人员素质，增加岗位多面手，是降低人力资源成本和进一步降低物流成本的有效途径。

3. 有效地控制库存成本

库存成本控制是物流成本控制的重心，其管理的好坏，直接影响到物流系统整体功能

的发挥，因此要进行合理的仓库结构与空间布局决策，以降低仓储成本。首先，在对企业业务流程分析的基础上，将仓库划分为多个有效的区域，降低仓库内部的物流量。其次，采用经济订货量方式，通过平衡采购进货成本和保管仓储成本的核算，以实现总仓储成本最低的最佳订货量。

4. 充分重视运输成本的控制

运输成本占物流成本的 40%以上，是影响物流成本的重要因素。有效地降低运输成本是控制物流成本的有效方法。首先，提高运输工具实载率，充分利用运输工具的额定能力，减少车船空驶和不满载行驶的时间，减少浪费，从而求得运输的合理化；其次，实现社会化的联运方式，通过协议进行一票到底的运输，充分发挥大生产的规模效益优势；最后，可以实行分区产销一体运输，对某一货物使其一定的生产区固定于一定的消费区，按照近产近销原则实施运输。

5. 加强物流信息化建设，借助现代化的信息管理系统

利用现代化信息技术可以提高企业迅速反应及处理信息的能力。入货和发货效率的提高可以通过条形码技术和便携式终端性能的提高来实现。在配送作业中，需要处理很大的数据量，尤其是利用互联网等高新技术来完成物流全过程的协调、控制和管理，实现从网络前端到最终端客户的所有中间过程服务。另外，配送中心内部成本降低的主要手段都是要借助于通畅的信息系统，导入自动化仪器。

(四)物流成本控制的方法

物流成本控制的方法包括绝对成本控制法和相对成本控制法。绝对成本控制法是把成本支出控制在一个绝对金额以内的成本控制方法。绝对成本控制从节约各种费用支出、杜绝消费的途径进行物流成本控制，要求把营运生产过程中发生的一切费用支出都列入成本控制范围。标准成本和预算控制是绝对成本控制的主要方法。相对成本控制是通过成本与产值、利润、质量和功能等因素的对比分析，寻求在一定制约因素下取得最优经济效益的一种控制方法。相对成本控制扩大了物流成本控制领域，要求人们在努力降低物流成本的同时，充分注意与物流成本关系密切的因素，诸如产品结构、项目结构、服务质量水平、质量管理等方面的工作，目的在于控制成本支出的效益，即减少单位产品成本投入，提高整体经济效益。两种成本控制的比较如表 10-2 所示。

表 10-2　绝对成本与相对成本比较

比较项目	绝对成本控制	相对成本控制
控制对象	成本支出	成本与其他因素的关系
控制目的	降低成本	提高经济效益

续表

比较项目	绝对成本控制	相对成本控制
控制方法	成本与成本指标之间的比较	成本与非成本指标之间的比较
控制时间	主要在成本发生时或发生后	主要在成本发生前
控制性质	属实施性成本控制	属决策性成本控制

(五)标准成本控制法与预算控制法

标准成本控制法与预算控制法是绝对成本控制的两种方法。

1. 标准成本控制法

标准成本控制法是企业应用的、较为普遍的成本控制法，物流企业可以在其基础上，结合活动成本法进行物流成本控制的实践。

1)　标准成本的概念

标准成本是比较各数量值或各质量值的指标或基准。标准成本是指在一定假设条件下应该发生的成本。由于对标准宽严程度的看法不同，理论上有多种不同的标准成本概念。

理想标准：是指在现在最理想、最有利的作业情况下，达到最优水平的成本指标。

过去业绩标准：依据以前各期成本实际水平制定的标准。

良好业绩标准(正常标准)：是在目前的生产经营条件下，尽力提高生产效率，避免损失、耗费的情况下所应达到的水平。良好业绩标准广泛应用于企业的标准成本控制之中。

2)　标准成本的制定

产品的标准成本是由产品的直接材料费、直接人工费和制造费用组成的，其基本形式是以各自“数量”标准乘以相应的“价格”标准。制定物流成本的标准成本，业务数量标准通常由技术部门研究确定；费用(价格)标准由会计部门和有关责任部门研究确定，同时尽可能吸收负责执行标准的员工参加各项标准的制定，从而使所制定的标准符合实际物流活动的要求。

2. 预算控制法

预算控制法是物流企业在不能预测其业务量的情况下利用的。按照一系列不同业务量水平所应对应的成本，编制不同的成本水平预算。

成功实施预算控制的关键在于成本性质分析，即把成本划分为固定成本和变动成本两部分，要运用散点图技术、回归分析技术，利用历年物流企业业务量与对应的物流成本资料来确定固定成本和变动成本，并对不同业务量下的物流成本做出预测。

第四节　连锁物流成本管理综合实训

选取某计算机有限公司(下称 A 公司)，通过对 A 公司计算机产销流程中物流成本的核算，详细说明如何运用作业成本法核算企业的物流成本。

一、A 公司物流流程

A 公司物流流程如图 10-3 所示。

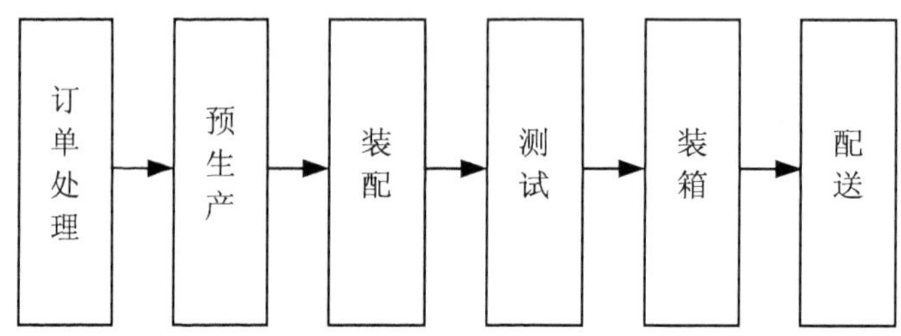

图 10-3　A 公司物流流程

A 公司采用店铺销售和网络直销两种方式销售产品，在两种方式下其产品的生产过程基本相同，区别主要表现在所提供的物流服务上。对于店铺销售，采用的是一般的产销模式，而对于网络直销，则对每一个消费者(个人、公司或单位)都采用定制的方式销售，其物流服务也配合这一销售政策而实施。

我们将 A 公司通过店铺销售和网络直销的计算机分别设定为计算机 I 和计算机 II。计算机 I 实行的是大批量、低频率的物流配送服务，每批数量为 3000 台，某月共销售 5 批，总计 15 000 台。计算机 II 实行多频率、小额配送服务，每批数量为 10 台，该月共销售 600 批，总计 6000 台。计算机装配机每完成一批新计算机装配，需要进行一次调整，在同一批产品数连续装配达到 150 台时也需要调整一次，每次调整所需时间为 15 分钟。装配机全月运行 1675 机器小时。本月在一般管理中人员及设施等利用率为 80%。A 公司的作业成本资料如表 10-3 所示，具体的产品成本如表 10-4 所示。

表 10-3　作业成本资料

单位：元

	人　数	人均工资	电　费	办 公 费	固定资产折旧
订单处理	120	2000	15 000	15 000	240 000
预生产	400	3000	32 000	28 000	500 000

续表

	人　数	人均工资	电　费	办 公 费	固定资产折旧
装配	500	4000	90 000	32 000	1 000 000
测试	500	4000	80 000	36 000	1 200 000
装箱	250	2000	60 000	24 000	400 000
配送	300	2000	50 000	26 000	540 000
一般管理	300	3000	30 000	35 000	380 000

表 10-4　产品成本资料

	计算机 I	计算机 II
产量(台)	15 000	6000
直接材料(元/台)	500	1000
订单处理数(份)	1000	5000
预生产(分/台)	1.5	2.5
装配(分/台)	4	5
测试(分/台)	3.5	5
装箱(分/台)	2	3
配送(小时/批)	100	1

试按照成本作业法对 A 公司物流成本进行核算，并与传统成本法核算结果进行比较分析。

二、任务实施

(一)任务实施流程

第一步，订单处理。在这一步，A 公司要接受消费者的订单，店铺销售商会将需要购进的计算机数量告知 A 公司，进行订货，网上购物者可以拨打免费电话(如 800)叫通 A 公司的网上商店进行网上订货。订单处理部门将确定的订单数量进行汇总整理，完成后将立即转到生产部门进行下一步作业。

第二步，预生产。预生产是从接收订单到正式开始生产之前，等待零部件到货的时间。预生产时间因计算机系统的不同而不同，主要取决于供应商的仓库中是否有现成的零部件。

第三步，装配。当订单转到生产部门时，生产部门及时按照订单的订货数量及型号，组织组装人员在装配线上将零部件组装成计算机。

第四步，测试。检测人员对组装好的计算机用特频进行检测，发现有任何部件或现象不符合要求的，马上进行补救或重新组装，然后再进行测试。在本案例中，假定所有装配完成的计算机均符合标准，通过测试。

第五步，装箱。装箱机将测试完后的计算机放到包装箱中，同时将鼠标、键盘、电源

线、说明书及其他文档一同装入相应的卡车准备运送给进货商或顾客。

第六步，配送。A 公司一般会在生产过程结束的次日完成送货准备，但大订单及需要特殊装运作业的订单可能花的时间要长些，送货准备完成后即进行配送。

(二)基于作业成本法的 A 公司物流成本核算

1. 确定作业成本库及作业成本动因

A 公司最主要的作业是订单处理、预生产、装配、测试、装箱、配送和一般管理。由于装配作业中，还涉及装配机调整，不能单一地以装配成本库进行成本归集。因此，为了使确定的成本库能够归集成本，就以订单处理、预生产、装配、装配机调整、测试、装箱、配送、一般管理等几类作业为对象归集各类作业所发生的成本，以此作为成本库。这样就设立八个成本库，即订单处理成本库、预生产成本库、装配成本库、装配机调整成本库、测试成本库、装箱成本库、配送成本库、一般管理成本库。

选择成本动因是应用作业成本法核算企业物流成本中非常重要的一步，成本动因选择不当，就不能反应成本库成本发生的原因，也就无法体现作业成本法在核算企业物流成本时相对于传统成本核算法的优势。下面分别为 A 公司的七个成本库选择成本动因。对于“一般管理”这项作业，其成本动因比较复杂，因此在计算Ⅰ、Ⅱ两种计算机消耗该项资源成本时，予以另行处理。表 10-5 显示了各项作业的成本动因。

表 10-5 成本动因

编号	作业	成本动因
1	订单处理	订单处理份数
2	预生产	工时数
3	装配	装配机工作时数
4	装配机调整	设备调整次数
5	测试	测试机运行时数
6	装箱	装箱机使用时数
7	配送	工时数

2. 计算成本库耗用资源

计算成本库耗用资源是根据作业成本动因，对各成本库耗用资源价值进行加总。订单处理耗用资源：120×2000+15 000+15 000+240 000=510 000(元)。

同样的方法，可以计算出预生产、测试、配送、一般管理等成本库的耗用资源价值。由于在所提供资料当中没有将装配与装配机调整所耗用的资源分开，为了确定各作业成本库的成本，需要分离两者耗用资源。表 10-6 显示了作业成本库耗用资源。

计算机Ⅰ需要装配机调整次数：(3000×5)÷150=100(次)。

计算机Ⅱ需要装配机调整次数：600 次。

所以装配机调整总次数：100+600=700(次)。

需要消耗机器小时数：700×15÷60=175(小时)，占装配机总小时数的 10.4%。

装配机用于计算机装配的机器小时数：1675-175=1500(小时)，占装配机总机器小时数的 89.6%。

作业成本库耗用资源如表 10-6 所示。

表 10-6　作业成本库耗用资源

单位：元

作业成本库	订单处理	预生产	装配	装配机调整	测试	装箱	配送	一般管理
耗用资源	510 000	1 760 000	324 688	2 797 312	3 316 000	984 000	1 216 000	1 345 000

3. 计算成本动因分配率

计算机Ⅰ消耗装配机工时：15 000×4÷60=1000(小时)。

计算机Ⅱ消耗装配机工时：6000×5÷60=500(小时)。

根据公式：成本动因分配率=某作业中心发生的作业成本÷某作业中心可提供的作业量，可以计算各作业中心(作业成本库)的成本动因分配率，结果如表 10-7 所示。

表 10-7　成本动因分配量

作　业	作业中心归集成本(元)	提供的作业量(份/小时)	成本动因分配率
订单处理	510 000	6000	85
预生产	1 760 000	625	2816
装配	324 688	1500	216.46
装配机调整	2 797 312	700	3996.16
测试	3 316 000	1375	2411.64
装箱	984 000	800	1230
配送	1 216 000	1100	1105.45

由于一般管理这项作业的成本动因比较复杂，为此本文在计算得出计算机Ⅰ和计算机Ⅱ两种产品消耗该项资源成本时再作处理。

4. 计算作业消耗的资源价值

已知一般管理作业的人员及设施利用率为 80%，则一般管理作业成本的动因分配率的计算过程如下。

计算机Ⅰ、计算机Ⅱ消耗的一般管理作业成本之和：1 345 000×80%=1 076 000(元)。

根据计算机Ⅰ、计算机Ⅱ两种产品其他各项作业所消耗的资源成本之和的比例对一般管理作业成本进行分配。首先，根据公式：某成本核算对象应分配的某项作业成本=某成本核算对象耗用的该项作业的成本动因数×成本动因分配率，分别计算出计算机Ⅰ和计算机Ⅱ消耗其他各项作业资源成本之和。

计算机Ⅰ消耗其他各项作业资源成本之和：85 000+1 056 000+216 459+399 616+2 110 182+615 000+552 727=5 034 984(元)。

计算机Ⅱ消耗其他各项作业资源成本之和：425 000+704 000+108 229+2 397 696+1 205 818+369 000+663 273=5 873 016(元)。

一般管理作业成本分配率：1 076 000÷(5 034 954+5 873 016)=0.10。

计算机Ⅰ消耗一般管理作业成本：5 034 984×0.10=503 498(元)。

计算机Ⅱ消耗一般管理作业成本：5 873 016×0.10=587 302(元)。

可以得到计算机Ⅰ和计算机Ⅱ耗用资源的情况，如表10-8所示。

表10-8 计算机Ⅰ和计算机Ⅱ耗用资源

作业	作业动因分配率	耗用作业成本动因数(份/小时)			耗用资源(元)	
		合计	计算机Ⅰ	计算机Ⅱ	计算机Ⅰ	计算机Ⅱ
订单处理	85	6000	1000	5000	85 000	425 000
预生产	2816	625	375	250	1 056 000	704 000
装配	216.46	1500	1000	500	216 459	108 229
装配机调整	3996.16	700	100	600	399 616	2 397 696
测试	2411.64	1375	875	500	2 110 182	1 205 818
装箱	1230	800	500	300	615 000	369 000
配送	1105.45	1100	500	600	552 727	663 273
一般管理	0.10	—	—	—	503 498	587 302

5. 作业成本归集

将上述结果汇总，得到计算机Ⅰ、计算机Ⅱ成本计算结果，如表10-9所示。

表10-9 计算机Ⅰ、计算机Ⅱ成本核算结果

单位：元

		计算机Ⅰ		计算机Ⅱ		耗用资源
		单位成本	总成本	单位成本	总成本	
间接作业成本	直接材料	500	7 500 000	1000	6 000 000	13 500 000
	订单处理	6	85 000	71	425 000	510 000
	预生产	70	1 056 000	117	704 000	1 760 000
	装配	14	216 459	18	108 229	324 688

续表

		计算机 I		计算机 II		耗用资源
		单位成本	总成本	单位成本	总成本	
间接作业成本	装配机调整	27	399 616	400	2 397 696	2 797 312
	测试	141	2 110 182	201	1 205 818	3 316 000
	装箱	41	615 000	62	369 000	984 000
	配送发运	37	552 727	111	663 273	1 216 000
	一般管理	34	503 498	98	587 302	1 090 800
	合计(不含直接材料)	369	5 538 482	1077	6 460 318	11 998 800
	合计(含直接材料)	869	13 038 482	2077	12 460 318	25 498 800

6. 与传统成本法核算结果的比较

我们还可以通过本案例，运用传统成本核算法对计算机Ⅰ和计算机Ⅱ的成本进行核算，并与通过作业成本法计算的结果对比，由此发现二者在物流成本核算上存在的差异。

传统成本核算法下，对物流耗用资源的分配，可以以直接材料耗费为基础，也可以以生产机器运行小时数为基础。在以直接材料成本作为物流耗用资源的分配标准时，相关计算如下。

耗用资源分配率：11 998 800÷(7 500 000+6 000 000)=0.89。

计算机Ⅰ的单位耗用资源：(7 500 000×0.89)÷5000=445(元)。

计算机Ⅱ的单位耗用资源：(6 000 000×0.89) ÷6000=890(元)。

在以装配阶段装配机运行小时数作为物流耗用资源的分配标准时，相关计算如下。

计算机Ⅰ消耗工时：15 000×4÷60=1000(小时)。

计算机Ⅱ消耗工时：6000×5÷60=500(小时)。

耗用资源分配率：11 998 800÷(1000+500)=7999。

计算机Ⅰ的单位耗用资源：(1000×7999)÷15 000=533(元)。

计算机Ⅱ的单位耗用资源：(500×7999)÷6000=667(元)。

传统成本核算法下的成本如表 10-10 所示。

表 10-10　传统成本核算法下计算机Ⅰ、计算机Ⅱ成本

单位：元

成本项目	计算机 I	计算机 II
直接材料	7 500 000	6 000 000
产量	15 000	6 000
单位直接成本	500	1 000

续表

成本项目	计算机Ⅰ		计算机Ⅱ	
单位耗用资源	445	533	890	667
单位产品成本	945	1033	1890	1667

由表10-10可见，在传统成本核算法下，一方面高估了产量较高、复杂程度较低的产品的成本，同时又低估了产量较低、而复杂程度较高的产品的成本，这种结果必然使产品的定价和产品的利润发生　　。在本案例中，以传统成本核算法计算求得的计算机Ⅰ的单位成本为945元或1033元，均高于计算机Ⅰ的实际单位成本869元。以传统成本计算法计算求得的计算机Ⅱ的单位成本为890元或1667元，均低于计算机Ⅱ的实际单位成本2077元。这种不真实的成本结果会给企业管理决策提供错误的信息，导致企业管理者错误地判断和决策，最终可能造成企业的损失。例如，由于高估了计算机Ⅰ的成本，在产品价格竞争中，需要降低售价提高产品市场占有率而没有降低，自然会降低产品的市场竞争力，失去扩大市场的机会，影响企业收益和发展。

通过以上结果的对比，可以看出，传统成本信息在很大程度上已经丧失了相关性。传统成本核算法与作业成本法在耗用资源分配结果上之所以存在差异，其原因就在于两种成本核算方法在分配基础选择上的差别。传统成本核算法是以数量为基础来分配耗用资源的，而且一般是以直接成本或工时消耗这种单一标准对所有产品分配费用；而作业成本法是以作业量为基础来分配费用的，即为不同的作业耗费选择相应的成本动因来向产品分配费用，从而使成本计算的准确性大大提高。

三、技能拓展——二律背反原则

所谓“二律背反”是指两个相互排　而又被认为是同样正确的命题之间的矛盾。对与错、正与反也叫“二律背反”。物流服务与物流成本之间存在效益背反规律。在物流功能之间，一种功能成本的削减会使另一种功能的成本增多。因为各种费用互相关联，必须考虑整体的最佳成本。

服务与成本的矛盾体现在用户总希望少付费用来满足自己所有的服务要求，而供应商则希望在高质量服务时能够得到高的效益回报，这两个矛盾逻辑上服从二律背反规律。一般地讲，高质量的商品一定是与较高的价格相关联，提高质量要求，价格随之上升；优质物流服务与物流成本相关联，提高物流服务水平，物流成本随之上升。既要充分考虑压价对服务质量的影响，同时还要充分考虑物流成本对价格的影响，否则，有可能导致服务水平的下降，最终损害用户和企业双方的整体利益。

物流服务中的问题及对策，只是把物流服务水平看作是一种销售竞争手段而不做出清晰的规定。批发商和零售商的要求必将升级，以至企业无法应付。现在，批发商或零售商或是由于销售情况不稳定，或是由于没有存放货物的地方，或是为了避免商品过时，都在

极力减少库存。如果无节制地要求多批次、小批量配货，或进行多批次地库存补充，物流工作量将大大增加，物流成本必然提高。

降低物流成本必须在一定服务水平的前提下考虑，从这个意义上说，物流服务水平是降低物流成本的依据。从与物流服务的关系着眼考虑物流成本，一味强调降低成本是毫无意义的，应当在维持物流服务水平的前提下，降低物流成本。

物流部门应定期对物流服务进行评估，检查销售部门或顾客有没有索赔、有没有延迟配送、事故、破损等。通过征求顾客意见等办法了解服务水平是否已经达到标准，成本的合理化达到何种程度，是否有更合理的办法等。

物流服务质量是物流服务效果的集中反映，可以用物流时间、物流费用、物流效率来衡量，其变化突出表现在减少物流时间、降低物流成本、提高物流效率等方面。

本 章 小 结

物流成本是产品在实物运动过程中，如包装、装卸、搬运、运输、储存、流通加工、物流信息等各个环节所支出的人力、物力、财力的总和。也就是说，物流成本是物流作业链各环节所有成本之和，同时物流各个环节产生的物流成本存在效益背反现象，因此，我们必须采用系统的思想控制物流成本。

在进行企业物流成本管理的时候，管理者必须掌握物流成本的构成、分类和特性，通过运用系统、科学的管理手段来降低物流系统的总成本。

现阶段比较有效的物流成本管理方法为作业成本法，作业成本法专注于对作业的分析，其思路是产品消耗作业，作业消耗资源，其核心在对作业的分析，依据作业对资源的消耗将成本分配到作业，再由作业依据成本动因追踪到产品成本。但又不仅仅局限于方法的改变，而是把成本控制深入到每一个作业中去，以作业为核心，进行成本作业分析，并以成本动因为基础进行成本控制。因此，作业成本法已成为企业管理重大变革的重要组成部分之一。本章介绍了以作业成本法为主体的物流成本核算方法，并详细介绍了物流成本管理方法的原理、使用方法及局限性。

复习思考题

一、问答题

1. 什么是物流成本？说明物流成本的分类。
2. 物流成本管理的原则是什么？
3. 简述作业成本法的基本原理。

4. 在企业物流管理时应如何理解和运用物流的二律背反原则?

二、案例分析题

西安百佳超市的仓库，2006 年对返库和在库商品进行盘点，盘点结果显示，有金额约 30 万元的临近保质期的货物需要马上处理。残次品和临近保质期商品不仅占用了本来就拥挤的库存面积，而且大量占压公司资金，同时，残次商品由于包装被损坏，极易造成鼠害。根据百佳总部的规定，对食品类商品，临近保质期的必须折价处理，但食品行业利润本来就已经十分微薄了，这样做的后果很可能使西安分公司一年努力的付诸东流。究其原因主要是：对市场把握不准，计划频繁调整，库存要么过剩，要么不足，全国范围内频繁调货，产品推广不理想，权利和责任难以划分，使配送合作企业陷入被动操作。

1. 分析本案例中哪些物流成本影响企业的利润水平?
2. 如果你是该超市的管理者，应如何解决这个难题?

参 考 文 献

[1] 许良. 连锁物流服务质量的体系构建与提升路径[M]. 北京：中国物资出版社，2011.

[2] 王爽，翟玲. 零售物流管理[M]. 北京：首都经济贸易大学出版社，2011.

[3] 王爽. 现代物流基础(第二版)[M]. 北京：首都经济贸易大学出版社，2011.

[4] 张洪满，温习章. 连锁企业门店营运管理[M]. 西安：西安交通大学出版社，2010.

[5] 杨春旺，冯伟. 连锁经营理论案例与实训[M]. 北京：中国人民大学出版社，2010.

[6] 陈玲，王爽. 物流服务营销[M]. 上海：立信会计出版社，2010.

[7] 于邢香. 连锁企业物流管理与实务[M]. 北京：对外经济贸易大学出版社，2010.

[8] 胡贵彦，孙前进. 连锁企业采购与配送管理[M]. 北京：中国发展出版社，2010.

[9] 刘宝. 连锁配送实务[M]. 大连：东北财经大学出版社，2009.

[10] 王晓阔，吴小梅. 连锁经营配送中心运营实务[M]. 北京：机械工业出版社，2009.

[11] 孙开庆，赵玉国. 连锁企业物流管理 [M]. 北京：科学出版社，2009.

[12] 杜学森. 物流管理[M]. 北京：中国铁道出版社，2008.

[13] 周蕾. 连锁企业配送管理[M]. 北京：电子工业出版社，2008.

[14] 刘宝. 连锁企业物流配送与管理[M]. 北京：化学工业出版社，2008.

[15] 黄学全，王鹏. 连锁经营管理案例与实训[M]. 北京：高等教育出版社，2008.

[16] 王吉方. 连锁经营管理：理论·实务·案例[M]. 北京：首都经济贸易大学出版社，2007.

[17] 郑光财. 连锁企业物流管理[M]. 北京：电子工业出版社，2005.

[18] 刘斌. 连锁物流[M]. 北京：高等教育出版社，2001.